DER KÖNIG VON HELSINKI

Über dieses Buch

195 cm groß, jung und charmant: das Leben ohne Napoleonkomplex machte es Roman in vielen Dingen leichter – auch bei Frauen. Nur Sirpa, die heißblütige Finnin im studentischen Berlin der 80er, ließ sich nicht erweichen: Wenn der Berg was will, muss er zum Propheten kommen, und das hieß: nach Finnland. Schwer verliebt und mit leichtem Gepäck zog Roman in Sirpas kleine Wohnung am Rande Helsinkis, um in den folgenden Wochen und Monaten einige Lektionen fürs Leben zu lernen: Mit der Zahl der Vokabeln, die man miteinander teilt, steigt die Zahl der möglichen Missverständnisse. Und je besser Roman Finnisch sprach, desto klarer wurde ihm, dass Männer in Finnland nur zwei Chancen haben: trinken oder schweigen. Roman entscheidet sich für die dritte und macht sich nach verzweifelter Heirat, zwei wunderbaren Kindern und glücklicher Scheidung auf den Weg in das Herz einer ganzen Nation ...

Roman Schatz erzählt in vielen burlesk-satirischen Aus- und Abschweifungen von seinem Leben in Deutschland und seinem unaufhaltsamen Aufstieg in einem lustigen Land, das wir eigentlich nur aus den traurigen Filmen von Aki Kaurismäki kennen.

ROMAN SCHATZ

DER KÖNIG VON HELSINKI

ODER

WIE ICH DER BERÜHMTESTE DEUTSCHE FINNLANDS WURDE

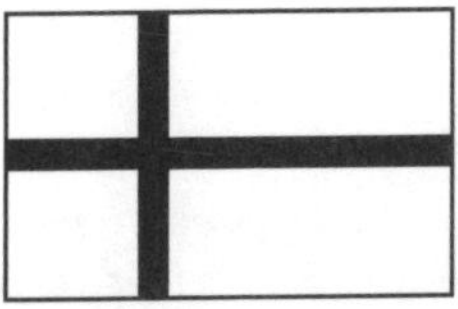

Eichborn

Für Franz

1 2 3 4 09 08

Titel der finnischen Originalausgabe: *Rakasta Minut*, erschienen bei Johnny Kniga / WSOY, Helsinki 2006

Deutsche Übersetzung vom Autor

Umschlaggestaltung: Christiane Hahn
unter Verwendung eines Fotos von Hartmuth Schröder
Lektorat: Tina Kröckel
Layout: Susanne Reeh
Satz: Fuldaer Verlagsanstalt, Fulda
Druck und Bindung: CPI - Clausen & Bosse, Leck
ISBN 978-3-8218-5836-4

Eichborn Verlag, Kaiserstraße 66, D-60329 Frankfurt am Main
Mehr Informationen zu Büchern und Hörbüchern aus dem Eichborn Verlag finden Sie unter www.eichborn.de

»Humor ist die Humanisierung der Wahrheit*.«
Thomas Mann

* Diese Autobiographie ist ein fiktives Werk. Bestimmt ist in Wirklichkeit gar nichts passiert, all diese Leute habe ich mir sicher nur eingebildet.

1. ALLES FOTZEN, AUSSER MAMA!*

Wie für fast alle Männer, so war auch für mich meine Mutter die First Lady, meine erste Frau. Ich kann mich noch lebhaft daran erinnern, wie mich ihre Wehen unerbittlich von dem wunderbaren, warmen und sicheren Ort vertrieben, an den ich seither wie fast alle Männer unermüdlich zurückzukehren versuche und dessentwegen ich mich wie auch die meisten anderen Männer hunderte Male zum kompletten Vollidioten gemacht habe.

Ich war ein großes, dickes Baby und gab meiner Mutter kein Pardon. Als ich schon halb draußen war und noch halb drinnen, schrie sie wie ein abgestochenes Schwein, und das Einzige, was sie wollte, war sterben, um endlich den unerträglichen Schmerz loszuwerden. An mich dachte sie zu diesem Zeitpunkt überhaupt nicht, aber das sei ihr verziehen. Eine Entbindung ist schließlich eine Situation, in der man von einer Frau nicht allzu viel Rücksicht auf ihr soziales Umfeld verlangen kann.

Ein Granitbusen in weißem Kittel wischte mir den blutigen Schleim aus den Augen, und ich sah Licht. Über mir baumelte träge die gelbliche Leuchtröhre eines katholischen Provinzkrankenhauses irgendwo in Süddeutschland. »Jetzt geht's los!«, dachte ich. »Hier komme ich, Welt, bist du bereit?«

Um ehrlich zu sein, war der Beginn meines Lebens ziemlich mies. Mama und ich hatten es uns zur Gewohnheit gemacht, während der gesamten Schwangerschaft eine Packung HB am Tag zu rauchen. Hätte ich sprechen können, meine

*Provisorische Gedenktafel in der Herrentoilette des Wiener Sigmund-Freud-Museums

ersten Worte wären gewesen: »Gebt mir 'ne Kippe, zum Teufel!«

Meine Mutter durfte nach ihrer femininen Heldentat auf dem Kindbett rauchen (ein Hoch auf die Sechzigerjahre!). Nach der Zigarette danach schlief sie umgehend glücklich und erschöpft ein. Ich wurde gewaschen, gewogen und geimpft, aber zu rauchen gab es nichts. Der Arzt lobte meine Maße, meine Kopfform und meine Hautfarbe, dann verschwand er und ließ mich den ersten Tag meines irdischen Lebens mit schweren Entzugserscheinungen verbringen. Schwitzende Handflächen, Konzentrationsstörungen und existenzieller Groll – ich kenne sie alle seit meiner ersten Minute.

Andererseits bin ich meiner Mutter dankbar dafür, dass sie Kette rauchte. Die Babys von rauchenden Müttern bleiben bekanntlich kleinwüchsig, und so hörte aufgrund von Mamas kleinem Laster auch bei mir das Längenwachstum nach einem Meter und 95 Zentimetern auf. Wenn sie nicht geraucht hätte, wäre ich bestimmt ein Monster von drei Metern geworden. 1,95 ist eine richtig gute Länge für einen Mann: deutlich größer als die anderen, aber noch nicht entstellt. Überlänge hat viele Vorteile: Man braucht sich nicht oft zu prügeln, man braucht keinen Herzinfarkt vorzutäuschen, um Aufmerksamkeit zu erregen, und es ist bedeutend einfacher, Frauen zu kriegen. Es ist wohl wahr, dass große Männer deutlich jünger sterben, aber dafür leben wir auch auf höherem Niveau, ohne Napoleonkomplex und ohne verzweifeltes Kompensieren. Es hat auf der Welt nicht viele groß gewachsene Diktatoren gegeben. Wir wirklich Großen haben Besseres zu tun, als andere zu unterdrücken.

Dankbar bin ich meiner Mutter auch für die Verachtung, die sie gegenüber Ordnung und Pünktlichkeit aufrechterhielt. Man hatte sie am Freitagvormittag ins Krankenhaus eingeliefert. Das Personal hängte sie unverzüglich an den Tropf und versuchte, die Geburt einzuleiten, denn wenn es gelänge, mich während der Dienstzeit der Freitags-Tagschicht das Licht der Welt erblicken zu lassen, käme das bedeutend billiger. Am Wochenende kosteten alle medizinischen Maßnahmen das Doppelte. Meine Mutter zuckte nicht einmal mit der Wimper, als man ihr die dreifache Dosis Beschleunigungsmedizin in die Venen pumpte. Sie presste ihre hübschen, katholischen Knie zusammen und gab erst nach 48 Stunden nach.

So wurde ich also ein waschechtes Sonntagskind. Und so eins bin ich noch immer, fast einmal wöchentlich.

Eine Zeit lang ging es uns wunderbar. Wir lebten in einem mikroskopisch kleinen süddeutschen Dorf, in dem man morgens erfrischt zum Geruch von Dung erwachte und abends rechtschaffen müde zum selben Geruch einschlief. Es gab nur drei Männer im Dorf, die ihren Lebensunterhalt nicht mit Mistgabeln verdienten: den Pfarrer, den Bürgermeister und meinen Vater. Mein Vater war der Rektor der Dorfschule und zugleich der einzige Lehrer, und immer, wenn der Bürgermeister zu betrunken war, um seinen Amtsgeschäften nachzugehen, musste mein Vater in seiner Eigenschaft als Staatsbeamter die Acker- und Kuhhandel der Dorfbauern beglaubigen. Und weil die süddeutschen Bauern wussten, wie man mit der Staatsgewalt umgeht, pflegten sie uns, nachdem sie von meinem Vater den Stempel erhalten hatten, einen zünftigen Schinken oder einen Kanister mit erstklassigem Selbstgebrannten zu hinterlassen.

Ich liebte diese offiziellen Verhandlungen in unserer Küche. Mein Vater genoss die Macht und den Respekt, die ihm zuteil wurden, meine Mutter rauchte fröhlich und kochte Kaffee für die Gäste, und ich saß unter dem großen Eichentisch und las laut aus der Zeitung vor. Natürlich verstand ich komplizierte Wörter wie *Gastarbeiter* oder *Wirtschaftswunder* nicht, aber ich konnte sie zumindest deutlich und klar aussprechen. Mein Vater und meine Mutter grinsten zufrieden, und die Jauchebauern hielten mich für ein Wunderkind mit Seltenheitswert, denn für viele von ihnen stellte das Lesen immer noch ein schier unüberwindliches Problem dar.

Sonntagmorgens spielte mein Vater in der Dorfkirche die Orgel und führte den Kirchenchor an. Ich durfte neben ihm sitzen und musste mich vor den Pedalen hüten. Ich durfte sie auf keinen Fall berühren, denn das Geräusch, das der Orgel dann entwich, glich dem Furz eines alttestamentarischen zornigen Gottes. Ich saß also mäuschenstill auf der Empore und lauschte, wie eine Handvoll verkaterter Landwirte unter der Leitung meines Vaters den Herrn und seine kleine Jungfrau Maria priesen.

Meine Kindheit war eine gelungene: Ich ließ die Schweine des Nachbarn aus dem Koben und sah vergnügt zu, wie die anderen Dorfkinder den ganzen Nachmittag lang versuchten, die Tiere wieder einzufangen.

Wir waren eine glückliche junge Familie, und das ganze 300-Seelen-Dorf vergötterte uns. Dann verreiste meine Mutter eines Tages, das erzählte man mir jedenfalls. Man erzählte mir nicht, wo sie hingefahren war, aber man sagte mir, ihre Reise könne unter Umständen sehr lange dauern. Ich wartete auf sie, Wochen und Monate, aber sie war und blieb verschwunden.

Ein Jahr später, als ich fünf Jahre alt war, teilte man mir mit, dass ich jetzt ein tapferer Junge zu sein habe. Meine Mutter würde überhaupt nicht mehr von ihrer mysteriösen Reise zurückkehren. Man erzählte mir immer noch nicht, wohin sie gefahren war und warum sie nicht mehr zurückkommen würde, aber klar war, dass ich ihr nicht folgen konnte. Ich würde meine Mutter nie wiedersehen.

»Was habe ich falsch gemacht?«, überlegte ich fieberhaft, »bin ich gar nicht Mamas Ein und Alles? Habe ich meine Spielsachen nicht weggeräumt? Kann ich nicht gut genug lesen?« Offensichtlich war ich meiner Mutter aus irgendeinem Grund nicht gut genug. Offenbar liebte sie mich also doch nicht. Warum sollte sie mich sonst für immer zurücklassen?

Später erfuhr ich, dass meine Mutter irgendeinen üblen Bazillus erwischt hatte, dass sie lange an Gelbsucht gelitten hatte, dass ihre Leber hart wie ein Amboss geworden war, dass ihr Blut überhaupt nicht mehr koagulierte, dass sie zu allem Überfluss auch noch schwanger geworden war, dass die Schwangerschaft sich im Eileiter eingenistet hatte, dass man sie so schnell wie möglich operieren musste, und dass sowohl sie als auch der Fötus an der Rettungsaktion gestorben waren. *Exitus in tabula*, ziemlich peinliche Sache, vor allem für den operierenden Arzt.

Das Leben meiner Mutter endete da, wo meines begonnen hatte, unter der gelblichen Leuchtröhre eines katholischen Provinzkrankenhauses irgendwo in Süddeutschland.

Meine Mutter war vom Erdboden verschluckt, mein Vater verbrachte die nächsten Jahre neben der Kappe, und ich war allein. Es dauerte fast 40 Jahre, bis ich endlich Gelegenheit zur Rache bekam:

Mein Vater rief mich aus Italien an, wo er zusammen mit seiner jungen Frau seinen Ruhestand verbrachte, die gesunde Mittelmeerdiät genoss und an Dickdarmkrebs litt.

»Ich glaube, wir haben ein Problem«, sagte er.

»Was für ein Problem?«

»Ich habe heute einen Brief aus Deutschland bekommen, von der Kanzlei des Dorffriedhofs. Der Vertrag deiner Mutter ist abgelaufen.«

»Was bedeutet das?« Schau an, Mama begann wieder herumzugeistern. Vor meinem inneren Auge sah ich eine zarte, knöcherne Hand, die sich durch die Erde emporwühlte und nach mir zu tasten begann ...

»Hier steht: ›Falls Sie die Grabstätte und den Grabstein Ihrer verblichenen Ehefrau Hildegard erhalten möchten, müssen wir Sie bitten, umgehend 5.000 Euro auf untenstehendes Konto zu überweisen‹ und so weiter ...«

Ein altes süddeutsches Sprichwort sagt: Umsonst ist der Tod, und er kostet das Leben.

»Warum erzählst du mir das alles, Papa?«

»Ich dachte, vielleicht solltest du diese Entscheidung treffen. Schließlich bist du der einzige überlebende Nachkomme deiner Mutter. Du brauchst dich nicht jetzt sofort zu entscheiden. Ruf mich in ein paar Tagen zurück.«

»Besuchst du Mamas Grab manchmal?«

»Nein. Ich wohne doch in Italien. Und du?«

»Ich auch nicht. Ich wohne doch in Finnland.«

»Also, was sollen wir tun?«

»Ich muss ein bisschen darüber nachdenken. Ich sag dir morgen Bescheid. Wie geht's dir übrigens, Papa?«

»Sagen wir ... kauf mir lieber noch kein Geburtstagsgeschenk.«

So war das also. Mamas Gerippe hob den Schädel, und Papa stand am Rand der Grube und bereitete sich auf den Sprung vor. Das, wenn überhaupt irgendetwas, gab einem erwachsenen, geschiedenen, am Rande der bekannten Welt lebenden, halbzeitalleinerziehenden Mann das Recht, sich am hellichten Tag tüchtig zu besaufen. Zum Glück lebte ich in Finnland. Hier durften Männer noch ohne Scham trinken und auf der Straße an ihrem eigenen Selbstmitleid und ihrer eigenen Kotze ersticken.

Ich landete in meiner Eckkneipe, bestellte mir guten Gewissens teures Importbier und ging mit meiner Mutter ins Gericht:

»Soso, ich darf jetzt also plötzlich schicksalsschwangere,

dich betreffende Beschlüsse fassen! Das ist ja rührend! Du stirbst jung und lässt mich nicht zusehen, wie du zu einer übergewichtigen, von den Wechseljahren gebeutelten, frustrierten alten Kuh wirst. Du hast mich weder mit bedingungsloser Liebe überschüttet noch mir die Chance gegeben, diese Liebe zurückzulassen. Du hast mich nicht gezwungen, lange Unterhosen zu tragen, du hast mir keine guten Ratschläge gegeben, als meine erste Freundin ihre Tage zu spät kriegte, und du hast mir nicht die blutigen Knie geleckt, wenn es mich mit dem Rad auf die Schnauze haute. Wegen dir sitze ich jetzt in diesem arktischen Rattenloch, wo das Bier mehr kostet als das Benzin! Einen Scheiß werde ich tun und für dein Grab auch nur einen müden Cent bezahlen! Lebwohl!«

Der Wirt kam und räumte das achte leere Glas vom Tisch. Er wollte wissen, warum ich den anderen Kneipengästen den Mittelfinger zeigte.

»Entschuldigung, das war nicht persönlich gemeint. Ich habe mit meiner Mutter gesprochen.«

»Du hast für heute genug gehabt. Geh nach Hause und leg dich aufs Ohr.«

Etwa einen Monat später rief mich die große Schwester meiner Mutter an. Sie war sehr echauffiert, denn sie hatte auf einer Dienstreise einen Abstecher in jenes mikroskopisch winzige Dorf in Süddeutschland gemacht und Blumen gekauft, um sie auf das Grab ihrer Schwester zu legen. Nach einer Odyssee von einer halben Stunde hatte sie das Grab immer noch nicht gefunden, und als sie in der Kanzlei nachgefragt hatte, hatte man ihr erklärt, der erwachsene, in Finnland ansässige Sohn der Verstorbenen habe vor kurzem beschlossen, das Grab aufzugeben und in der Grube sei bereits ein neuer, frischer Leichnam im Verwesen begriffen.

Ich hatte im Eifer des Gefechts vergessen, dass meine Mutter außer mir auch noch vier Geschwister hatte! Wir hielten, selbstredend auf meine Kosten, eine Telefonkonferenz, und die Brüder und Schwestern meiner Mutter forderten unisono, das Grab müsse wiederhergestellt werden, koste es, was es wolle. Als sie aber hörten, dass der Preis bei 5.000 Euro lag, kamen sie rasch gemeinsam zu dem Schluss, dass viel wichtiger noch als eine Grabstätte die treue Pflege der Erinnerung an die Verstorbene in unseren liebenden Herzen sei.

2. PFADFINDER

Es brach eine wilde, wunderbare Zeit an. Der Tod meiner Mutter warf meinen Vater für viele Jahre aus der bürgerlichen Bahn, und ich durfte als sein Satellit die Beschleunigung genießen. Der chaotische Lebensstil hatte mannigfaltige Vorteile für mich. Niemand hatte die Zeit, sich um mich zu kümmern, ich durfte mich in aller Ruhe ungestört selbst erziehen und auf meine eigene Weise lernen, ohne von scheinheiligen Erwachsenen manipuliert zu werden.

Als ich neun Jahre alt war, brachte man mich für ein Jahr zur Mutter meines Vaters in eine kleine süddeutsche Industriestadt. Der größte Arbeitgeber der Stadt war die Firma Maggi, die Brühwürfel und Tütensuppen herstellt. Auch der Vater meines Vaters war bei Maggi gewesen, bis er eines Tages am Fließband so hässlich zu husten begonnen hatte, dass man ihn in ein Lungensanatorium schickte, wo es ihm noch ganz kurz vor seinem Tod gelang, gesund zu werden.

An kühlen und warmen Tagen stank die ganze Stadt nach Fleischbrühe.

Während dieses Jahres verbrachte ich viel Zeit mit meinem Cousin Ralf. Er wohnte in derselben Stadt, sogar in derselben Straße. Er war etwa drei Jahre älter als ich und weiterentwickelt, stärker und drahtiger als ich, und er konnte alles besser. Er konnte auf dem Kopf stehen, er konnte mit verbundenen Augen auf einen Baum klettern, und er war der Gruppenführer der ortsansässigen Pfadfinderbrigade. Ralf war wirklich irritierend, denn er war mir in allem einen Schritt voraus, aber ich musste mich gut mit ihm stellen, denn andere Freunde hatte ich in der Brühwürfelstadt nicht.

Eines Tages kam er mich bei Großmutter abholen.

»Du musst sofort kommen! Ich muss dir was zeigen!«

Ich dachte, er hätte ein neues Fahrrad bekommen oder im Wald ein Waffenversteck der Wehrmacht gefunden. Ich folgte ihm ohne weitere Fragen. Er brachte mich zu sich nach Hause in sein Zimmer und verriegelte die Tür.

»Ich habe etwas ganz Unglaubliches entdeckt! Das musst du probieren!«

»Was denn?«, fragte ich.

»Hosen runter!«, befahl Ralf.

»Was?« Ich fürchtete, dass mich wieder eines dieser erniedrigenden Pfadfinderrituale erwartete, aber ich hatte keine Zeit, mir darüber Gedanken zu machen, denn Ralf hatte schon meinen Reißverschluss aufgemacht und meine Hosen und Unterhosen auf Halbmast heruntergezogen.

»Nimm deinen Pimmel in die Hand!«

Soweit wirkte die Situation nicht gefährlich, also gehorchte ich und hielt meinen unbehaarten kleinen Pimmel mit Daumen und Zeigefinger der rechten Hand, wie beim Pinkeln.

»Jetzt musst du ihn reiben, vor und zurück!«

Ich begann, langsam an meinem Glied zu reiben, aber Ralf war nicht zufrieden mit dem, was er sah:

»Schneller! Fester!«

Ich verstand überhaupt nichts. Ich fühlte mich einfach nur dämlich, wie ich da stand, mit den Hosen auf den Knöcheln und meinem Schwänzchen in der Hand.

»Das ist langweilig!«, beschwerte ich mich.

»Vertrau mir!«, sagte Ralf und in seinen Augen leuchtete der flammende Ehrgeiz eines Missionars, der dabei ist, ein verirrtes Schaf zu retten. »Wenn du das lang genug machst, dann kriegst du am Schluss ein Gefühl, das ... das, also ein Gefühl, das ... das kann man nicht erklären, das musst du selbst erleben!«

Ich gab mir alle Mühe, meinem Cousin zu Willen zu sein, und versuchte mich zum ersten Mal in meinem Leben in der hehren Kunst der Onanie, aber der tiefere Sinn der Operation blieb mir verborgen. Mein Glied reagierte nicht in der erhofften Weise auf die Behandlung, und das unbeschreibliche Gefühl wollte sich nicht einstellen. Ich fror, mir war langweilig und ich hatte genug.

»Gib nicht auf!«, rief Ralf. »Glaub mir, es lohnt sich! Das wirst du nie wieder vergessen, das ist das Beste, was du je erlebst hast!«

Mein Cousin war wirklich enttäuscht von mir und meinem jämmerlichen Konzentrationsvermögen. Indes als Pfadfinderführer wollte er nicht klein beigeben. Er befahl mir, mich auf den Rücken zu legen.

»Wenn du fette Sau es nicht selbst schaffst, dann mache ich es eben für dich!«

Ich wollte ihn auf keinen Fall noch mehr enttäuschen, also gehorchte ich und ließ ihn mit meinem Pimmel tun, was er wollte. Zum Glück besaß Ralf eine umfangreiche Donald-Duck-Sammlung, und während er zornig versuchte, mir einen Höhepunkt zu verpassen, entspannte ich mich und tat, was ich am besten konnte: Ich las. Nach dem zweiten Taschenbuch musste ich aber trotz allem unterbrechen, denn mein kleiner Penis war geschwollen – nicht aufgrund sexueller Erregung, sondern ausschließlich der physischen Belastung wegen.

»Ralf, hör auf! Das fühlt sich nicht gut an, das tut weh! Hör bitte auf!«

»Du bist ein Versager!«, fauchte Ralf und ließ von mir ab. »Du schaffst es nie zu den Pfadfindern! Nie!«

Ein paar Wochen später lag ich versunken in Omas altmodischem Federbett und hatte die Masern. Die ersten zwei Tage waren prima, denn ich musste nicht zur Schule gehen. Dann wurde es gähnend öde. Meine wenigen Schulkameraden durften mich wegen der Ansteckungsgefahr nicht besuchen, ich hatte alle Abenteuerbücher schon dreimal durchgelesen, die Fenster konnte man wegen des Brühwürfelgestanks nicht öffnen, und ich hatte immer noch fast 40 Grad Fieber. Ich verging fast vor Hitze und Langeweile, als mir plötzlich einfiel, was mein Cousin Ralf mir vor einiger Zeit beizubringen versucht hatte. ›Schaden kann es ja wohl nicht‹, dachte ich und beschloss, es noch einmal zu probieren.

Vielleicht konzentrierte ich mich dieses Mal besser, vielleicht war meine Technik diesmal besser, vielleicht trug auch das hohe Fieber dazu bei, auf jeden Fall geschah nach ein paar Minuten etwas wirklich Wunderbares: In meiner Eichel entstand ein elektrisches, kitzelndes Gefühl, das sich durch mein Steißbein und entlang meiner Wirbelsäule nach oben bewegte, unterwegs zu einem Orkan anschwoll, vom obersten Halswirbel in meinen Kopf sprang und als gewaltiges Feuerwerk in meinem Schädel und meinem mit roten Pünktchen übersäten Körper explodierte.

Zuerst dachte ich, ich sei an den Masern gestorben oder ich habe einen epileptischen Anfall erlitten, bis mir klar wurde, dass ich soeben vom ersten Orgasmus meines Lebens ereilt worden war! Ralf hatte recht – das war das Geilste, was ich je erlebt hatte, und ich würde dieses Gefühl bestimmt nie wieder vergessen. Und wie alle gesunden Männer habe ich mir seitdem fast täglich mindestens einen heruntergeholt, unabhängig von meinem sonstigen Sexualleben.

Ich möchte die Gelegenheit ergreifen, um mich hiermit bei meinem Cousin Ralf (dessen Autowerkstatt letztes Jahr pleite gemacht hat) für den Unterricht zu bedanken und mich dafür zu entschuldigen, dass ich damals ein so schwieriger Kunde war. Jetzt, als gestandener Mann, der dutzende Male Krämpfe im Genick, im Handgelenk und in der Zunge gehabt hat, weiß ich, wie frustrierend es ist, stundenlang zu versuchen, jemanden, der nicht bei der Sache ist, zum Kommen zu bringen.

Als ich 15 war, fuhr mein Vater für eine Woche in die Schweiz. Er erzählte mir nicht, warum, und der Grund seiner Reise war mir auch herzlich egal. Hauptsache, ich durfte eine ganze Woche alleine sein!

Er kam müde, bleich und seltsam niedergeschlagen wieder zurück und hatte nicht einmal die Energie, sich darüber aufzuregen, dass uns in seiner Abwesenheit das Jugendamt einen Besuch abgestattet hatte. Die blutleeren Bundesbeamten hatten nicht verstanden, dass wir uns mitten in den Siebzigerjahren befanden, und dass eine zünftige Fete für das soziale Leben eines Pubertierenden Wunder wirkte.

Erst später erfuhr ich, dass mein Vater damals in Zürich gewesen war und sich in einer teuren Privatklinik hatte sterilisieren lassen. Und erst viel später erfuhr ich, dass er dazu mehr als einen guten Grund gehabt hatte.

Unmittelbar nach dem Abitur luden mich die westdeutschen Streitkräfte ein, unter Einsatz meines jungen Lebens die wohlhabendere und größere Hälfte meines Vaterlandes zu verteidigen. Bei uns dauerte die Wehrpflicht 15 Monate, im Osten waren es sogar 18. Und wir mussten uns noch glücklich schätzen, Helden des Westens zu sein, denn die Uniformen und vor allem die Helme sahen bei unseren Kollegen im Osten noch bescheuerter aus als bei uns. Wir im Westen wurden dazu ausgebildet, diese Kommunistenschweine abzuknallen, falls sie sich erdreisten sollten, in unsere Jagdgründe einzudringen. Unsere Kollegen im Osten lernten, sich standhaft gegen den rapide verfallenden Kapitalismus zu wehren, also gegen schnelle Autos, modische Kleidung, gutes Essen und qualitativ hochwertige Pornographie.

Die Zeit bei der Armee war für mich eine bittere Enttäuschung. Unsere Brüder im Osten machten nie auch nur die geringsten Anstalten, uns anzugreifen, und so durfte ich während meiner gesamten 458 Tage als Soldat keinen einzigen Ostdeutschen erschießen. Das Einzige, was in beiden deutschen Armeen gnadenlos getötet wurde, war Zeit.

Ich war frisch vom humanistischen Gymnasium zum Militär gekommen, und mein Kopf war voll von Ovids obszönen Oden, Rousseaus edlen Wilden und Kafkas Klaustrophobie.

Am ersten Diensttag hielt ein pyknischer kleiner Feldwebel eine motivatorische Rede vor unserer frisch eingekleideten Kompanie:

»Männer! Ihr Vaterland ist stolz auf Sie! Ihr Vaterland braucht Sie! Ihr Vaterland baut auf Sie! Sie sind eine Elitekompanie! Was wir von Ihnen erwarten, ist selbstständiges Denken und flexibles Handeln! Sie da, der Lange, machen Sie mal den obersten Hemdknopf zu!«

Als ich endlich begriff, dass er mich meinte, musste ich lachen. Der Kopf des Webels färbte sich in Sekundenbruchteilen schleimhautrot, und er brüllte aus voller Kehle:

»Was zum Teufel ist denn hier so witzig? Achtung!«

Ich straffte mich ruckartig in die soeben erlernte Grundstellung und antwortete:

»Herr Feldwebel, gerade haben Sie uns erklärt, dass Sie von uns selbstständiges Denken und flexibles Handeln erwarten, und im selben Atemzug befehlen Sie mir, einen Knopf zuzumachen. Das finde ich witzig.«

Auf der Stirn des Feldwebels erschien eine Krampfader von der Dicke und Länge eines gut genährten Bandwurms, und ich begann, mir ernsthafte Sorgen um seine Gesundheit zu machen. Sein ganzer Körper vibrierte, als er schrie:

»Schnauze und Knopf zu, oder Sie verbringen Ihre erste Nacht bei uns im Bau!«

Solche surrealistische Situationen gab es mehrmals täglich. Ich erwartete die ganze Zeit, dass mir ein Vertreter der oberen Chargen auf den Kasernenkorridoren entgegenkommen, lachen und sagen würde: »Jetzt haben wir Sie aber gründlich drangekriegt, Soldat! Wir haben natürlich nur Spaß gemacht! Oder glauben Sie wirklich, dass wir hier alle komplette Vollidioten sind? Lassen Sie uns herzhaft lachen und ab sofort miteinander umgehen wie erwachsene Menschen!«

Ich wartete und wartete, aber dieser Moment kam nicht.

Bei der Armee lernte ich, dass man manchmal inferioren Kreaturen gehorchen muss, die sich streng genommen gar nicht auf demselben Himmelskörper aufhalten dürften. Das ist wohl eine unangenehme Begleiterscheinung der Streitkräfte aller Staaten. Als Spätentwickler brauchte ich etwa drei Wochen, um die universale Sinnlosigkeit des Soldatenlebens zu erfassen. Diese drei Wochen hätten mir vollends genügt, aber leider durfte ich nach diesen drei Wochen noch nicht nach Hause gehen.

Um ein bisschen Farbe in den grauen Soldatenalltag zu bringen, färbte ich mir die Haare feuerrot. Der Kompaniechef und der Spieß waren von meiner neuen Frisur überhaupt nicht angetan, obwohl an der vorbildlichen Kürze nichts auszusetzen war. Ich wurde zum Anschnauzen vorgeladen. Im Büro des Majors blätterte man im Wehrgesetz, um rechtliche Grundlagen für meine disziplinarische Bestrafung wegen zu großer Farbenpracht zu finden. Man fand keine, denn schließlich sind rote Haare ein natürliches Phänomen, und zumindest die irische Armee ist voll von rothaarigen Killern. Dennoch befahl man mir, mich unverzüglich von meinen kupferroten Haaren zu trennen. Bevor ich das Büro des Kompaniechefs verließ, konnte ich mir die Frage nicht verkneifen:

»Herr Major, Herr Feldwebel, was wäre passiert, wenn ich mir die Haare olivgrün gefärbt hätte? Diese Haarfarbe kommt in der Natur nicht vor. Hätten Sie mich bestraft oder hätte ich das eiserne Kreuz für vorbildliche Tarnung bekommen?«

Ein paar Wochen später schrie der pyknische Feldwebel bei einer Geländeübung plötzlich:

»Richtung neun Uhr, Entfernung 500 Meter, nukleare Explosion, 100 Kilotonnen! Stellung!«

›Stellung‹ bedeutete, dass man sich flach auf den Boden zu werfen und seine Extremitäten unter dem Rumpf zu verstecken hatte. Der Tag war regnerisch und das Terrain voll von Schlammlöchern. Mir war klar, dass mich 100 Kilotonnen auf eine Entfernung von einem halben Kilometer auf jeden Fall ausradieren würden, und ich hatte keine Lust, mein Leben verdreckt und mit dem Gesicht im Matsch auszuhauchen. Also breitete ich die Arme aus, drehte mich in Richtung neun Uhr, um das imaginäre Spektakel zu genießen und rief:

»Mehr Licht!«

Für diese zwei angeblich von Goethe auf seinem Totenbett ausgehauchten Worte wurde ich vor der angetretenen Kompanie aufs Schärfste verwarnt.

Als nächstes versuchte ich es mit Handarbeit und strickte in meiner Freizeit in Zivilkleidung vor der Kompaniebaracke einen Schal. Meine Freundin hatte mir freundlicherweise die Maschen angeschlagen. Der Feldwebel marschierte vorbei, sah mich und arrangierte eine Disziplinarmaßnahme wegen ›unsoldatischen Verhaltens auf dem Kasernengelände‹.

Etwa einen Monat vor meiner Entlassung schaffte ich es dann doch noch, wegen des pyknischen Feldwebels eine Nacht im Bau zu verbringen. Ich war KvD, das bedeutete, dass ich mit einem mir für 24 Stunden anvertrauten olivgrünen VW-Bus für Unteroffiziere und Offiziere den Taxifahrer zu spielen hatte. Der Webel orderte mich spätabends vor das Unteroffizierskasino. Ich wartete vor dem Gebäude, bis er mit deutlicher Schlagseite aus der Tür kam.

»Herr Hauptgefreiter, steigen Sie aus und geben Sie mir die Schlüssel«, befahl er. »Ich fahre selbst.«

»Herr Feldwebel, diesem Befehl kann ich nicht Folge leisten. Sie stehen offensichtlich unter dem Einfluss von Alkohol, und ich habe für dieses Fahrzeug als verantwortlich unterzeichnet!«

Er wiederholte seinen Befehl dreimal, und ich verweigerte ihn dreimal. Das berechtigte ihn, die Feldjäger herbeizurufen und mich wegen Befehlsverweigerung verhaften zu lassen.

Frühmorgens weckten mich die Feldjäger freundlich und brachten mich ins Dienstzimmer des Kasernenkommandanten.

Der Oberst bot mir einen Stuhl und einen Kaffee an und erkundigte sich, wie meine Nacht in der Zelle verlaufen war.

»Gar nicht so schlimm«, sagte ich. »Die Pritsche und das übrige Ambiente sind genau wie in meiner normalen Stube.«

»Herr Hauptgefreiter,« sagte der Oberst und lehnte sich nach vorn, »es wäre für das Image unserer Streitkräfte abträglich, wenn die Presse Wind davon bekäme, dass manche Kollegen hin und wieder private Fahrten auf Kosten der Steuerzahler machen. Wären drei Tage Sonderurlaub genug, um Sie diesen unangenehmen Zwischenfall vergessen zu lassen?«

»Jawohl, Herr Oberst! Danke, Herr Oberst!«

Von der Armeezeit ist mir eine profunde Allergie gegen Uniformen aller Art geblieben. Viele Jahre lang konnte ich keine Soldaten, Priester, Briefträger, Kellner und Ärzte ertragen. Die kackbraunen Outfits des United Parcel Service machen mir immer noch Angst. Ich könnte niemals einen Beruf ergreifen, der das Tragen einer wie auch immer gearteten Arbeitskleidung voraussetzt. Die einzige Uniform, von der mir nicht augenblicklich schlecht wird, ist der weiße Zweireiher eines Chefkochs.

So viel ich damals auch diesen 15 flötengegangenen Monaten nachweinte, ich muss doch einräumen, dass die Bundeswehr es war, die einen Mann aus mir machte. Schon während der ersten Woche der Grundausbildung kam es nämlich in der Kantine zu einem Zwischenfall: Einer meiner Schicksalsgenossen musste zum Sanitäter gebracht werden, weil ein Nato-Nagel seine linke Wange durchbohrt hatte. Nato-Nägel nannte man die kruppstahlharten Pommes Frites der Mannschaftsküche, obwohl sie nicht in Nato-Öl, sondern in Karrenschmiere aus Restbeständen des Dritten Reichs frittiert wurden. Der Kamerad sah zum Schreien komisch aus mit dem Loch in seiner Backe, aus dem ein Stück Kartoffel ragte, als Ketchup echtes Rekrutenblut.

Ich beschloss, alle Nahrung, die auch nur ein bisschen merkwürdig aussah oder roch, zu meiden, was zur Folge hatte, dass ich während meiner Dienstzeit fast zwanzig Kilo abnahm und bei meiner Entlassung nicht mehr die traurige Gestalt eines dicklichen Bücherwurms, sondern den Körper eines jungen Mannes hatte.

Viel später erst, als erwachsener Familienvater, wurde mir klar, dass es in unserer Gesellschaft drei Institutionen gibt, in denen Menschen dazu gezwungen werden, viel zu viel Zeit auf viel zu engem Raum miteinander zu verbringen: die Armee, das Gefängnis und die Familie. Und alle drei bilden einen hervorragenden Nährboden für Gewalt, Faschismus und Sadismus.

Der Uniform entschlüpft galt es als Nächstes, eine Stütze der Gesellschaft zu werden, ein denkender Mensch, ein akademischer Intellektueller. Während meiner Schulzeit war mir aufgefallen, dass die faulsten Lehrer immer die Sprachlehrer waren. Also zielte ich dorthin, wo der Zaun am niedrigsten war und wählte als Studienfächer germanische und romanische Philologie. Eine Aufnahmeprüfung oder einen Numerus Clausus gab es nicht, denn jeder, der auch nur ein bisschen Ehrgeiz hatte, versuchte damals wild entschlossen, einen Studienplatz in Medizin oder Jura zu ergattern.

Der erste Schritt auf dem Weg zu einem Stützpfeiler der Gesellschaft bestand selbstverständlich darin, BAföG zu beantragen. In der damaligen BRD hing die Höhe des Studiengelds vom Einkommen der Eltern ab. Ich brachte meinem Vater einen dicken Stapel Formulare, die er brav ausfüllte. Ein paar Tage später saß ich nervös vor dem BAföG-Büro, auf einem der kilometerlangen Korridore der Berliner Freien Universität.

Mein Vater hatte die ausgefüllten Formulare in einen großen, braunen Briefumschlag gesteckt und diesen zugeklebt. Als ich endlich an der Reihe war, bat mich der Sachbearbeiter, mich zu setzen, öffnete den Umschlag und begann, die Fragen und die Antworten meines Vaters eine nach der anderen durchzugehen. Alter, Wohnsitz, Anzahl der Mitglieder des Haushalts und so weiter, bis der Sachbearbeiter mich plötzlich aus heiterem Himmel fragte:

»Und wo wohnt Caroline?«

Ich verstand nicht.

»Wer?«

»Ihre Schwester, Caroline.«

»Aber ich habe doch gar keine Schwester!«

Bestimmt hatte der Sachbearbeiter die Unterlagen eines anderen Studenten in der Hand.

»Sie haben also gar keine Schwester?«, sagte er mit preußisch-metallischer Stimme.

»Nicht, dass ich wüsste. Das ist bestimmt ein Missverständnis«, sagte ich völlig verwirrt. »Ich kenne keine Caroline.«

Der Sachbearbeiter schmiss die Papiere vor sich auf den Tisch und sagte irritiert:

»Hören Sie mal, Ihr Vater behauptet, jeden Monat 400 Mark Alimente für ein Mädchen namens Caroline zu zahlen. Ich brauche die Adresse des Mädchens, um das nachprüfen zu können.«

»Es tut mir leid, aber das alles ist mir völlig neu. Ich kenne die Adresse des Mädchens nicht. Ich muss meinen Vater fragen.«

Ich sammelte meine Papiere ein, stopfte sie zurück in den braunen Umschlag und stand auf.

»Ich empfehle Ihnen dringend,« sagte der Sachbearbeiter zum Abschied, »erst einmal Ihre Verwandtschaftsverhältnisse zu klären, bevor Sie sich erdreisten, dem deutschen Steuerzahler auf der Tasche liegen zu wollen!«

Ich wartete monatelang auf den Bescheid. BAföG bekam ich keines, dafür aber einen anonymen Brief:

»Hallo! Dieser Brief ist wahrscheinlich eine Überraschung, vielleicht sogar ein Schock, aber – ich bin deine Schwester, zumindest Halbschwester.«

Weder noch, dachte ich, ich weiß schon von dir, kleine Caroline! Recht schnell aber wurde mir klar, dass der Brief, den ich in Händen hielt, gar nicht von Caroline sein konnte, denn Caroline war zwölf Jahre jünger als ich, damals also ganze neun Jahre alt. Der Handschrift und Wortwahl nach zu schließen, musste der Brief aus der Feder einer fast erwachsenen Frau stammen, und als ich zu Ende las, wurde ich doch noch überrascht:

»Unser Vater hat sich immer geweigert, mit mir Kontakt zu halten, aber ich wäre wirklich dankbar, wenn wenigstens du dich mit mir treffen würdest. Viele Grüße, Ingrid.«

Ingrid also. Ingrid war nur vier Jahre jünger als ich. Nach kurzem Nachrechnen wurde mir klar, dass sie gezeugt worden war, als meine Mutter mit Gelbsucht im Krankenhaus lag.

Ich habe große Schwierigkeiten, wenn ich meine bewegte Jugend rekonstruieren soll. Ich konnte mich nie wie andere Normalsterbliche um einen Job bewerben, weil ich nicht ums Verrecken einen vernünftigen Lebenslauf verfasst kriege, der auf ein A4-Blatt passt und nicht völlig unglaubwürdig aussieht. Ich habe knapp 26 Jahre in Deutschland verbracht, und in dieser Zeit hatte ich 22 offizielle und viele inoffizielle Adressen. Ich ging 13 Jahre lang auf insgesamt neun verschiedene Schulen. Ich war dreimal bei der Hochzeit meines Vaters anwesend, beim letzten Mal als Trauzeuge.

Schon in jungen Jahren lernte ich also, dem Konzept Familie mit gesundem Misstrauen zu begegnen. Ich war gezwungen, mein eigenes Vorbild zu werden. Es gibt Menschen, die den existierenden Pfaden folgen, und es gibt Menschen, die für sich selbst und andere neue Pfade gehen. Seltsam eigentlich, dass man mich noch nicht für Werbung für Camel Filter oder für Abenteurerzubehör engagiert hat.

Ich halte verbissen an der Illusion fest, dass ich meine Entschlüsse mit dem Gehirn fasse und nicht mit dem Penis. Deshalb bin ich wohl auch in Fortpflanzungs- und Familienangelegenheiten extrem konservativ: Bis jetzt war ich nur ein einziges Mal verheiratet, und ich habe zwei Kinder mit derselben Frau, noch dazu mit meiner Ex-Ehefrau.

Neugierig wie ich bin, konnte ich es mir nicht verkneifen, sowohl Caroline als auch Ingrid in Augenschein zu nehmen, beide getrennt und beide nur ein einziges Mal. Die beiden sind sich nie begegnet, und das ist bestimmt auch gut so. Beide meiner kleinen Schwestern hatten große Schwierigkeiten zu begreifen, dass ich nicht ihr Vater war, und dass es keinen Sinn hatte, mir ihre unglücklichen Kindheiten zur Last zu legen. Beide waren verteufelt wütend auf mich und neidisch darauf, dass ich mit meinem Vater hatte aufwachsen dürfen. Obwohl ich ihnen auch erklärte, dass ich keine Mutter gehabt hatte und dass ich zuvor gar nichts von der Existenz meiner mutmaßlichen Schwestern gewusst hatte, es half alles nichts: Sie waren beide vor Wut außer sich und versuchten in Ermangelung einer besseren Ausdrucksweise beide, mich zu verführen.

Es fühlt sich seltsam an, wenn eine soeben aus einem Überraschungsei geschlüpfte Schwester hysterisch mit ihren nackten Titten wedelt ... Ich reagierte weder auf Carolines noch auf Ingrids Annäherungsversuche, nicht aus moralischen Gründen, sondern ehrlich gesagt hauptsächlich deshalb, weil keine meiner beiden eventuellen Schwestern besonders gut aussah. Ich habe Glück gehabt: Die Gene meines Vaters produzieren große, vierschrötige Söhne, dummerweise aber auch große, vierschrötige Töchter ...

Der Einzige unter meinen Geschwistern, mit dem ich regelmäßigen Kontakt aufrechterhalten habe, ist mein zwei Meter langer kleiner Bruder Konrad. Obwohl wir nur wenige Jahre zusammengelebt haben und auch diese gemeinsame Zeit in zwei Abschnitten, obwohl wir nur Halbbrüder sind, haben wir ein engeres Verhältnis als viele Vollgeschwister. Damals hatten wir ja nicht viel außer einander. Als Kinder verfolgten wir betreten, wie unser Vater und Gisela, Konrads Mutter, jeden Tag rund um die Uhr stritten, und wir verstanden, dass wir zusammenhalten mussten, denn das Einzige, worauf man sich bei den Erwachsenen verlassen konnte, war, dass sie sich wie in eine Käfigecke gedrängte Tiere verhielten.

Eines Morgens gaben uns Papa und Gisela ein besonders erbauliches Beispiel von der Liebe zwischen erwachsenen Menschen und der weiblichen Art zu argumentieren. Gisela war der Ansicht, dass Papa mich als seinen Erstgeborenen bevorzugte. Sie wollte, dass er eine neue Winterjacke für den damals zweijährigen Konrad kaufte. Papa vertrat die Auffassung, die alte Jacke sei noch tipptopp, und die beiden begannen am Frühstückstisch zu streiten. Gisela stellte eine lückenlose Reihe von logischen Schlussfolgerungen auf: Draußen war es kalt. Ohne neue Winterjacke würde sich Konrad erkälten. Genau genommen würde sich Konrad so schlimm erkälten, dass er eine Lungenentzündung bekommen würde. Der arme Konrad würde an dieser Lungenentzündung sterben, und schuld daran würde unser Vater sein, weil er sich weigerte, eine neue Winterjacke zu kaufen.

Ich musste zur Schule, aber Konrad war noch so klein, dass ich ihn mit diesen beiden Monstern zu Hause zurücklassen musste ... Ich war schon einige Dutzend Meter von dem Haus, in dem wir wohnten, entfernt, als ich Giselas schrilles Falsett hörte:

»Kindermörder! Kindermörder!«

Trotz allem bin ich dankbar für die wenigen Jahre, die ich mit Konrad zusammen verbringen durfte. Immerhin hatte ich die Möglichkeit, die Rolle des verantwortungsbewussten großen Bruders zu spielen und einige Vorbildfunktionen zu übernehmen, die einem großen Bruder von Rechts wegen zukommen.

So war beispielsweise ich es, der Konrad, als die Zeit gekommen war, in die hohe Kunst der männlichen Selbstbefriedigung einführen durfte. Leider war ich schon immer ein extrem ungeduldiger Lehrer. Um ehrlich zu sein: Ich habe mich nie dafür interessiert, ob, was und wie jemand etwas lernt, ich wollte nur selbst immer neue Dinge lernen. Aufgrund dieser egoistischen Ungeduld vergaß ich damals, Konrad mitzuteilen, dass das Onanieren im Allgemeinen eine recht private Aktivität darstellt und nur allein oder im Kreise enger Freunde vollzogen werden sollte.

Als Konrad neun Jahre alt war, war es für ihn an der Zeit, nach der Taufe ein zweites Mal und diesmal etwas weniger schlecht informiert vor den lieben Gott zu treten, seine Sünden zu beichten, seine kleine Seele zu reinigen und in der langen Tradition katholischer Gottesfresserei seine erste geweihte Oblate zu schlucken. Die Festlichkeiten verliefen reibungslos und zur allgemeinen Zufriedenheit, und Konrad bekam zu Ehren des christlichen Rituals teure Geschenke, inmitten derer er sich am Abend zufrieden auf dem Boden vor dem Fernseher herumwälzte. Um ihn herum im Wohnzimmer saßen Gisela, Papa, die Mutter von Papa und ich. Die geschiedenen ehemaligen Ehepartner hatten sich zusammengefunden, um Konrads großen Tag in trauter Harmonie zu feiern.

Ungefähr in der Mitte der Abendnachrichten öffnete Konrad den Hosenschlitz seines Kommunionsanzuges, zupfte seinen Pfifferling hervor und begann, diesen mit der ganzen Hingabe seiner unschuldigen Jugend zu reiben. Oma saß wie versteinert im Ohrensessel, Gisela blickte angestrengt aus dem Fenster und tat so, als ob sie nichts bemerkte, und ich fühlte mich plötzlich äußerst unwohl in meiner Haut.

Konrads Séance währte nicht sehr lange. Aufgrund seines zarten Alters führten seine Anstrengungen noch zu keinem sichtbaren Ergebnis. Stattdessen blickte er stolz in die Runde und stellte zufrieden fest:

»Fertig!«

Unser Vater stand auf und sagte zu mir:

»Komm mal mit in die Küche. Ich möchte mit dir sprechen.«

Nervös folgte ich ihm.

»Hast du ihm das beigebracht?«

Ich nickte stumm.

»Mir scheint, du hast etwas vergessen.«

Ich nickte, den Blick auf meine Schuhspitzen geheftet.

»Du weißt wohl, was du zu tun hast«, sagte Papa.

Konrad wohnt heutzutage in Hamburg und hat insgesamt fünf Kinder mit zwei Frauen und einem Mann. Seine Mutter Gisela sitzt schon seit einigen Jahren in einer Alzheimer-Klinik ein und erkennt niemanden mehr. Auch die Mutter meines Bruders hat es also geschafft, dieses Jammertal hinter sich zu lassen, mit dem Unterschied allerdings, dass ihr zäher Körper noch lebt.

Eines Tages, Jahre später, erreichte mich per Post eine überraschend förmliche Einladung. Mein Vater bat mich, zum Abendessen zu erscheinen. Die Angelegenheit war offensichtlich dringlich. Ich nahm an, denn ich war wie immer hundertprozentig pleite und dachte, wenn mein Vater mich so dringend sehen möchte, könnte ich bestimmt einen Hunderter oder zwei aus ihm herausmelken.

Als ich bei ihm im äußersten Süden Deutschlands ankam, umarmte er mich und steckte mir unaufgefordert 500 Mark zu. Er erkundigte sich mit keiner Silbe nach dem Fortschritt meiner Studien im fernen Westberlin. Irgendetwas stimmte hier nicht.

Bei Papa zu Hause roch es himmlisch. Seine neue Frau Luise hatte gekocht, auf dem Wohnzimmertisch standen Blumen, Kerzen brannten und aus der Stereoanlage erklang entspannende klassische Musik. Der Tisch war nur für drei Personen gedeckt.

»Bin ich der einzige Gast?«, fragte ich Luise. Aus einem

unerfindlichen Grund hatte sie Schwierigkeiten, mir in die Augen zu sehen. Sie nickte nur beinahe unmerklich.

Wir aßen. Das Essen war köstlich. Luise ging mir zwar gegen den Strich, aber kochen konnte sie, das musste man ihr lassen. Ich war froh, die Einladung angenommen und die Fahrt nach Süden angetreten zu haben. Dieses Essen und vor allem der in meiner Tasche versöhnlich raschelnde Fünfhundertmarkschein machten die Reise schon jetzt zu einem vollen Erfolg. Aber irgendetwas ging hier hinter den Kulissen vor, und ich musste nicht lange warten, bis dieses Etwas enthüllt wurde. Papa hüstelte nervös und begann:

»Also, ... wie soll ich das sagen ... möchtest du noch ein Glas Wein?«

Er hatte mich noch nie zuvor wie einen erwachsenen Menschen behandelt. Was war hier im Gange? Wir tranken noch ein Glas Wein, dann fuhr er fort:

»Weißt du noch, als ich damals eine Woche in der Schweiz war?«

»Klar weiß ich das noch. Danke noch dafür. Ich habe damals eine richtig geile Fete veranstaltet!«

»Ich äh ... also ich bin damals operiert worden. Ich habe mich sterilisieren lassen.«

Wahrscheinlich das Vernünftigste, was du je getan hast, dachte ich.

»Und jetzt ist die Sache die, dass, dass ... dass Luise und ich ja schon seit einiger Zeit verheiratet sind ...«

»Ja?«

»Ja, und Luise ist doch eine junge, gesunde, fruchtbare Frau ...«

»Jaa?«

»... und sie wünscht sich so sehr ein Kind. Das ist doch nur natürlich für junge, gesunde, fruchtbare Frauen.«

»Jaaa?«

»… und ich kann ja keine Kinder mehr zeugen, und deshalb haben Luise und ich uns überlegt, dass du ja ein gesunder, junger, gut aussehender Mann bist …«

Ich hatte das Gesicht meines Vaters noch nie so rot und Luise noch nie so blass gesehen.

»Ja also, und deshalb dachten wir, dass du doch vielleicht …«

Papa schenkte uns 18 Jahre alten Single Malt Whisky ein. Seine Hände zitterten. Seine junge Frau saß mir gegenüber und versuchte krampfhaft, jeglichen Blickkontakt mit mir zu vermeiden.

»Also, was sagst du dazu?«, fragte mein Vater.

Ich überlegte einen Moment. Wenn ich der Frau meines Vaters ein Kind zeugen würde, wäre dieses Kind mein Sohn und zugleich mein Bruder. Oder meine Tochter und meine Schwester. Mein Vater wäre der offizielle Vater dieses Kindes und biologisch sein Großvater. Mein Bruder wäre somit der Onkel seines Bruders oder seiner Schwester. Und weil ich ja selbst auch der Bruder meines Bruders war, würde mein kleiner Bruder dann auch zu meinem Onkel. Wäre mein Vater dann auch mein Onkel? Oder gar mein Großvater? An sich ein unterhaltsames, vieldimensionales Gedankenspiel, aber die letztendliche Entscheidung traf sich selbst im Bruchteil einer Sekunde: Niemals, unter gar keinen Umständen würde ich meinen Samen spenden, auch wenn ich täglich einen Fünfhunderter kriegen würde!

»Also?«, fragte mein Vater.

Mein Augenblick war gekommen. Im Geist sah ich die haarigen Hoden meines Vaters, die in meiner Gewalt waren, in meiner jungen, gesunden Hand – und jetzt würde ich zudrücken, und zwar so fest ich konnte.

»Hast du nicht schon genug Nachfahren, Papa? Wenn ihr unbedingt ein Kind wollt, dann kauft euch doch eins! In Entwicklungsländern gibt's die zum Schleuderpreis!«

Luise brach in Tränen aus und stürzte schluchzend in die Küche. Papa und ich tranken in bleierner Stille die Whiskyflasche leer. Dann ging ich ins Gästezimmer schlafen. Zur Sicherheit verriegelte ich die Tür von innen. Früh am nächsten Morgen, bevor mein Vater und Luise aufwachten, setzte ich mich höllisch verkatert in meinen verrosteten 2CV und fuhr, um eine therapeutische Erfahrung und 500 deutsche Mark reicher zurück nach Hause, 850 Kilometer nach Norden, nach Berlin.

Dort angekommen rief ich Konrad an:

»Konrad, in meiner Eigenschaft als großer Bruder muss ich dich warnen. Es besteht Grund zu der Annahme, dass du von Papa und Luise eine Einladung zum Abendessen bekommen wirst, sobald du volljährig bist. Ich erzähle dir keine Details, aber wenn diese Einladung kommt, dann sei vorsichtig und trinke nicht zuviel ...«

Und natürlich kam es, wie es kommen musste: Einige Jahre später erstattete Konrad Bericht über das Inseminationsdinner, das gerade hinter ihm lag.

»Und wie ist es gelaufen?« fragte ich.

»Prima! Papa hat mir einen Tausender gesteckt!«

»Einen Tausender? Mann ist das Scheiße, der Erstgeborene zu sein! Und was hast du gesagt?«

»Na, was glaubst du? Ich habe ebenfalls dankend abgelehnt. Aber das Essen, kann ich dir sagen, das Essen war phantastisch!«

3. DER BLONDE ENGEL

In den Achtzigerjahren war Westberlin das Paradies auf Erden für uns junge westdeutsche Studenten. Die andere deutsche Republik, die demokratische, schützte uns mit einer drei Meter hohen Betonmauer vor unseren neugierigen Eltern und bot uns eine perfekt isolierte Insel der Freiheit, die vom Westen her zu Land nur über drei gut bewachte Autobahnen zu erreichen war. Sobald die bundesdeutsche Grenze hinter uns lag und das einschläfernde Geholper der jämmerlichen Transitstrecke begann, wurden in unseren Autos zu Ehren des Kommunismus die Flaschen entkorkt und die Joints entzündet, im Kofferraum frische Wäsche und in der Tasche frisches elterliches Geld.

Die westdeutsche Regierung in Bonn wiederum übertraf sich selbst, um zu verhindern, dass die gesamte Bevölkerung Westberlins aus Angst vor dem Kommunismus flüchtete: Beschäftigte erhielten eine sogenannte Berlinzulage, junge Männer, die bereit waren, in die Hauptstadt des Kalten Krieges zu ziehen, wurden sowohl vom Wehr- als auch vom Zivildienst freigestellt (nur ich war natürlich bekloppt genug gewesen, zuerst den Wehrdienst zu absolvieren und dann erst zu flüchten), Westberlin war die einzige deutsche Stadt, in der es keine Polizeistunde gab, in der die Restaurants und Nachtclubs rund um die Uhr und sieben Tage pro Woche geöffnet sein durften.

Familien mit Kindern emigrierten scharenweise mit Sack und Pack aus der Mauerstadt, um auf den sonnigen Hügeln Westdeutschlands ihre Einfamilienhausidyllen zu gründen, aber gleichzeitig strömten Zehntausende junge Menschen sofort nach Schulabschluss aus den erstickenden Kleinstädten des Westens nach Berlin, um die verschiedensten Coming-Outs zu zelebrieren, um sich endlich verrückte Klamotten anzuziehen, und um endlich ihr wahres Selbst zu entdecken. Jeder Taxifahrer war in Wirklichkeit Schriftsteller, jede Bedienung Tänzer/in und jedes Kassenfräulein Schauspielerin.

Vor allem der Stadtteil Kreuzberg war berühmt. Die Hälfte der Bewohner von Kreuzberg waren untereinander auf Kriegsfuß stehende Türken und Kurden (die kein Deutscher voneinander unterscheiden konnte), die andere Hälfte aus Westdeutschland immigrierte Studenten. Immer, wenn das Leben anfing, fad zu schmecken, organisierten wir eine Straßenschlacht, aus den verschiedensten Anlässen, aber immer aus gutem Grund. Wenn es keine Straßenschlachten zu liefern gab, patrouillierte die Polizei in ihren Streifenwagen durch die Straßen und ließ die Bürger durch ihre Lautsprecher wissen, dass Stufe Zwei des Smogalarms in Kraft getreten sei, und dass man gut daran tue, zu Hause zu bleiben und die Fenster geschlossen zu halten. Das Leben war aufregend, frei und wild, und unsere schnauzbärtigen ethnischen Mitbürger stellten sicher, dass es immer genug Kebab, frisches Gemüse und Haschisch für uns hungrige, junge kapitalistische Revolutionäre gab.

Manchmal hörte man nachts Schüsse aus Richtung der Mauer, wenn ein armes ostdeutsches Schwein versuchte, ›rüberzumachen‹, in der Hoffnung auf ein besseres, also auf unser Leben. In unserer Stadt wurden Leute erschossen, genau wie in Beirut! Geil! In solchen Momenten lief es uns immer kalt den Rücken herunter, und wir fühlten uns doppelt verderbt, wenn wir den letzten Zug inhalierten, die Kippe wegschmissen und zurück in die Disko gingen.

Das Studium an der Freien Universität war ein Kinderspiel. Mein erstes Semester begann mit einem Boykott, denn die grüne Studentenorganisation hatte herausgefunden, dass die Pappbecher der humanistischen Fakultätscafeteria mit durch Kinderarbeit hergestelltem Chlor gebleicht worden waren. Also demonstrierten wir politisches Verantwortungsbewusstsein und Sorge um unsere Umwelt, indem wir die ersten drei Wochen nicht zu den Vorlesungen erschienen, bis das Chlor endlich durch von Erwachsenen hergestelltes ersetzt worden war.

Der Rest des Semesters verging wie im Flug, während wir nach Philologenart die schmale literarische Produktion eines völlig unbekannten mittelalterlichen Dichters diskutierten und versuchten, herauszubekommen, ob er a) ein Mystiker, b) impotent oder c) Linkshänder gewesen war. Sowohl unsere Dozenten als auch der Großteil der Kommilitonen waren permanent bekifft, was zur Folge hatte, dass man auf die verschiedensten Fragen dieselbe Antwort geben konnte, ohne dass jemand etwas bemerkte. Niemand interessierte sich dafür, ob ich anwesend war oder nicht. Mir wurde rasch klar, dass ich genau die richtigen Studienfächer gewählt hatte. *Non scholae, sed vitae discimus,* konstatierte ich, nicht für die Schule, sondern fürs Leben lernen wir. Das Studium würde mir keinen Stress machen. Ein Unibesuch pro Woche würde locker reichen. Also konzentrierte ich mich aufs Wesentliche.

Eines schönen Frühlingstages klingelte das Telefon gerade, als ich dabei war, meine Ex-Freundin zu ficken (von hinten, denn unsere eigentliche Liebesbeziehung hatte schon vor Monaten geendet, und die Hundestellung war die einzige, die uns keine emotionalen Schwierigkeiten bereitete).

Damals gab es noch keine Mobiltelefone, und auch drahtlose Festnetzanschlüsse waren noch eine Seltenheit. Zum Glück hatten wir uns während unserer Kopulation langsam, aber sicher in Richtung Schreibtisch bewegt, so dass ich mühelos den Hörer abnehmen konnte, ohne den Beischlaf zu unterbrechen.

Am Apparat war ein ehemaliger Klassenkamerad aus einer der zahllosen Schulen, die zu besuchen ich das Privileg gehabt hatte. Er war stockschwul, deshalb war er auch als Einziger im Westen zurückgeblieben, denn er hatte schon seit seinem zarten Knabenalter geradezu nach dem Wehrdienst gelechzt. Inzwischen war er zum feschen Leutnant avanciert und pflegte seine Beziehungen zu weniger schwulen Männern, indem er uns von Zeit zu Zeit Frauen vermittelte, die er mit seinem Charme und seiner strammen Uniform fertig angefeuchtet hatte.

»Hallo!«, sagte er. »Ich störe doch hoffentlich nicht?«

»Überhaupt nicht. Was kann ich für dich tun?«

»Ich habe eine Überraschung für dich!«

Meine Ex-Freundin wurde sofort nervös. Sie war von der Sorte, die pausenlos nörgelt, eine Expertin in Sachen Schuldgefühle, jüdischer Abstammung und somit im Nachkriegsdeutschland eine Rarität für Sammler. Ich konnte gerade noch die Hand auf den Hörer legen, als sie auch schon losmeckerte:

»Und ich? Hast du vergessen, was wir gerade tun?«

»Siehst du nicht, dass ich telefoniere? Wie wär's, wenn du dich mal zur Abwechslung bewegst?«

»Hallo? Bist du noch da?«, fragte mein Kamerad.

»Ja, bin ich. Entschuldige die Pause. Der Klempner ist gerade hier. Was für eine Überraschung?«

»In ein paar Wochen wird wahrscheinlich eine Finnin mit dir Kontakt aufnehmen. Sie sieht tierisch gut aus. Eine Blondine, sogar eine echte!«

Tief in meinem Inneren begann Pawlows Welpe zu hecheln.

»Und woher kennst du sie?«

»Ich war letztes Jahr im Sommer in Finnland, und sie jobbt dort in der einzigen Schwulenkneipe des Landes. Jetzt kommt sie mit einer Studentengruppe der Uni Helsinki nach Berlin. Ich habe ihr deine Nummer gegeben.«

»Sie studiert also ...«

»Ja, Homöopathie oder Astrologie oder so was. Die Uni veranstaltet eine Exkursion, und sie kommen, um sich alternative Therapiemethoden anzusehen.«

Da hatten die finnischen Studenten ja genau das richtige Reiseziel gewählt. In Westberlin gab es gar nichts anderes außer alternativen Methoden. Bei uns wurde alles angeboten; feministisch-anarchistisch-okkultistische Wiedergeburt, biorhythmisches Astralkörperringen, Menstruationsseminare und urbaner Reflexzonenschamanismus.

»Und, was sagst du?«, fragte mein Kumpel, offensichtlich in Erwartung überschwenglicher Dankbarkeitsbezeugungen. Zum Glück verstand ich es rechtzeitig, ihm telefonisch die kalte Schulter zu zeigen:

»Was ich dazu sage? Ich sage, dass ich zum Teufel selbst meine Weiber aufreißen kann! Ich fühle mich immer noch schuldig wegen der Jüdin, die du zuletzt allen angedreht hast!«

Ich knallte den Hörer auf die Gabel und wandte mich wieder dem Geschlechtsverkehr mit meiner Ex-Freundin zu. Im Allgemeinen hatte ich mit ihr große Schwierigkeiten, mich zu entspannen, und es kam mir ausschließlich, indem ich mir auf der Zielgeraden vorstellte, mir einen herunterzuholen. Diesmal aber lief alles wie geschmiert, denn in meinem Kopf überstürzten sich Bilder eines blonden Engels, der mich wieder zum ganzheitlichen, fühlenden, unversehrten Manne machen und mir endlich wieder Flügel verleihen würde. Ich fickte meine Ex-Freundin mit bisher ungeahnter Verve und vergaß nicht einmal, ihr mit der flachen Hand anständig auf die

Arschbacken zu klatschen, eine Maßnahme, die sie als Expertin in Sachen Schuldgefühle ganz besonders schätzte.

Im Handumdrehen merkte ich auch schon, wie es mir zu kommen begann, und ich ließ sowohl meiner Ex-Freundin als auch meinem Orgasmus meine ungeteilte Aufmerksamkeit zuteil werden.

Ein paar Wochen später drehten die Berliner Gaswerke den Hahn in meiner Wohnung zu. Der Mensch braucht Prioritäten, und das Bezahlen von Rechnungen stand damals nicht besonders weit oben auf meiner Liste. Miete, Telefon und Elektrizität waren lebenswichtig, aber das Gas für den Durchlauferhitzer war entbehrlich. Ich putzte mir also die Zähne mit unerhitztem Wasser und starrte dabei im halbblinden Spiegel der Küche meiner heruntergekommenen Kreuzberger Einzimmerwohnung mein von den Berliner Nächten gegerbtes junges Gesicht an. Ein Badezimmer hatte ich nicht. Den Spiegel hatte ich auf dem Flohmarkt geklaut, und der Rahmen war genauso grauenhaft türkis wie der Opel des türkischen Hausmeisters.

Ich gurgelte. Das Wasser war eiskalt, und mein Zahnfleisch brüllte um Gnade; dennoch erfüllte mich eine Welle heißer Inbrunst und ein glückseliges Lächeln machte sich auf meinem Gesicht breit. Im einzigen Zimmer neben der Küche weilte der Engel, der sich in meiner Wohnung niedergelassen hatte. Ein wunderschönes, exotisches Geschöpf aus einem fernen Land namens Finnland, eine geheimnisvolle, birkenblonde Elfe, die nach ihrer Ankunft in Berlin unverzüglich ihre Reisegruppe verlassen hatte und jetzt schon seit anderthalb Tagen in meinem Bett lag und ohne Unterlass billiges deutsches Bier trank.

»Sirpa!«, flüsterte ich voller Leidenschaft vor mich hin, denn das war der Name des Engels.

Ich war es gewohnt, dass man Frauen erobern musste, und dieses Erobern unterlag in Westberlin gewissen Regeln: In einer Bar musste man sich für einen Moment neben das Objekt der Begierde stellen und Blickkontakt herstellen. Danach musste man die Dame ab und an abschätzig mustern und ihr vermittelst Körpersprache zu verstehen geben: ›Ich interessiere mich einen feuchten Dreck für dich!‹ Diese Strategie konnte unter Umständen zum Erfolg führen.

Mit Sirpa funktionierte diese Methode überhaupt nicht. Sie legte keinerlei Wert auf das neurotische Balzverhalten der Deutschen, sondern war von Anfang an zu allem bereit, *tasaraha**, wie man in Finnland sagt. Am ersten Abend bot ich ihr mein Bett an und machte mich anheischig, selbst auf dem Boden zu schlafen.

»Bullshit!«, sagte sie. »I want to sleep with you!«

Ob etwa alles, was man bei uns über nordische Frauen munkelte, wirklich zutreffen sollte?

Sirpas natürliche, unkomplizierte Einstellung hinsichtlich des Paarungsaktes riss mir sozusagen den Hocker unterm Hintern weg. Diese himmlische Kreatur brachte mich so durcheinander, dass ich keinen hochkriegte. Bestimmt hatte sie schon begonnen, an meiner Orientierung oder an meinen Fähigkeiten zu zweifeln. Wir hatten bereits alle Techniken ausprobiert, für die es keiner Erektion bedurfte. Ich wusste, dass ich, um wenigstens die kläglichen Reste meiner Glaubwürdigkeit zu erhalten, sie so bald wie möglich anständig durchzuficken hatte, noch aber war ich viel zu bezaubert, um mich entspannen zu können.

Sie erzählte mir tatsächlich, dass sie neben ihrem Studium in einer Schwulenkneipe in Helsinki arbeitete. So etwas verlangt einer jungen Frau viel ab: Jeden Abend musste sie junge, gutaussehende Männer beobachten, die sich nur für einander, nicht aber für sie interessierten. Niemand wollte von Sirpa

* »passendes Geld«, »Stimmt so!«

etwas anderes als Getränke. Und immer, wenn es spannend zu werden begann, wenn das Geplänkel eines Männerpaares in die zweite Phase überging, verschwanden die Jungs und überließen Sirpa ihrem schlecht bezahlten Job und ihrem Schicksal.

Verständlicherweise war Sirpa ziemlich frustriert. Sie wollte endlich einmal sehen, wie Männer es miteinander treiben. Und für mich war es selbstverständlich Ehrensache, ihr diese Erfahrung zu verschaffen. *Berlin schläft nie!*

Ich rief bei meinem lokalen Sexshop an und erkundigte mich nach homosexuellen Live-Show-Vorstellungen. Zu meiner Überraschung und meinem Leidwesen teilte mir mein Sexshopunternehmer mit, dass solche Vorführungen per Gesetz verboten seien, sogar in Westberlin, dem Brückenkopf der Toleranz und Libertinage.

»Aber ihr könnt euch natürlich am Bahnhof Zoo zwei Jungs mieten, die machen alles, was ihr wollt!«, empfahl der Pornofachhändler.

Guter Rat war teuer. Ich konnte mir unter keinen Umständen zwei kommerzielle Stricher leisten. Selbst wenn ich mich persönlich für den guten Zweck geopfert hätte – selbst einer wäre für mein nichtexistentes Budget zu viel gewesen. Es gab exakt zwei Alternativen, die im Rahmen meiner Finanzierungskapazität lagen:

Zuerst gingen wir in einen Nachtclub namens *Big Sexyland* und wohnten einer Heteroshow bei. Obwohl dort unverfälschter, authentischer Geschlechtsverkehr gezeigt wurde, half der Besuch Sirpa und mir nicht weiter. Eine gelangweilte männliche Person beschälte auf einer runden, sich unter einer mittelgroßen Diskokugel langsam drehenden Bühne und unter den geilen Blicken einer schmerbäuchigen Herde von reisenden Geschäftsmännern eine noch weitaus gelangweiltere weibliche Person. Sirpa wurde von allen Anwesenden angestarrt, denn sie war die einzige Frau im Club, die einen vertikalen Beruf ausübte. Die Geschäftsmänner machten sich an sie heran, und die Nutten zeigten unverhohlenen Hass auf die Amateurschlampe, die ihnen womöglich das Geschäft versauen würde. Sirpa befahl mir, etwas zu Trinken zu besorgen, legte ihr Portemonnaie auf einen Tisch und verschwand im Klo.

Ich nahm ihre Geldbörse sofort an mich, wartete, bis sie von der Toilette zurückkam.

»Was machst du denn?«, fragte ich auf Englisch. »Du kannst hier doch nicht einfach vor aller Augen dein Geld auf dem Tisch liegenlassen und aufs Klo gehen!«

»Warum denn nicht? Ich wollte den anderen nur zeigen, dass dieser Tisch besetzt ist!«, war ihre entwaffnende Antwort. »Wo ist das Bier?«

Da wollte ich nur eines: niederknien und ihr Sklave werden. Ich würde alles tun, zur Not würde ich mir sogar einen blonden Schnurrbart wachsen lassen.

Als nächstens versuchten wir es mit einem schwulen Pornokino am Kurfürstendamm. Das war mehr nach Sirpas Geschmack – hier war sie die einzige Frau im Raum. Auf der Leinwand fickten sich gut aussehende Männer von vorne und hinten, und auf den roten Plüschsesseln des Kinos vergnügte sich das Publikum mit Hand und Mund. Zwischen den Videos trat ein süßer junger Stripper auf und warf zum Entzücken der Zuschauer seine Lederstrings in Sirpas Schoß. Diesmal war ich an der Reihe, mich etwas unwohl zu fühlen. Ich war noch nie mit einer Frau in einem Schwulenladen gewesen, bis jetzt hatte ich meine zwei sexuellen Welten immer säuberlich voneinander getrennt. Wie sagt doch das finnische Sprichwort: Älä pidä kaikkia munia samassa korissa.*

Als wir in den frühen Morgenstunden wieder nach Kreuzberg kamen, war die erotische Spannung mit Händen zu spü-

* Mann sollte nicht alle seine Eier im selben Korb tragen.

ren. Wieder stand ich vor dem Spiegel in der Küche und führte eine Gesichtskontrolle durch, als es mich plötzlich fürchterlich am Sack zu kitzeln begann. Ich kratze mich und musste grinsen: Der Mensch ist doch wirklich hilfloses Opfer seiner biologischen Programmierung, dachte ich, zog die Hand aus der Hose, betrachtete meine Fingernägel ... und brüllte starr vor Entsetzen:

»Sirpa! Sirpaaa!«

»Joo?«, sagte ihre weiche Stimme im Zimmer nebenan.

»We've got louses, äh ... lice!« Ich wusste, wovon ich redete, denn ich hatte schon früher das Vergnügen gehabt. Ich zeigte Sirpa meinen Fund.

»Voi saatana! Satiainen!«* sagte sie, nachdem sie sich mit eigenen Augen der misslichen Sachlage vergewissert hatte.

»Pardon?«, fragte ich.

»Don't worry, it's not a problem. Have we more beer?«, sagte Sirpa und steckte ihre Zunge in meinen Mund. Trotzdem klappte *es* immer noch nicht. Wir waren Opfer eines klassischen Teufelskreises geworden. Je mehr Verständnis Sirpa zeigte, desto mehr erschlaffte ich ...

Am nächsten Morgen machten wir uns daran, unser Parasitenproblem zu lösen. Unglücklicherweise hatte Sirpa ihre gesamte Reisekasse in Bier investiert, und ich hatte meine komplette Barschaft für stimulierende Vorführungen ausgegeben – vergebens. Von meinem Vater hatte ich seit jenem unseligen Abendessen keine müde Mark mehr bekommen. Wir verbrachten mehrere Stunden damit, in Westberliner Mülleimern nach eventuell nicht abgeholten Lösegeldern zu suchen und endeten schließlich in der Kreuzberger Pfandleihanstalt, wo meine gestohlene Schweizer Armbanduhr, mein wertvollster irdischer Besitz, einmal mehr in ihrer angestammten Papp-

* »Ach du Scheiße! Eine Filzlaus!«

schachtel zur Ruhe kam. Wie jedes Mal schrumpfte die Geldsumme, die ich für die Uhr bekam, diesmal waren es noch 20 deutsche Mark. Ich wollte schon protestieren, aber im letzten Moment erinnerte ich mich daran, was Sirpa gesagt hatte:

»Ihr Deutschen redet immer nur vom Geld!«

Also nahm ich den Zwanziger, bedankte mich und eilte zurück auf die Straße, um mich ausgiebig zwischen den Beinen zu kratzen.

Unser ursprünglicher Plan war gewesen, in der Apotheke ein giftiges Shampoo gegen Parasitenbefall aller Art zu kaufen und den Läusen den chemischen Krieg zu erklären, aber nach kurzer Besprechung beschlossen wir, den kleinen Schmarotzern auf konventionelle Weise den Garaus zu machen und den gesamten Zwanziger in Zigaretten und Bier anzulegen.

Es war nicht weit bis zu mir nach Hause, aber wir fuhren mit der U-Bahn, denn es sah so aus, als würde es bald regnen. Der Waggon war ziemlich voll, aber eine dicke, alte Oma war von unserer jungen, strahlenden Liebe so gerührt, dass sie uns ihren Sitzplatz überließ, der locker für uns beide reichte.

Wir ließen uns auf die grüne Plastikbank sinken, und Sirpa legte ihren Kopf in meinen Schoß. Ich zog meine Jacke aus und bedeckte sie damit. Sirpa stellte sich schlafend, aber im Schutze meiner Lederjacke öffnete sie mit flinken Zähnen meinen Reißverschluss, grub mit ihren weichen Lippen meinen Schwanz aus der Baumwolle und begann, liebevoll daran zu nuckeln. Und diesmal hätte *es* beinahe geklappt – wenn sich nicht kurz vor dem kathartischen Moment eine schwere dienstliche Hand auf meine Schulter gelegt hätte:

»Die Fahrscheine, bitte!«

Die Rückkehr aus Sirpas Mund auf den Planeten Erde dauerte mehrere Sekunden.

»Äh ... ich habe keinen.«

»Und Sie?«, fragte der Kontrolleur Sirpa, die inzwischen wieder aufgetaucht war, das blonde Haar leicht derangiert.

»Sie auch nicht. Sie ist Finnin«, antwortete ich an ihrer Stelle.

An der nächsten Station, an der wir sowieso hätten aussteigen müssen, nahm uns der Kontrolleur freundlich, aber bestimmt ins Gebet. Als die U-Bahn weitergefahren war, sagte er mit väterlicher Stimme:

»Es tut mir wirklich leid, dass ich euch unterbrochen habe. So ein hübsches Pärchen, so eine süße Ausländerin ... Aber Dienst ist Dienst, und nach der Dienstvorschrift muss ich ...« Und da ging er hin, unser Zwanziger. Tschüss Bier, tschüss Zigaretten. Der Kontrolleur schüttelte mir die Hand und wünschte uns beiden noch einen schönen Tag.

Das war ein Omen. Meine gesamte bisherige Studentenzeit war ich schwarzgefahren und kein einziges Mal erwischt worden. Aber mit diesem finnischen Engel würde ich alles bekommen, was ich verdiente, und sogar noch mehr ...

Über dem Hinterhof explodierte eine fette, schwarze Wolke. Wir schafften es in letzter Sekunde ins Haus, als auch schon der Regen wie verrückt auf die Mülltonnen trommelte.

Ich saß auf der Fensterbank in meiner Küche, kratzte meine Achselhöhlen und sah in den schwefelgelben Berliner Himmel hinauf. Der erste Blitz schlug in den Opel des Hausmeisters, und für einen Moment glomm um die Antenne ein Elmsfeuerchen. Als ich mich umdrehte, sah ich Sirpa in der Türöffnung stehen. In der Hand hatte sie den Schaum, den Dachshaarpinsel und den Rasierer. Sie lächelte ihr unergründliches nordisches Lächeln und befahl:

»Get naked!«

Ich gehorchte.

»Give me beer!«

Ich gehorchte. Eine Dose Schultheiß war noch übrig.

»Sit down!«

Wieder gehorchte ich. Wunderbar, wie sie mich herumkommandierte! Ich habe schon immer eine Schwäche für Frauen gehabt, die sich nicht scheuen, ihre Autorität zu benutzen, egal, ob sie welche haben oder nicht.

Sirpa leerte die Bierdose mit einem Schluck zur Hälfte und rasierte mich mit sicheren, aber dennoch zarten Strichen vom Hals bis zu den Knöcheln kahl. Nur ein paarmal spritzte ein bisschen Blut, wenn sie bei Blitz und Donner erschrak.

Dann war ich an der Reihe. Sirpas spärlichen Schamhaare waren tatsächlich naturblond, und mir rollten ein paar Tränen über die Wangen, als ich sie abrasierte.

Das Gewitter tobte im Hinterhof, das Fenster klappte auf, herein flogen Staub, Regentropfen, Kaugummipapierchen, eines verfing sich in Sirpas Haar – es war das Schönste, was ich je gesehen hatte. Der Rasierer fiel aus meiner Hand, wir küssten uns, die Küche füllte sich mit Sturm, löste sich vom Boden und flog zum Himmel empor. Sirpa packte mich leidenschaftlich an beiden Ohren und schrie:

»Fuck me, you idiot!«

Und plötzlich war der Bann gebrochen. Ich wusste, jetzt oder nie. Meine kahle, immer noch kitzelnde Männlichkeit war endlich zum großen Kampf bereit, fand ihren Weg in Sirpas ebenfalls kahles Herz, wir heulten mit dem Wind um die Wette, bis sie brüllte:

»Don't come inside me!«

Der letzte Blitz nagelte uns auf den einzigen Stuhl meiner Küche, im letzten Moment gelang es mir, mich aus dem Paradies zurückzuziehen und meine kochende Gehirnmasse bis zum letzten Tropfen auf den glattrasierten Bauch meiner nordischen Göttin zu verspritzen.

Wir sprachen nicht viel auf dem Weg zur Grenze. Die nachwachsenden Haare juckten noch viel schlimmer als die Läuse, und wir versuchten beide, uns möglichst diskret zu kratzen.

Wir küssten uns zum drittletzten Mal unter einem riesigen Schild, auf dem in vier Sprachen ›Hände hoch! Hier endet die freie Welt!‹ stand.

Wir küssten uns zum vorletzten, zum letzten und zum allerletzten Mal, dann erklomm ich die Aussichtsplattform, um wie gelähmt zu verfolgen, wie Sirpas blonder Zopf leichtfüßig durch das Minenfeld tänzelte, den von psychisch kranken Schäferhunden gesäumten Stacheldrahtpfad entlang auf die andere Seite, nach Berlin (Ost), zum Flughafen Schönefeld und nach Hause ins neutrale Finnland, wo Sirpas Verlobter am Flughafen wartete, in der Hand einen Blumenstrauß und bereit, für alles, was er Sirpa angetan hatte, Abbitte zu leisten und mehr noch für all das, was er mit anderen Frauen getan hatte.

Lange, nachdem Sirpa schon hinterm Horizont verschwunden war, stieg ich erschöpft von der Aussichtsplattform herab, und in meinem Inneren machte sich langsam, aber sicher jenes große, warme Vakuum breit, nach dem ich mich schon so lange gesehnt hatte. Der westdeutsche Grenzer bemerkte meinen trostlosen Zustand und versuchte, mich aufzuheitern, indem er mir den Gnadenschuss aus seiner Dienstwaffe anbot. Ich lehnte höflich dankend ab und beschloss, meinen Verzweiflungsausbruch zu verschieben und erst nach Hause nach Kreuzberg zu fahren.

Auf dem Hinterhof lagen Werkzeuge verstreut, aus dem Fenster im Erdgeschoss hämmerte islamische Diskomusik, und die hageren Beine des türkischen Hausmeisters ragten aus der Motorhaube des türkisfarbenen Opel. Ich machte mich bereit, loszuschluchzen und mich auf meine Matratze zu werfen, aber als ich die Tür zu meiner Wohnung öffnete, hatte ich die Gelegenheit, Augenzeuge eines Wasserrohrbruchs in meiner Küche zu werden.

Um drei Uhr morgens, als der Fußboden wieder einigermaßen trocken war, stand ich vor dem Spiegel und besah mein türkis umrahmtes, müdes Gesicht. Ein Schluck war noch übrig. Ich stieß mit meinem Spiegelbild an, schluckte gierig die Zigarettenkippe, die in der letzten Bierdose schwamm und konstatierte:

»Scheiße! Ich bin verliebt!«

4. DAS HEIMATLAND DES WEIHNACHTSMANNES

Sirpa hatte unmissverständlich klargestellt, dass der Berg, sofern er ein Anliegen habe, sich zur Prophetin, also nach Finnland würde begeben müssen. Sie war unter keinen Umständen bereit, nach Deutschland zu ziehen. Wir Deutschen hatten, so sagte sie, von allem viel zu viel: zu viele Menschen, zu viele Autos, zu viel Geld. Wir Deutschen? Ich persönlich jedenfalls hatte keine Menschen, kein Geld, und auch mein alter 2CV hatte schon vor langer Zeit sein Leben ausgehaucht.

Mehr als ein halbes Jahr verhandelten wir zäh, per Brief und am Telefon. Dann war ich bereit nachzugeben. Ich würde nach Finnland auswandern, geschehe, was wolle.

Ich wurde bei der Studienberatung der Freien Universität vorstellig und erkundigte mich nach Anfängerkursen in Finnisch. Die Antwort lautete: Im Prinzip ja, aber außer mir war in diesem Semester noch niemand auf die exotische Idee gekommen, die finnische Sprache erlernen zu wollen. Wenn sich insgesamt fünf Interessierte melden würden, würde man einen Anfängerkursus organisieren.

So funktioniert das von uns Deutschen ins Leben gerufene akademische System, besonders, wenn es um humanistische Disziplinen geht. Wenn man etwas Praktisches lernen, lebensnahe Fertigkeiten erwerben möchte, dann sollte man einen Bogen um die Universität machen.

Das Humboldtsche Bildungsideal basiert auf folgendem

Konzept: Alles, was sich in der Natur bewegt, wird unverzüglich getötet, in ein Glas mit Formalin gesteckt, mit einem lateinischen Namen versehen und in ein Museumsregal gestellt, an dem steht ›Berühren verboten!‹.

Leute, die eine akademische Ausbildung genossen haben, wissen, worin ihr eigentlicher Zweck besteht: darin, dass man sich labernd durchs Leben schlagen kann, am liebsten natürlich von oben herab. Und die Humanisten sind diejenigen, die dies außerdem nur in geheizten Räumen zu tun bereit sind.

Vegetarier fressen Pflanzen, Humanisten Menschen.

Die einzige Person, von der ich unter Umständen genug Geld für eine Reise nach Finnland bekommen könnte, war die Mutter meiner Mutter. Also musste ich erneut nach Süddeutschland fahren, diesmal per Anhalter.

Meine Oma hörte mir geduldig zu, fand aber, dass ich keiner ausländischen Frau hinterherlaufen sollte.

»Warum nimmst du nicht ein deutsches Mädel?«, fragte sie, gab zu bedenken, dass es ja auch in Deutschland Blondinen gebe und zeigte mir wie bei jedem Besuch stolz das Mutterkreuz, das sie damals von Adolf Hitler für die Produktion von fünf reinrassigen teutonischen Kindern bekommen hatte.

Erst als ich ihr erläuterte, dass Sirpa eine vielversprechende und vor allem arische, angehende Psychologin war, die mir vielleicht unter Anwendung alternativer Methoden endlich über den allzu frühen Tod meiner Mutter hinweghelfen könnte, wurde das alte Herz meiner Großmutter weich und ihr Portemonnaie öffnete sich.

Ich schwor ihr ewige Liebe und Dankbarkeit und nahm *stante pede* den Zug über Hamburg nach Kopenhagen und weiter nach Stockholm. Berlin vermied ich, denn ich hatte außer einer unbezahlten Gasrechnung auch drei unbeglichene Monatsmieten sowie die Telefon- und Stromrechnungen von zwei Monaten zurückgelassen. Einige Tage vor Weihnachten bestieg ich in Stockholm die *Viking*-Fähre und stach in die Ostsee.

Bis dahin war Sirpa mein einziger Kontakt mit der finnischen Kultur gewesen. Das Fährschiff *M/S Mariella* gab mir jedoch in einer einzigen Nacht einen repräsentativen Einblick in das, was mich am Ziel meiner Reise erwarten würde:

In der Schiffsdisko tanzten die Finnen, die Hände auf und unter den Hüften völlig fremder Personen des anderen Geschlechts. Ein Deck tiefer wurde zugunsten minderbemittelter Kinder Roulette gespielt. Ich bestellte mir an der Bar einen Drink, eine bräunliche Flüssigkeit mit Namen *Kolme Leijonaa**, mit der der finnische Hersteller eventuell Whisky gemeint haben konnte.

Die Korridore auf dem Schiff waren voll von Jugendlichen, die sich ausgiebigem Petting hingaben, im *Sleep-In* lieferten sich finnische Zigeuner eine lautstarke Messerstecherei, und in den gepolsterten Ecken der Lounge schliefen glückselig kleine Kinder mit Schokoriegeln im Mund.

Mir war schlecht. Als Landratte war ich nicht an Schiffsreisen gewohnt, und als Kontinentaleuropäer nicht an finnischen Whisky. Eine Weile sah ich den Roulettespielern zu und kämpfte mit meinem inneren Schweinehund: Spielen oder nicht spielen? Mit ein bisschen Glück könnte ich meine Reisekasse verdoppeln. Mit ein bisschen Pech könnte ich sie komplett verlieren. Selbstverständlich verlor ich den Kampf mit mir selbst und schickte mich gerade an, Jetons zu kaufen, als das Schicksal mit mächtiger Hand eingriff und mich vor grobem Unfug bewahrte. Ein finnischer Ingenieur im Seiden-

* ›Drei Löwen‹

hemd kotzte der Länge nach auf den Roulettetisch, und das Spiel wurde geschlossen. Als der Geruch meine Nase erreichte, versuchte auch mein Abendessen zu entweichen. Ich stürzte hinaus auf das Oberdeck, um frische Luft zu schnappen.

Das allerdings war überhaupt keine gute Idee. Draußen herrschten mehr als 20 Minusgrade, und ein eisiger Wind fegte in bösartigen Böen über das Deck. Ich machte den Fehler, mit bloßen Händen die Reling anzufassen, meine Finger froren sofort am Metall fest, und es tat höllisch weh, sie wieder abzureißen. Es war fast zwei Uhr morgens. Das tiefgefrorene Meer leuchtete gespenstisch unter dem fahlen baltischen Himmel. Sieben Decks tiefer schob die *M/S Mariella* mühelos schlafzimmergroße Eisschollen übereinander und setzte unbeirrt ihre Fahrt nach Finnland fort.

Ich versuchte, den störenden Inhalt meines Magens loszuwerden, aber mir war nicht schlecht genug. Plötzlich hustete jemand hinter mir. Ich drehte mich um und sah einen dicken Mann, der auf die Reling zusteuerte. Er trug einen grellbunten Jogginganzug aus Polyester, der im Wind flatterte. Auf dem Kopf hatte er eine Mütze mit dem Logo einer Traktorfirma, und er schwankte noch mehr als das ganze Schiff. Er hatte mich noch nicht bemerkt und versuchte unbeholfen, auf die Reling zu klettern. Mein spontaner Instinkt war, ihm zu helfen, trotzdem zögerte ich. Jetzt sah er mich:

»Aim sori!«, brüllte er in den Gegenwind.

»What did you say?«, brüllte ich zurück.

»I'm sorry!«

»I'm Roman«, antwortete ich, »nice to meet you!«

Er glotzte mich einen Augenblick lang an, schaffte es endlich, sich auf die Reling zu schwingen, hielt sich mit nackten Händen am Metall fest und schien gar nicht zu bemerken, dass ihm die Haut schon in Fetzen von den Fingern hing. Der

Wind fegte ihm die Mütze vom Kopf und trieb sie über die eisige Ostesee davon.

»Hauskaa joulua!«*, sagte der Mann, erhob die Hände in die Luft, fuchtelte einen Moment herum wie eine Windmühle mit Hirnhautentzündung und ließ sich dann über Bord fallen.

»What did you say?«, schrie ich hinter ihm her, bekam aber keine Antwort. Ich sah ihm nach und zählte im Kopf in aller Ruhe bis fünf, so lange dauerte es, bis er mit einem überraschend leisen Geräusch auf das Eis prallte. Die nächste Scholle schob sich darüber, zerteilte den Mann säuberlich in zwei Hälften und pflügte ihn unter sich ins eisige Vergessen.

Ich suchte jemanden vom Schiffspersonal, um den Vorfall zu melden. Nach einer Weile fand ich einen Mann im Matrosenanzug und berichtete von dem soeben stattgefundenen Selbstmord. Der Steward seufzte und zuckte mit den Schultern:

»It happens all the time. There's nothing we can do about it.«

Ich ging ins dunkle Sleep-In. Jetzt waren hier deutlich weniger Zigeuner als vorher, und die, die noch übrig waren, hatten sich beruhigt. Ich kletterte auf meine Stockbettpritsche, und endlich war mir schlecht genug. Schnell drehte ich den Kopf über die Pritschenkante und reiherte aus voller Brust, beziehungsweise aus vollem Magen. Zu spät bemerkte ich, dass meine Schuhe direkt unter meinem Kopf standen.

Meine ersten Tage in Finnland waren die besten meines bisherigen Lebens. Nach draußen zu gehen, hatte keinen Sinn, denn das ganze Land war während der Weihnachtsfeiertage geschlossen. Die Geschäfte, die Restaurants, die wenigen Nachtclubs – alles war zu, damit sich die Bevölkerung ohne störende Stimuli ganz auf ihr Familienleben konzentrieren

* »Frohe Weihnachten!«

konnte. Nicht einmal die Straßenbahn in Helsinki fuhr an Weihnachten. So wie die Juden am Sabbat nicht reisen, sich nicht amüsieren und keine Geschäfte machen dürfen, so dürfen die Finnen dies an Weihnachten nicht tun.

Ich hatte eine ansehnliche Menge Zigaretten und zwölf Dosen Schultheiß nach Helsinki geschmuggelt, Sirpa ihrerseits hatte eine volle Flasche *Koskenkorva** in ihrem Studentinnenkühlschrank. Wir begannen unseren kulturellen Austausch, indem wir die gesamte Weihnachtszeit im Bett verbrachten.

Der Winter war auch für finnische Verhältnisse jahrhundertkalt. Der Frost in Helsinki war genauso exotisch wie die Mauer in Berlin. Ab und zu kroch ich aus meinem warmen Versteck zwischen Sirpas Beinen hervor, um die Temperatur abzulesen: minus 35, minus 37, minus 39 Grad Celsius! Mir wurde klar, warum in Finnland jeder ein Thermometer außen vor dem Fenster hat.

Mit Ausnahme der Koskenkorvaflasche herrschte in Sirpas Kühlschrank gähnende Leere, und unsere Mägen knurrten bald aggressiv. Trotzdem war keiner von uns beiden bereit, einkaufen zu gehen, denn dazu hätte man ja das Haus verlassen müssen. Der Mensch kann wochenlang ohne Nahrung überleben, aber bei fast minus 40 Grad stirbt er in wenigen Minuten. Während unserer ersten gemeinsamen Tage in Helsinki ernährten Sirpa und ich uns also fast ausschließlich von unserer Liebe. Und diese Liebe war rein und makellos.

Wir sprachen Englisch miteinander, und Sirpa hatte als Muttersprachlerin einer ugrischen Sprache mit dem Englischen drei kleine Probleme: die Aussprache, die Grammatik und das Vokabular. Für mich als Deutschen war Englisch schon immer *a piece of coke*, denn streng genommen ist Englisch ja nur ein stark vereinfachter Dialekt des Deutschen, aus dem alle überzähligen Versteifungen entfernt worden sind.

Weil jede Kette so stark ist wie ihr schwächstes Glied, war

* der finnische Nationalschnaps

die verbale Kommunikation zwischen Sirpa und mir sehr rudimentär. Wir gaben uns nichts zwischen den Zeilen zu verstehen, wir machten keine komplizierten Andeutungen und wir machten uns nicht subtil blöd an. Alles, was wir zueinander sagten, war klar und eindeutig:

»Hungry?«

»Yes.«

»Thirsty?«

»Yes.«

»Horny?«

»Yes.«

Das in Finnland allseits beliebte Eislochschwimmen habe ich nie ausprobiert, und vermutlich wird es auch nie soweit kommen, aber damals, während meines ersten Winters hier, habe ich mich immerhin einmal nach der Sauna nackt im Schnee gerollt. Sirpa hatte mich zu einer Neujahrsfeier bei einigen ihrer Kommilitonen mitgenommen. Den Namen des Ortes habe ich vergessen; die Party fand auf einem großen Bauernhof etwa eine Autobusstunde nördlich von Helsinki statt. Guter Selbstgebrannter, ein Haufen junge Leute und ein Herr namens Jyrki Kettu, der seines Zeichens sommers beim Zirkus Finlandia als Kartenabreißer und Faktotum arbeitete und sich winters ganz seiner Passion, dem Damenunterwäschefetischismus, widmete. Er lebte im winzigen Gesindehaus des Bauernhofes und zeigte mir stolz seine Kollektion. An den hölzernen Wänden seiner Stube hingen über hundert Plastiktüten voller Leidenschaft, akribisch geordnet: Strumpfbänder, Schlüpfer, Strumpfhosen, Büstenhalter ...

»Hast du schon den Weihnachtsbaum gesehen?«, fragte Jyrki Kettu mit stolzem Leuchten in den Augen. »Finnland ist das Heimatland des Weihnachtsmannes!«

Jetzt erst sah ich sie: eine große, schlanke und festive Tanne mit opulenter elektrischer Beleuchtung, geschmückt in den Farben der Liebe: pink, violett, schwarz, weiß, rot und leopard.

Die Schwierigkeiten begannen, als ich anfing, Finnisch zu verstehen und zu sprechen. Je mehr Sirpa und ich einander mitteilen konnten, je mehr wir verstanden, was der andere sagte, desto mehr Schrammen, Beulen und Sprünge bekam unsere junge Liebe.

Ich möchte allen Paaren, die aus verschiedenen Kulturen kommen, dringlich ans Herz legen: Lernt nicht die Sprache eures Partners oder eurer Partnerin! Lernt euch nicht zu gut kennen! Unwissenheit bewahrt vor Enttäuschungen! Je weniger ihr voneinander wisst, desto glücklicher seid ihr. Je weniger ihr einander versteht, desto weniger missversteht ihr einander auch!

In diesem ersten Winter machten wir einen Ausflug auf die Helsinki vorgelagerte Festungsinsel *Suomenlinna**. Im Sommer erreicht man diese Insel mit einer Fähre, aber in diesem Winter fuhr eine Buslinie der Verkehrswerke Helsinki. Ich werde nie vergessen, wie es sich anfühlt, zum Preis einer normalen Stadtfahrt mit dem Bus über die zugefrorene Ostsee zu fahren. Ein schönes Beispiel für Finnlands offizielle zweisprachige Schizophrenie war auch, dass Suomenlinna auf Schwedisch *Sveaborg*** heißt.

Mitte der Achtzigerjahre war die Republik Finnland ein noch merkwürdigerer Ort als heute, denn es glich täuschend echt der Deutschen Demokratischen Republik. Nicht im Hinblick auf das Klima und schon gar nicht, was das Preisniveau anging, aber umso mehr hinsichtlich der Gesellschaftsstrukturen.

* ›Finnlandburg‹

** ›Schwedenburg‹

Alle Frauen gingen arbeiten, und alle Kinder mussten schon im Alter von weniger als einem Jahr ganztägig in die Kindertagesstätte, noch bevor sie sprechen oder laufen konnten.

Vor jedem Restaurant stand ein muskelbepackter Türsteher, an dem vorbei es sich zu manövrieren galt, wenn man hinein ins Warme und etwas essen und trinken wollte. Im Restaurant selbst war es streng verboten, sein Bier selbst von einem Tisch zum anderen zu transportieren, dafür bedurfte es der unterwürfig erbettelten Erlaubnis des Kellners oder der Kellnerin. Ein Phänomen verstehe ich bis heute noch nicht: Wenn man nur etwas zu trinken bestellt, muss man sofort bezahlen, aber wenn man sich eine Mahlzeit bestellt, kann man während der Nahrungsaufnahme fünf Bier zischen und eine ansehnliche Zeche akkumulieren, bevor man durchs Klofenster das Weite sucht.

In den Schaufenstern der Filialen von ALKO, der in Staatsbesitz befindlichen Alkoholmonopolhandelskette, prangten große Schilder mit der Aufschrift »Kauf schon am Montag ein, so vermeidest du das Schlange stehen!«. Die Bürger wurden offen dazu aufgefordert, sich ihren Alkoholvorrat für die Woche schon am Montag zu besorgen.

Das finnische Stromnetz schien extrem unzuverlässig zu sein, irgendetwas stimmte mit der Elektrizitätsversorgung nicht. Jeden Abend etwa um Mitternacht oder eine halbe Stunde danach gingen in sämtlichen Kneipen und Restaurants für einen Moment die Lichter aus.*

Im Erdgeschoss jedes Hauses wohnte ein Hausmeister, der die Bewohner des Gebäudes überwachte und sicherstellte, dass sich alle linientreu verhielten.

All diese Phänomene hatte ich vor meiner Einwanderung nach Finnland bis jetzt nur in der DDR gesehen. Und der einzige andere mir bekannte Staat, in dem ein Universitätspro-

* Das sogenannte Lichtzeichen bedeutet, dass der Ausschank beendet ist.

fessor genauso wenig verdiente wie ein Straßenbauarbeiter, war ebenfalls die Deutsche Demokratische Republik.

Wer nicht als »Lottogewinner«, wie die Finnen es ausdrückten, bereits mit einer solchen geboren war, musste als erstes eine Sozialversicherungskennziffer beantragen. Personen ohne Nummer waren nicht berechtigt, ein Bankkonto zu eröffnen, einen Telefonanschluss zu haben oder einen Aufzug zu benutzen.

Andererseits herrschte in Finnland ein gnadenloser Kapitalismus. Auf den Titelseiten der Zeitungen des Landes prangten ganzseitige Werbeanzeigen. Es gab so gut wie keine Mietwohnungen, hier musste man sich sein Zuhause kaufen und jahrzehntelange Knebelverträge mit der Bank abschließen. Auch Telefonanschlüsse mietete man nicht, sondern man kaufte sich für mehrere Tausender eine Aktie der Telefongesellschaft. Alles war surrealistisch teuer, und die Banken, von denen es damals in Finnland vor der großen Krise noch mehrere gab, warben in ihren gepanzerten Schaufenstern: »Komm rein, nimm einen Kredit auf, wir geben dir Geld, so viel du schleppen kannst und stellen keine dummen Fragen. Plastiktüte fürs Bargeld gibt's gratis zum Kredit!«

Ein geniales System. Kommunistische Strukturen, die im Gegensatz zur echten DDR aber funktionierten, weil sie mit einer künstlich erhärteten, frei konvertiblen Währung betrieben wurde! Die Finnen hatten den dialektischen Materialismus von Marx als einziges Volk richtig kapiert und These und Antithese zur Prothese vereint.

Sirpa war zu spät dran. Wir wollten uns im Stadtzentrum beim Platz der drei Schmiede treffen, aber bisher war von ihr nichts zu sehen. Ich wurde nervös und zündete mir eine Zigarette an. Plötzlich sagte eine Stimme hinter mir:

»Kuule hei, heitä pari röökiä!«*

»I'm sorry, I don't speak Finnish.«

Ich drehte mich um, vor mir standen zwei pubertierende finnische Skinheads in voller Neonaziuniform. Sie glotzen erst mich an, dann einander, dann wieder mich. Der mit etwas weniger Pickeln sagte zu seinem Kumpel:

»Voi vittu. Toihan on saatana mutakuono!«**

»Niin on, perkele. Vedetään sitä turpiin!«***

Ich verstand kein Wort von ihrer Unterhaltung, aber ich konnte dem Benehmen der zwei doch eine gewisse Feindseligkeit entnehmen und machte einen Schritt nach hinten, obwohl ich etwa anderthalb Köpfe größer als die beiden war. Sie kamen näher und machten mir durch Gesten klar, dass sie im Begriff waren, kosmetische Änderungen an meinem Gesicht vorzunehmen. Damals war ich noch mehr in mein Gesicht verliebt als jetzt, also sah ich mich um, um festzustellen, ob ich mich vor jemandem blamieren würde, wenn ich mit meinen langen Beinen einfach, so schnell ich konnte, davonlief. Im letzten Moment fragte der Pickligere:

»Where from come you?«

»Aus Deutschland. Aus Berlin.«

Die beiden blickten wieder prüfend erst mich, dann einander an. Dann sagte der weniger Picklige:

»Anteeksi****, Sir! Doitsland, väri gutt! Heil Hitler!« Und beide streckten hocherfreut den linken Arm zum Nazigruß in die Luft.

»No!«, sagte ich. »Not the left arm, the right one! Look, like this!« Ich zeigte ihnen, wie der offizielle Gruß des untergegangenen vorletzten deutschen Reiches in seiner reinrassigen Form durchgeführt wird. Die beiden waren völlig perplex. Offenbar hatten sie bisher geglaubt, ein Fernseher sei ein Spiegel.

In diesem Augenblick tauchte endlich Sirpa auf.

»What is you doing?«

* »Hei du, gib mal'n paar Zigaretten!«

** »Scheiße! Das ist ja eine gottverdammte Schlammschnauze! (Kanake)«

*** »Stimmt, zum Teufel! Los, wir polieren ihm die Fresse!«

**** »Entschuldigung!«

»I'm teaching the boys a lesson in history.«

Sirpa nahm mich an der Hand und wir spazierten davon. Ich blickte noch ein paar Mal über meine Schulter und sah die Pickelgesichter, die abwechselnd mit dem linken und rechten Arm den Hitlergruß ausprobierten und sich dabei im Schaufenster des Kaufhauses Stockmann spiegelten, gegründet dereinst von einem deutschen Einwanderer aus Lübeck.

Der weihnachtliche Friede und meine kärgliche Reisekasse gingen rasch zur Neige. Schon sehr bald würde mir nichts anderes übrig bleiben, als Arbeit zu suchen. Aber wer brauchte in Helsinki einen abgebrochenen Studenten der germanischen und romanischen Philologie, der kein Wort Finnisch sprach?

Ich suchte meine Zukunft unter D im Helsinkier Telefonbuch. Deutscher Kindergarten, Deutsche Schule, Deutsche Bibliothek, Deutsches Altenheim, Deutsche Kirche, Deutsche Botschaft, Deutsche Lufthansa.

Im Deutschen Kindergarten wurde niemand gebraucht. Die Deutsche Schule rekrutierte ihre Lehrer wenn möglich direkt aus Deutschland, denn das war bürokratischer und kostete mehr. Die Deutsche Kirche setzte bei arbeitssuchenden Antragstellern eine Mitgliedschaft voraus, die Botschaft der Bundesrepublik Deutschland ließ wissen, dass sie nur ungern heterosexuelles Personal einstellte, weil dieses im Dringlichkeitsfall dann eben doch nur unter Schwierigkeiten in andere Länder versetzbar sei. Der Vertreter von Lufthansa sagte, ich solle einen Pilotenschein machen und wieder anrufen, und die Deutsche Bibliothek Helsinki konnte mich nicht brauchen, weil ich keinen Abschluss als Staubwedel hatte.

So würde das alles nichts werden. Ich war hier überflüssig, niemand brauchte mich in diesem Land. Niemand wollte mich hier, außer Sirpa. Aber nur von der Liebe konnte ich nicht leben, schon gar nicht in einem Land mit Preisen wie in Finnland. Sirpa war Studentin, sie verfügte nicht über die Mittel, ihr großes, dunkles, haariges Souvenir aus Deutschland zu ernähren. Sie hatte bereits für die Ausländerpolizei eine Erklärung unterschreiben müssen, in der sie sich verpflichtete, meine Abreise aus Finnland zu finanzieren, falls mir hier das Geld ausgehen und ich dem sozialen System zur Last fallen sollte. Wer einen Mann nach Finnland importierte, musste sich verpflichten, ihn bei Bedarf auch wieder zu entsorgen. Wenn also kein Wunder geschehen würde, würde ich wieder verschwinden müssen, eingeklemmter Dinge und unverrichteten Schwanzes.

Unter düsteren Wolken bereiteten Sirpa und ich uns auf den unausweichlichen Abschied vor. Wir beschlossen, noch drei Tage zu warten, dann würde ich abfahren. 72 Stunden Galgenfrist, dann würde der Traum zu Ende sein und ich würde nach Deutschland zurückkehren, wo mich nichts anderes erwartete als unbezahlte Rechnungen, Verwandte, die mir keinen roten Heller mehr leihen würden, und Freunde, die mich auslachen und verspotten würden. Und zu allem Übel war auch in Deutschland Winter.

Wir schliefen miteinander und weinten. Wir weinten miteinander und schliefen.

Inmitten der größten Verzweiflung klingelte Sirpas Telefon. Die Leiterin des Deutschen Altenheims Helsinki fragte an, ob ich noch an einer Stelle interessiert sei. Jemand habe ganz überraschend gekündigt und ich könne am folgenden Montag schon als Putzhilfe anfangen, vorausgesetzt, meine Papiere seien in Ordnung.

Ich hatte Arbeit! Miese Arbeit, was die Tätigkeit und den Lohn anging, aber dennoch ehrliche, legale, richtige Arbeit! Ich durfte also in Finnland bleiben, ich durfte die Sprache lernen und in meiner neuen Heimat Wurzeln schlagen. Ich durfte mit Sirpa zusammenbleiben, zusammenleben! Die erste, schwierigste Hürde war überwunden! Man hatte mir eine eigene kleine Nische in dieser faszinierenden Gesellschaft versprochen!

Betont langsam, Schritt für Schritt erklomm ich die knarrende Treppe zum oberen Geschoss des Polizeihauptquartiers, zur Dienststelle für Ausländerangelegenheiten. Ich wollte jede Sekunde genießen. An diesen Augenblick würde ich mich später oft zurückerinnern, ich würde meinen zukünftigen Kindern stolz erzählen, wie Papa damals seinen ersten Job und die erste Arbeitsgenehmigung bekommen hatte, und wie er sich von einem Liebestouristen zu einem produktiven Mitglied der finnischen Gesellschaft gemausert hatte. Ich blieb kurz vor der Tür stehen, an der *Lupa-asiat/Permits* stand, atmete tief durch, drückte auf die Klinke und betrat den Raum.

Das Obergeschoss war ausgestorben, vor dem Tresen wartete nicht ein einziger Einwanderungskandidat, dahinter nicht ein einziger Sachbearbeiter. Anscheinend ist der Andrang hier nach Finnland nicht besonders groß, dachte ich. Die Ausländerbehörden in Westberlin sahen ganz anders aus. Bei uns zelteten auf den Korridoren ganze Ausländersippen mit Oma, Opa, Enkelkindern und Hühnern.

Ich setzte mich und wartete. Ich wartete eine halbe Stunde, aber niemand erschien und nichts geschah. Natürlich war ich mir darüber im Klaren, dass die Aufgabe der Ausländerbehörde in jedem Staat der Welt darin bestand, die Kunden gehörig einzuschüchtern, damit es nur die Widerstandskräftigsten durch die Selektion schafften. Als ich aber geschlagene 45 Minuten gewartet hatte, beschlich mich langsam doch das Gefühl, ich könne möglicherweise am falschen Ort oder die Ausländerbehörde heute doch geschlossen sein. Ich versuchte es mit einem Trick, den ich schon seit vielen Jahren nicht mehr gebraucht hatte: Ich täuschte einen Asthmaanfall vor. Ich hustete, würgte und rotzte, ließ mich auf den Boden fallen und umklammerte meinen Hals. Meine Strategie trug Früchte. Hinter dem Tresen öffnete sich eine Tür. Aus dem Augenwinkel erblickte ich kurz fünf Sachbearbeiter und Sachbearbeiterinnen, die im Hinterzimmer Kaffee tranken. Eine etwa 60-jährige korpulente Dame baute sich am Tresen auf, blickte streng an mir vorbei und sagte in die Luft:

»Mitä Te haluatte?"*

»I'm sorry, I don't speak Finnish!«

Die fette alte Schachtel schaute mir kurz in die Augen, dann wandte sie ihren Blick militant wieder von mir ab, als ob ich eine gefährliche, ansteckende Krankheit hätte:

»What you want?«

»I need a working permit. I found a job and I want to stay in Finland.«

»Passport?«

Ich überreichte ihr meinen Pass. Sie untersuchte das Dokument einen Moment lang mit betontem Desinteresse, sah aus dem Fenster und sprach:

»You not can have working permit.«

Sofort begann sich ein beklemmendes Gefühl in meiner Brust breitzumachen. Was sollte das heißen, keine Arbeitsgenehmigung? Ich hatte doch eine Arbeit! Man brauchte mich in diesem Land, ohne mich würde man hier nicht mehr klarkommen, ich hatte das Recht auf einen Platz in dieser Gesellschaft, ich hatte das Recht, hierzubleiben!

»Why can't I have a working permit? I have a legal job in Finland, and they want me to start working next Monday!«

»You not can have working permit, because you not have residence permit«, sagte die Schachtel gelangweilt.

»Well, can I have a residence permit then, please?« Ich war

* »Was wollen Sie?«

wild entschlossen, unter allen Umständen freundlich, konstruktiv und unterwürfig zu bleiben, wie es sich im Umgang mit Behörden in aller Welt empfiehlt. Nichts und niemand sollte den großen, feierlichen Augenblick meiner Immigration trüben.

»No«, sagte die Schachtel kurz und bündig.

»No?«

»No.«

»Why not?«

Die Schachtel seufzte. Ganz offensichtlich fühlte sie sich unwohl in ihrem Job, in dem sie dauernd mit Ausländern verschiedenster Couleur und linguistischer Provenienz in Kontakt kam.

»You not can have residence permit, because you not have permit to enter country.«

»And how do I get permission to enter the country?«

»You not can have permit to enter country.«

»No? Why not?«

»You not understand? Because you already are *in* country!«

Keine Arbeitserlaubnis ohne Aufenthaltsgenehmigung, keine Aufenthaltsgenehmigung ohne Einreisegenehmigung und keine Einreisegenehmigung für Leute, die sich bereits im Land aufhielten. Eins musste man den Finnen lassen: Auch sie verstanden sich vortrefflich auf die Abschreckung ausländischer Antragsteller.

»Also, was muss ich tun, um eine Einreisegenehmigung zu bekommen?«, fragte ich ganz ruhig, immer noch auf Englisch.

Die alte Schachtel glotzte mich an, als sei ich eine biblische Erscheinung. So ein bescheuerter Kunde wie ich war ihr wohl in ihrer bisherigen Laufbahn noch nicht untergekommen.

»Leave.«

»I beg your pardon?«

»You must leave country!«

»But I have to be at work on Monday morning!«

»That no is my problem«, sagte die Schachtel lakonisch und stellte klar, dass unsere Unterhaltung beendet war, indem sie wieder ins Hinterzimmer zu ihren Kaffee trinkenden Kolleginnen verschwand.

Fräulein Finnland* stellte sich also dumm, tat so, als sei es schwierig, in den Genuss ihrer Gunst zu kommen, obwohl sie doch im Lauf der Geschichte immer willig die Beine breit gemacht hatte, manchmal für Schweden, manchmal für Russland, und immer paritätisch für beide Deutschlands. Sollte diese einarmige Banditin sich doch zieren! Ich würde nicht aufgeben, ich hatte einen Arbeitsplatz, ich stand an der Schwelle zu einem neuen Leben, und ich würde alles tun, um dieses neue Leben auch wirklich zu beginnen.

Eine verzweifelte Situation erfordert manchmal verzweifelte Maßnahmen. Sirpa rief ihren ehemaligen Bräutigam an, erzählte ihm, dass sie von ihm schwanger sei und sofort Geld für die Abtreibung brauchte. Noch am selben Abend händigte sie mir stolz Bares für die Reise aus, und am nächsten Morgen verließ ich Helsinki mit dem Schiff Richtung Stockholm und dann mit dem Zug über Kopenhagen nach Hamburg. Schade nur, dass Konrad damals noch nicht dort wohnte.

Mitten in der Nacht kam ich am Hamburger Hauptbahnhof an. Ich wartete in der Bahnhofshalle zusammen mit Drogensüchtigen und Ausländern, bis der graue Hamburger Morgen zu dämmern begann. Dann ging ich zu Fuß zum finnischen Konsulat, das um neun Uhr seine Türen öffnete. Ich bekam eine Einreisegenehmigung in den Pass gestempelt, drehte auf den Absätzen um und fuhr schnurstracks dieselbe umständliche Strecke zurück nach Helsinki. Ich bekam eine Aufenthaltsgenehmigung und eine Arbeitserlaubnis, und am nächsten

*Die Finnen bezeichnen ihr Land oft so, weil es auf der Karte einer Frauengestalt ähnelt (allerdings fehlt seit dem Zweiten Weltkrieg ein Arm, das Gebiet um Petsamo im Norden, das an die UdSSR abgetreten werden musste).

Montag trat ich frühmorgens müde, aber glücklich meinen Job als Putzhilfe im Deutschen Altenheim an.

5. SPRACHKENNTNISSE LOHNEN SICH IMMER

Die Insassen des Deutschen Altenheims in Helsinki verliebten sich unverzüglich in mich, denn fast alle von ihnen waren weiblichen Geschlechts, und ich war seit Menschengedenken der erste Mann unter 80. Es gab nur etwa 20 Bewohner, und das Altenheim selbst war eine stilvoll heruntergekommene Villa im Stadtteil Munkkiniemi, einer ruhigen, teuren Wohngegend nahe am Meer.

Meine hauptsächliche Beschäftigung bestand im Putzen, Servieren und Geschirr abwaschen. Darüber hinaus musste ich überwachen, dass die Alten miteinander Deutsch sprachen, zumindest bei Tisch. Das war gar nicht so einfach, denn jede einzelne Greisin war ein wandelndes Geschichtsbuch, und alle waren mehrsprachig: Deutsch, Schwedisch, Russisch, Finnisch, Estnisch, Französisch, Englisch ...

Frau von Ykskyll und Frau von Kuskyll waren baltische Baronessen, deren Reiche im Laufe der Geschichte auf zwei winzige Zimmer im Altenheim geschrumpft waren. Zwischen den beiden Damen loderte eine jahrhundertealte Familienfehde. Beider Vorfahren hatten dereinst in Estland Land und Leibeigene besessen, und die beiden adligen Familien waren Nachbarn gewesen. Die von Ykskyll nannten ein komplettes Dorf ihr Eigen, die von Kuskyll hatten ganze sechs Dörfer, die sie nach Herzenslust ausbeuten durften.* Nach Ansicht von Baronin von Kuskyll konnte niemand mit dem Namen Ykskyll ernstzunehmender Adel sein, arm, wie die Sippe war. Frau von Ykskyll ihrerseits behauptete, der Ururururgroßva-

* Ugrisch/Finnisch: yksi kylä = ein Dorf; kuusi kylää = sechs Dörfer

ter von Frau von Kuskyll habe vor langer Zeit zwei Dörfer von den Nachbarn gestohlen.

Herr Savela war sowohl Diabetiker als auch Alkoholiker ersten Ranges. Er gab mir immer gutes Trinkgeld, wenn ich für ihn beim staatlichen Monopol Schnaps kaufte und diesen an der Leiterin vorbei ins Altenheim schmuggelte. Herr Savela stach sich gewissenhaft morgens und abends und injizierte Insulin unter seine faltige Haut. Unglücklicherweise hatte er morgens meistens einen ansehnlichen Kater, und in diesem Zustand hatte er verständlicherweise keinen Appetit auf sein Frühstück. An solchen Morgen schoss sein Blutzuckerspiegel wie eine Rakete in den roten Bereich, und er versank mit schöner Regelmäßigkeit in einem Koma. Man musste ein scharfes Auge auf ihn haben, denn ein hypoglykämischer Schock kann einen Menschen im Handumdrehen töten, besonders, wenn der Patient schon deutlich über 80 ist.

Einmal hatte er sich nach seiner Morgeninjektion in die verstopfte Badewanne gelegt und war im warmen Wasser ohnmächtig geworden, mit geöffnetem Wasserhahn und von innen verriegelter Tür. Ich klopfte, rief, versuchte, das Türschloss mit einer Büroklammer zu öffnen, aber nichts war erfolgreich. Als das Wasser begann, unter der Tür durch aus dem Badezimmer herauszufließen, blieb mir nichts anderes übrig, als die Tür aufzubrechen. Mit einem männlichen Fußtritt verschaffte ich mir Zugang, stellte das Wasser ab, schleppte den nassen Herrn Savela ins Wohnzimmer und rief die Ambulanz an. Die Ersthelfer kamen sehr schnell, sahen sich Herrn Savelas Diabetikerausweis an, sagten »So ist das also!« und gaben ihm eine fette Spritze mit Zuckerwasser.

Nur einen Augenblick später öffnete Herr Savela die Augen und fragte, wo er war:

»Immer noch hier, Herr Savela, im Deutschen Altenheim Helsinki«, antwortete ich.

Als die Ambulanz wieder abgefahren war, tranken wir zusammen einen gehörigen Schnaps auf Herrn Savelas knappe Rettung.

»Eines Tages werde ich dieses Spielchen noch gewinnen …«, sagte er nachdenklich. Und das tat er auch, aber glücklicherweise erst, nachdem ich das Deutsche Altenheim schon verlassen hatte.

Fräulein Hinkel war die älteste Bewohnerin des Heims. Sie zählte 97 Jahre, und sie legte größten Wert darauf, nicht mit Frau, sondern mit Fräulein angeredet zu werden. Sie erzählte mir ungefragt und stolz, dass sie während ihres ganzen langen Lebens nicht ein einziges Mal mit einem Mann geschlafen habe und auch jetzt noch keinesfalls zu sexuellen Abenteuern bereit sei.

Dieses kleine, zarte, zerbrechliche alte Fräulein war ein Furcht einflößender Mensch. Einmal die Woche machte ich auch ihr Zimmer sauber, und während dieser Putzbesuche hatte ich jedes Mal eine Gänsehaut. An den Wänden hingen Porträts von Eichmann, Goebbels und Himmler, auf dem Bücherregal standen außer *Mein Kampf* auch rassekundliche Werke, Bücher über die heilige Kulturgeschichte des Hakenkreuzes, über arische Naturmystik sowie Wörterbücher in vielen verschiedenen Sprachen.

Fräulein Hinkel war als uneheliche Tochter des Dienstmädchens einer reichen deutschstämmigen Familie im zaristischen Russland geboren worden. Man hatte ihrer Mutter erlaubt, das Kind zu behalten, aber das Baby musste im Keller versteckt werden, da die Dienstherrschaft es nicht sehen und nicht an die in ihrem Haus geschehene Sünde erinnert werden wollte. Als Lenin die Oktoberrevolution lostrat, floh die reiche deutschstämmige Familie über Finnland zurück nach Deutschland. Fräulein Hinkel blieb in Helsinki und verdingte sich selbst als Dienstmädchen, bis ihre große Stunde endlich schlug. Mitte der Dreißigerjahre kündigte sie und fuhr nach Berlin, um beim Aufbau des Dritten Reiches mitzuwirken. In der deutschen Hauptstadt fragten die Vertreter der nationalsozialistischen Partei, was sie denn gelernt habe. Als sie verkündete, sie sei Dienstmädchen, lachte man sie aus. Dienstmädchen wurden bei der Inszenierung des Tausendjährigen Reiches nicht gebraucht. Als Fräulein Hinkel jedoch angab, neun Sprachen fließend zu sprechen, bekam sie sofort einen Job in einem gemütlichen, kleinen, geheimen Büro, in dem die Post von auch nur andeutungsweise verdächtigen Personen geöffnet und untersucht wurde.

So kam es also, dass Fräulein Hinkel in den Jahren von 1936 bis 1945 in aller Stille private Briefe in neun verschiedenen Sprachen las und ihren Vorgesetzten unverzüglich Meldung machte, wenn in diesen Briefen etwas politisch, sexuell oder rassisch Inkorrektes stand. Mit seinen Sprachkenntnissen spedierte das zarte, zerbrechliche, kleine Dienstmädchen hunderte, wenn nicht sogar tausende Menschen ins Konzentrationslager.

Irgendwie gelang es ihr im Frühjahr 1945, in letzter Sekunde aus der sterbenden deutschen Hauptstadt zu entkommen und nach Finnland zurückzukehren, wo sie wieder Arbeit als Dienstmädchen fand und bis zu ihrer Pensionierung ein ruhiges, zurückgezogenes, recht ereignisloses Leben führte.

Von Fräulein Hinkel bekam ich, als ich das Altenheim verließ, ein Abschiedsgeschenk, ein finnisch-deutsches Wörterbuch, in das das Fräulein mit zitternder Schrift eine Widmung und ein Motto geschrieben hatte: »Sprachkenntnisse lohnen sich immer!«

Die Greisinnen und Greise des Deutschen Altenheims kamen zu dem Schluss, dass ich ein viel zu gutaussehender, intelligenter und netter junger Mann sei, um meine Tage als Hilfskraft im Heim zu beschließen. Die Alten wussten, dass ich die örtliche Sprache lernen musste, wenn ich es in diesem Land zu etwas bringen wollte. Also schickten sie sich an, mich im Kollektiv zu unterrichten: *Haarukka, veitsi, lusikka. Minä, sinä, hän. Lautanen, lasi, kuppi. Me, te, he …**

Ich sorgte dafür, dass die Alten beim Essen Deutsch sprachen, sie sorgten dafür, dass ich Finnisch lernte.

Die korpulente Heimleiterin war die einzige Person im Deutschen Altenheim, die mich nicht mochte. Sie hatte mehr als zehn Jahre lang in Westdeutschland gelebt, war dort mit einem meiner Landsleute unglücklich verheiratet gewesen und wollte sich nun an allen Deutschen für das erlittene Unrecht rächen. Sie hatte die Angewohnheit, neben mir zu stehen, wenn ich die Böden schrubbte:

»Hier kriechst du jetzt vor mir auf der Erde herum und putzt, so ein intelligenter, gutaussehender, netter junger Mann! Und dazu sogar noch akademisch gebildet! Ich werde schon dafür sorgen, dass es dir hier nicht zu gut geht! Da in der Ecke ist noch Schmutz!«

Die Alten hassten die Heimleiterin, und als sie sahen, wie diese mich, das Maskottchen des Heims, schikanierte und erniedrigte, füllte sich ihr Maß. Etwa einen Monat, nachdem ich meine Stelle angetreten hatte, kam die Polizei und führte die Heimleiterin ab. Ich sah sie nie wieder, aber man erzählte mir, sie habe Wertgegenstände der Heimbewohner gestohlen. Ich bin mir nicht sicher, aber ich habe das deutliche Gefühl, das Fräulein Hinkel bei dieser Aktion ihre Finger im Spiel hatte. Vielleicht hatte sie ja ihre vergrabenen Fertigkeiten wieder aufgefrischt und auf ihre alten Tage noch einmal jemanden denunziert …

Das Erlernen der finnischen Sprache ging schneller und müheloser vonstatten, als ich erwartet hatte. Nach etwas weniger

* Gabel, Messer, Löffel. Ich, du, er/sie. Teller, Glas, Tasse. Wir, ihr, sie …

als einem Jahr in Finnland konnte ich die wichtigsten Alltagssituationen schon in der Landessprache bestreiten: *Punainen Marlboro kiitos, haista paskaa idiootti, vielä kaksi olutta, minä rakastan sinua.** Sirpa und ich unterhielten uns über alltägliche Dinge auf Finnisch, wenn es um unsere sich langsam, aber sicher komplizierende Liebensbeziehung ging, sprachen wir allerdings immer noch Englisch.

Finnisch ist übrigens längst nicht so exotisch und losgelöst vom Rest der Welt, wie die Finnen es selbst gerne glauben. Manchmal ist Finnisch für einen Deutschen sogar lächerlich einfach: *grillikioski, ebenholtsi, metvursti, hunsvotti, Raineri Werneri Fassibinderi ...*

Falls ich nicht irgendwann von der Alzheimerschen Krankheit ereilt werde, vergesse ich bestimmt nie den Augenblick, in dem ich zum ersten Mal auf finnischem Boden ein Fernsehgerät einschaltete. Auf dem Bildschirm geisterte der an einen Kinderschänder erinnernde deutsche Schauspieler Klaus-Jürgen Wussow als Professor Brinkmann herum, in der Schwarzwaldklinik! Himmel, Arsch und Wolkenbruch – ich war gerade mit heiler Haut aus dem Land emigriert, das zu solchen kulturellen Spitzenleistungen fähig war. Es fühlte sich völlig schizophren an, die sommerlichen Hügel Süddeutschlands zu sehen, während draußen der finnische Frost klirrte. Gleichzeitig wurde mir aber auch klar, dass man Finnisch ohne große Mühe lernen konnte, einfach indem man die Untertitel im Fernsehen las. In Finnland lohnte es sich finanziell nicht, Filme oder TV-Serien zu synchronisieren, hier wird alles mit Untertiteln versehen. Uns Deutsche versucht man immernoch, dumm zu halten und am Lernen von Fremdsprachen zu hindern, indem man uns ausländische Filme und Programme nur in lippensynchronisierter Form vorsetzt.

* Eine Schachtel rote Marlboro, bitte, leck mich am Arsch, du Idiot, noch zwei Bier, ich liebe dich.

Einmal saß ich mit Sirpa zusammen in der Kneipe *Drei Liisas* beim Bier. Wir waren die einzigen Kunden. Die Tür öffnete sich und herein kam eine ganze Horde von finnischen Taubstummen, die offenbar in der Nähe ein Treffen oder einen Kursus gehabt hatten. Das Restaurant füllte sich schlagartig bis auf den letzten Platz, aber es blieb trotzdem gespenstisch still, nicht einmal Musik lief im Hintergrund. Die frisch angekommenen Gäste unterhielten sich miteinander mit Fingern, Händen und gutturalen Geräuschen. Die Taubstummen brauchten nicht lange, bis sie einen leichten Feldrausch hatten und die Diskussionen lebhafter wurden. Schon hatten die ersten Probleme, ihre Finger beim Sprechen richtig zu ordnen, Gläser wurden beim temperamentvollen Gestikulieren von Tischkanten gefegt, die gutturalen Geräusche wurden lauter – und bam! Die ganze taubstumme Truppe war in eine lautlose, deshalb aber nicht minder heftige Kneipenschlägerei verwickelt. Zu diesem Zeitpunkt verließen Sirpa und ich in aller Stille das Lokal.

Das Leichteste in jeder Sprache sind die Fremdwörter. Zum Glück hatte man mir während meiner Schulzeit das übergroße Latinum sowie ein bisschen Altgriechisch eingetrichtert. Sirpa und ihre Kommilitonen hatten die Angewohnheit, sich einmal wöchentlich in unserer weniger als 20 Quadratmeter messenden Bude zu treffen und bewusstseinserweiternde Reisen zu unternehmen. Sie zündeten Kerzen an, nahmen im Lotossitz auf dem Boden Platz, und jemand geleitete die anderen Gruppenmitglieder mit sanfter Stimme in das Innerste des eigenen Unterbewusstseins. Die Séancen begannen immer damit, dass die Studenten mit einem imaginären Fahrstuhl nach unten fuhren, in die Kellergewölbe der eigenen Psyche, um dort sich selbst zu begegnen. Ich durfte nicht mitfahren, sondern musste den Mund halten und in der winzigen Einbauküche warten, ohne die zukünftigen Seelenklempner bei ihrer Nabelschau zu stören. Ich nutzte die Gelegenheit, um so schnell wie möglich alle finnischen Vokabeln zu lernen, die man zum Manipulieren von Psychologen und ähnlichem Personal braucht: *anaali oraali genitaali, paranoia paniikki paradoksi, trauma neuroosi psykoosi.*

Ansonsten lernte ich Finnisch ausschließlich mit der bewährten audiosexuellen Methode. Ich habe niemals einen Sprachkursus besucht und niemals ein Lehrbuch benutzt.

Oder halt – ich muss zugeben, dass ich mir ganz am Anfang meiner Immigrantenkarriere doch ein Lehrbuch zugelegt hatte, *Finnish for Foreigners.* Gleich im ersten Kapitel stand »James Brown is coming to Finland«, und ich dachte wow, James Brown kommt hierher, was wohl die Tickets kosten? Aber Moment mal, sitzt der nicht wegen Kokainbesitz im Knast?

Es dauerte nicht lange, bis ich begriff, dass es sich bei diesem James Brown nicht um den Messias des Funk, sondern um eine unsäglich langweilige, frei erfundene Beispielsperson handelte, um einen Mann ohne jegliche Eigenschaften.

Ich beschloss, meine linguistischen Studien auf der Straße, in Bars und in öffentlichen Verkehrsmitteln fortzusetzen. Dort wurde echtes Finnisch gesprochen.

Einmal kam ich mit der Straßenbahn von der Spätschicht nach Hause. Ich stand im Waggon der Linie 4, als eine betrunkene, aggressive, männliche Person unbestimmten Alters einstieg und unverzüglich begann, mich auf Finnisch anzubrüllen. Zu diesem Zeitpunkt konnte ich die gebräuchlichsten finnischen Schimpfwörter und die handelsüblichen Flüche zwar schon erkennen, aber noch nicht selbst souverän benutzen. Der Mann versuchte ganz offensichtlich, einen handfesten Streit mit mir vom Zaun zu brechen. Ich wollte mit fester

Stimme zu ihm sagen, er solle mich in Ruhe lassen, aber da meine aktiven Finnischkenntnisse der Herausforderung nicht gewachsen waren, verkündete ich stattdessen lautstark:

»Anne minulle rauhaa!«*

Die Passagiere der Straßenbahn brachen synchron in schallendes Gelächter aus, der Mann vor mir starrte mich an, als ob ich eine biblische Erscheinung sei, blickte um sich, sah in belustigte Gesichter, die auf ihn und mich gerichtet waren, setzte sich und schenkte mir den ersehnten Frieden.

Ein anderes Mal war ich unterwegs, um im 24/7-Lebensmittelgeschäft in der Bahnhofspassage einzukaufen, und fragte die junge Verkäuferin aufgrund ungenauer Aussprache nach rotem Durchfall statt nach roten Trauben**.

»Do you speak English?«, war die verschämte Antwort der delikaten Lebensmittelverkäuferin.

Manche Fehler sind erstaunlich resistent und leben viele Jahre lang. Und manche sprachlichen Fehlleistungen sind eigentlich viel interessanter als das fehlerfreie Original. Die Sprachbilder der Finnen muss man einfach bewundern. »Sich den Arsch auf die Schultern ziehen«*** oder »Mit dem Arsch voran auf den Baum klettern«**** sind Bilder, vor denen die deutsche Sprachgewalt anämisch verblasst. Besonders schön fand ich viele Jahre lang den Ausdruck *»pää joutuu vetävän käteen«*, bis mir ein Finne schließlich erzählte, dass ich das Sprachbild völlig falsch verstanden hatte. »Das Ende gerät in die Hand des Ziehenden« kommt vom Tauziehen und beschreibt die Situation, wo das letzte Mitglied einer Mannschaft den letzten Zipfel des Taus in der Hand hält und sozusagen alles an einem seidenen Faden hängt. Meine eigene Übersetzung hat, finde ich, mehr von der sympathischen Alltagsanarchie der finnischen Sprache: *Der Kopf gerät in die wichsende Hand.*

Apropos Tauziehen – Sirpa und ich hatten schon lange

* »Schenke mir Frieden!«

** rypäle = Traube; ripuli = Durchfall

*** vetää perseet olalle = sich vollaufen lassen

**** mennä perse edellä puuhun = das Pferd vom Schwanz aufzäumen nicht mehr täglich Sex. Wir lebten zusammen, und das Angebot war so groß, dass, einem uralten Gesetz folgend, die Nachfrage schrumpfte.

Ich füllte zum ersten Mal in meinem Leben eine Steuererklärung aus. Die Steuerbehörde in Helsinki-Hakaniemi hatte für Ausländer eine separate Luke, an der Englisch gesprochen wurde. Die finnischen Eingeborenen mussten Schlange stehen; mir wurden ohne jeglichen bürokratischen Verzug die Taschen geleert.

Zum Zeitpunkt meiner Einwanderung nach Finnland lebten hier ziemlich genau 16.000 Menschen, die eine andere Nationalität als die finnische hatten. Die meisten davon kamen aus einem der anderen nordischen Länder, mit denen Finnland eine Passunion hatte. Esten oder gar Russen gab es hier damals, abgesehen natürlich vom Personal der sowjetischen Botschaft und ein paar anderen Spionen, überhaupt nicht. 16.000 Ausländer – wir hätten mühelos in ein kleines Internierungslager gepasst.

Für jeden Freelance-Job musste man eine gesonderte Arbeitserlaubnis beibringen. Wenn mich jemand anstellen wollte, musste er als Arbeitgeber bei der Einwanderungsbehörde eine Erklärung abgeben, warum für den Job ein Ausländer engagiert werden sollte. Begründung war in meinem Fall ausnahmslos meine Muttersprache. Ich durfte unterrichten, ich durfte Radio- und Fernsehprogramme machen, Bücher schreiben, aber ich durfte beispielsweise nicht bei McDonalds Hamburger braten, Autos verkaufen oder Parkettböden verlegen, denn für solche Aufgaben hätten sich finnische Staatsbürger ebenso gut geeignet.

Eine solche punktuelle Arbeitserlaubnis zu bekommen, dauerte immer mehrere Wochen, und die Ausländerbehörde konfiszierte jedes Mal für die gesamte Zeit der behördlichen Behandlung meinen Pass. Das war eine Art Reiseverbot, denn ohne Pass war es nicht möglich, das Land zu verlassen. Die Ausländerbehörde stellte sicher, dass Einwanderer nicht zum Spaß in der Republik Finnland herumlungerten, sondern es mit ihrem neuen Heimatland ernst meinten.

Ein fließend Finnisch sprechender, unterhalb des Pensionsalters befindlicher Westdeutscher war damals in Finnland eine echte Seltenheit. Natürlich gab es auch damals schon einige Deutsche in Finnland, aber diese folgten meist einem typischen Muster und waren nach Finnland gekommen, um sich irgendwo an einem See oder in Lappland oder im Wald zu verstecken, um ihre nationale oder persönliche Geschichte hinter sich zu lassen. Diese Deutschen lebten verstreut übers ganze Land und hüteten sich davor, Kontakt miteinander zu halten oder zu irgendwelchen Vereinen zu gehören.

Ich sprach mich herum, und weil die Kreise klein waren, sprach ich mich recht schnell herum. Man begann, mir Arbeit anzubieten. Ein finnischer Verlag setzte sich mit mir in Verbindung und fragte an, ob ich Texte für ein in Planung befindliches Deutschbuchprojekt für finnische Oberstufenschüler schreiben könne. Es hieß:

»Schreib etwas Fetziges, etwas, worauf die Jugendlichen abfahren.«

Aber gerne! Ich fing unverzüglich an, über Dinge zu schreiben, von denen ich wusste, dass sie 16-Jährige interessierten: über Sex, über Drogen und über Musik, mit der man seine Eltern zum Wahnsinn treiben kann. Man erklärte mir, ich könne zwar leidlich schreiben, habe aber die Problemstellung leider noch nicht ganz verinnerlicht. Genauer genommen bestand meine Aufgabe nämlich darin, etwas Fetziges über deutsche Jugendliche zu schreiben, die unglaublich dicke Freunde waren, höflich, hilfsbereit, stets auf Sicherheit bedacht, unschuldige, nette kleine Figuren, deren Samstagabend darin kulminierte, dass sie zusammen in trauter Harmonie Pizza aßen, Coca-Cola tranken und über Umweltprobleme sprachen.

Eine obligatorische Zutat für Deutschbücher an finnischen Schulen war und ist bis auf den heutigen Tag Standard-Ahmed, der junge Türke, der in Deutschland geboren ist, der Deutsch als Muttersprache spricht, nur deutsche Freunde hat und dessen hundsgemeine fundamentalistische Eltern ihn ständig dazu zwingen wollen, ein Kopftuch zu tragen und seinen Wehrdienst in Anatolien abzuleisten.

Inzwischen weiß ich, dass man Schulbücher nicht für die Schüler schreibt, sondern für die Lehrer. Wenn es ihnen freistünde, zu tun und lassen, was sie wollen, würden sich Schüler so einen Scheiß nie kaufen. Ich möchte die Gelegenheit nutzen und mich hiermit in aller Form bei allen Finninnen und Finnen entschuldigen, die irgendwann einmal unter meinen Schulbüchern zu leiden hatten oder noch zu leiden haben, zu deren langweiliger Jugend ich mein graues, ätzendes Scherflein habe beitragen müssen, bei euch allen, denen ich gegen besseres Wissen und für schnöden Mammon die Wahrheit über Deutschland und seine Bewohner vorenthalten habe. Wenn es nach mir gegangen wäre, hättet ihr in euren Schulbüchern Orgien bekommen, Vandalismus und praktische Tipps zum Frisieren eurer Mopeds.

Obwohl das Verfassen von Sprachbüchern eine exzellente Schule für einen angehenden Schriftsteller ist (versucht mal, etwas Witziges zu schreiben, in dem kein Genitiv vorkommen darf, kein Passiv, kein Perfekt, und das Ganze mit einem Material von maximal zehn verschiedenen Wörtern!) –, ich hoffe doch, dass ich während meines Lebens noch einmal ein Deutschbuch schreiben oder einen Fernsehsprachkurs machen darf, ein Werk der Wahrheit, ein Opus, in dem die Menschen streiten, klauen, herumficken, sich und einander betrügen, in dem Leute sterben und auch alles andere so ist wie im wirklichen Leben, also genau so, wie es sein soll.

Übrigens: Es mag ja sein, dass ich in einzelnen Fällen schief liege, aber ich bin mir ziemlich sicher, in all den Jahren in Finnland und in der DaF-Branche* noch nie einem heterosexuellen Deutschlehrer begegnet zu sein.

*Deutsch als Fremdkörper

Ich bekam ein neues Arbeitsangebot. Die lutherische Missionskirche bat mich, ein Priesterehepaar in der deutschen Sprache zu unterweisen. Meine Mission bestand in einem sechswöchigen Intensivkursus, und der Unterricht fand werktäglich vier Stunden lang statt. Ich hatte zunächst Schwierigkeiten, zu begreifen, wozu ein finnisches, evangelisches Theologenehepaar Deutsch brauchte. Die Missionskirche schickte ihre Schäflein gewöhnlich nach Afrika oder Asien, um Brunnen zu graben oder in Dorfschulen Kondome aufzublasen, aber Deutsch? Und warum in sechs Wochen, ein verzweifeltes Unterfangen von Anfang an? Dann erklärte man mir den Zweck des Kreuzzuges:

Das gottgeweihte Paar war unterwegs nach Deutschland, genauer gesagt nach Nürnberg in Franken, um allda in Deutschland ansässige Türken vom Islam zum reformierten Christentum zu konvertieren. Ein wirklich schlauer Plan: Weil die Türken uns Deutsche nicht mochten und keinerlei Interesse an kultureller und schon gar nicht an religiöser Integration hatten, schickte man vom Polarkreis Theologen nach Süddeutschland, denn die Finnen, blond, unschuldig und aufrichtig wie sie sind, kann ja niemand wirklich hassen.

Das Paar war gut motiviert und fleißig, aber für mich stellte sich das Unterrichten meiner eigenen Muttersprache als überraschend schwierig heraus. Rasch wurde mir klar, dass ich meinem Schöpfer dafür danken konnte, dass ich Deutsch nie im Erwachsenenalter als Fremdsprache zu lernen brauchte. Die deutsche Grammatik ist so ziemlich das Unerotischste, was man sich vorstellen kann.

Das junge Theologenpaar hatte vor kurzem ein Baby bekommen, einen ganz entzückenden kleinen Jungen, und Frau Pastorin ließ es sich nicht nehmen, während meiner Deutschstunden ihr Söhnchen stolz vor mir und Papa zu stillen. Ab und zu litt ich als Ex-Katholik deshalb beim Lehren der unregelmäßigen Verben unter Konzentrationsstörungen. Das Baby saugte Milch aus der Mutterbrust, Mutter und Vater saugten von meinen Lippen die Geheimnisse der deutschen Sprache, die sich mir im selben Tempo erschlossen. Warum kann bei Reflexivverben das Reflexivpronomen mal im Dativ, mal im Akkusativ stehen? Darf ich vorstellen? Darf ich mich Ihrer Frau vorstellen? Darf ich mir Ihre Frau vorstellen?

Als abgebrochener germanischer und romanischer Philologe hatte ich selbstverständlich nicht den Schimmer einer Ahnung von solchen Dingen. Und so kam es, dass ich, während ich sie unterrichtete, selbst meine schöne Muttersprache erlernte und dabei selbst die ganze Zeit einen Schritt im Hintertreffen war.

Aus Deutschland erreichte mich ein zwar kurzer, dafür aber um so amtlicherer Brief. Die Luftwaffe der westdeutschen Bundeswehr, zu deren Reserve ich mit dem Dienstgrad eines Hauptgefreiten gehörte, hatte Wind davon bekommen, dass ich nach Finnland gezogen war, in einen De-facto-Satellitenstaat der UdSSR, der aus Sicht der Nato damals selbstverständlich gänzlich vertrauensunwürdig war. Zwei Vertreter des für mich zuständigen Kreiswehrersatzamtes erschienen in einem olivgrünen Fahrzeug vor der Haustür meines in Süddeutschland verbliebenen Vaters und nahmen den Sack mit Mobilisierungsmaterial (Stahlhelm, Hosen, Socken, Stiefel etc.), den ich dort im Keller verwahrt hatte, zurück in den Besitz des Staates. Ich wurde von der Pflicht entbunden, mich beim Hören des streng geheimen Kennworts *Gelber Hahn* in den deutschen elektronischen Medien innerhalb von 24 Stunden beim nächsten Luftwaffenstützpunkt zu melden, und ich wurde des Rechts beraubt, in einem solchen Fall für meine Fahrt zur Kaserne notfalls private Kraftfahrzeuge zu requirieren. Meine Daten wurden, zumindest angeblich, aus dem Register der westdeutschen Streitkräfte gestrichen, mein Name getilgt. Ich würde nie wieder an einer Wehrübung teilnehmen dürfen.

Eine der Firmen, die mir Arbeit anboten, war der öffentlich-rechtliche finnische Rundfunk Yleisradio. Die Kurzwellenabteilung suchte einen deutschsprachigen Redakteur für ihre Propagandasendungen nach Mitteleuropa. So wurde ich kurzerhand Radiojournalist, und ich durfte den deutschsprachigen Kurzwellenhörern jeden Abend live die Temperaturen in den nordischen Hauptstädten vorlesen, Helsinki minus neun, Oslo minus sechs, Stockholm minus vier ... Meine Beschäftigung als Journalist bestand in der Hauptsache darin, dem deutschsprachigen Publikum, das vor den Kurzwellenempfängern zusammengekauert lauschte, klarzumachen, dass Finnland keine Kolonie der Sowjetunion war, sondern einfach nur ein Nachbarstaat, der im Rahmen des *YYA-Vertrages** ebenso freiwillige wie auch freundschaftliche Beziehungen zur UdSSR pflegte.

* Vertrag über Zusammenarbeit, Freundschaft und gegenseitigen Beistand

Finnland war schon damals ein ziemlich merkwürdiges Land, aber noch merkwürdiger war Yleisradio, sozusagen ein Miniaturmodell der finnischen Gesellschaft. Ich kam aus dem Staunen nicht heraus. Als naiver westdeutscher Junge hatte ich noch nie überzeugte Kommunisten gesehen, die jeden Monat tausende von frei konvertiblen Finnmark verdienten, die rings in Westeuropa Urlaub machten, und außer ihren hübschen hölzernen Einfamilienhäusern im idyllischen Helsinkier Stadtteil Käpylä auch noch winterbewohnbare Sommerhäuschen an mittelfinnischen Seen ihr Eigen nannten.

Ich lernte, dass es auf diesem unseren Planeten nur zwei Arten von Menschen gab: uns stolze, öffentlich-rechtliche YLE-Beamte und dann noch Milliarden von unbedeutenden, bedauernswerten »Außenstehenden«. YLE-Beamte gab es damals noch reichlich mehr als 5.000, und ich wunderte mich ein bisschen: Finnland hatte fünf Millionen Einwohner, mehr als jeder Tausendste von ihnen hatte eine feste Anstellung beim staatlichen Rundfunk, Greise und Babys mit eingerechnet. Im Vergleich dazu hätte das deutsche öffentlich-rechtliche Fernsehen insgesamt etwa hunderttausend fest angestellte Mitarbeiter/innen haben müssen.

Ich war erst seit wenigen Wochen Mitglied des erlauchten YLE-Kreises, als meine Journalistenkollegen im Hinterzimmer einer von der Gewerkschaft bevorzugten Kneipe beschlossen, in Streik zu treten. Offensichtlich reichten ihre Monatslöhne nicht aus, um die laufenden Kosten ihrer Einfamilienhäuser in Käpylä und den neuen Steg am Bootshaus zu bestreiten. Ganze drei Wochen lang blieben Finnlands Bildschirme schwarz, und aus den staatlichen Lautsprechern kam nichts anderes als die sogenannte Bimbambulla, das monotone Pausenzeichen, das ungefähr so klingt: plim-plim-plim-plim-plim, plim-plim-plim-plim—plom!

Ich fürchtete, ich würde meinen soeben ergatterten privilegierten Arbeitsplatz genauso schnell wieder verlieren, wie ich ihn bekommnen hatte. Was, wenn das finnische Volk gar nicht merken würde, dass der staatliche Rundfunk in Streik getreten war? Was, wenn uns niemand vermissen würde? In der DDR hatte es meines Wissens noch nie einen Streik der staatlichen Medien gegeben, denn dort hätte niemand die Abendnachrichten, die Unterhaltungssendungen oder das Familienprogramm des von der Partei verwalteten Senders vermisst. Konnte es sein, dass ich soeben dabei war, dem Selbstmord des Rundfunks der Republik Finnland beizuwohnen? Zum Teufel. Ich war frischgebackener Radioredakteur, und anstatt dass man mir meinen Spaß gönnte, wollte man mir sofort wieder den Teppich unter den Füßen wegziehen!

Jemand vom finnischen Verband der Radio- und TV-Journalisten erschien in der Kurzwellenredaktion und ließ mich wissen, dass man mich zum Freiwilligen bestimmt hatte. Ich sollte Streikposten stehen. Man wollte von mir also gleich von Anfang an proletarische Solidarität, Loyalität und Kameradschaft sehen. Zuerst versuchte ich, zaghaft zu protestieren, schließlich kannte ich noch niemanden im Haus und verstand nicht wirklich, was um mich herum vorging. Ich konnte, wie die Angelsachsen es so schön ausdrücken, meinen Arsch nicht von meinem Ellbogen unterscheiden. Ein Gefühl indes sagte mir, dass ich mich besser meinem Schicksal fügen sollte, denn hier waren Kräfte am Werk, die mein Verständnis und meinen nicht existierenden Einfluss bei weitem überstiegen, und ich konnte das Rauschen des Flügelschlags der Geschichte hören. Ich durfte Teil eines historischen Gärungsprozesses werden, und so stand ich am nächsten Morgen in einer meterhohen Schneewehe vor dem Hauptportal der Rundfunkanstalt und sorgte dafür, dass keine Streikbrecher die hehren Bestrebungen der Gewerkschaft, deren frisch initiiertes Mitglied ich war, sabotierten.

Die Gewerkschaft hatte uns Streikposten freundlicherweise einen Wohnwagen mit Standheizung neben das Hauptportal gestellt, und in diesem saßen meine finnischen Kollegen und tranken solidarisch *Glögi,* Glühwein aus einer der großen Thermosflaschen, die die Gewerkschaft ebenso freundlicherweise zur Verfügung gestellt hatte, während ich draußen einsam wie der standhafte Zinnsoldat vor dem Hauptportal hin und her schritt und für Ordnung sorgte.

Das war nicht allzu schwer, denn es versuchte überhaupt niemand, zur Arbeit zu erscheinen. Auch die Kollegen, die nicht aktiv am Streik teilnahmen, genossen es, nicht arbeiten zu müssen und ließen es sich während ihres dreiwöchigen unbezahlten Urlaubs anderswo als im Büro gut gehen. Während meiner ganzen Wache am Hauptportal versuchte nur ein einziges Auto, die Schranke zu passieren, ein schwarzer großer Volvo hielt vor mir an. Ha! Ich würde niemanden durchlassen. Jetzt sollten die Finnen, die aus dem beschlagenen Fensterchen des Wohnwagens spähten, sehen, aus welchem Holz ich geschnitzt war! Sie würden stolz auf mich sein! Ich sprang vor den Volvo, baute mich trotzig auf und sagte vernehmlich in englischer Sprache:

»Stop! We're on strike!« Englisch sprach ich, weil mir aufgefallen war, dass die Kommunisten bei YLE Angst vor dieser Sprache hatten. Ein säuerlich aussehender älterer Pykniker auf dem Rücksitz der schwedischen Limousine ließ das Fenster herunter, musterte mich und sagte mit gerümpfter Nase auf Finnisch:

»Platz da, Jungchen! Weißt du nicht, wer ich bin?«

Ich wusste nicht, wer er war, und es würde mir auch scheißegal sein. Ich würde nicht zurückschrecken, schon gar nicht vor einem alten Schmerbauch, der mich mit Jungchen anredete. Ich stellte mich so vor den Volvo, dass er keinen Zentimeter weiterfahren konnte, ohne mich zu verletzen. Der alte Sack auf dem Rücksitz näselte mit Schneidbrennerstimme:

»Ich heiße Santeri Kilju, und ich bin der Generaldirektor des finnischen Rundfunks!«

Die Stunde der Wahrheit. Der Typ wollte mich einschüchtern!

»I don't care who you are, Sir, but I won't let you pass through here. *No pasarán*!«

Ich bin bis auf den heutigen Tag stolz darauf, diesen Zweikampf gewonnen zu haben. Der Chauffeur des Generaldirektors musste umdrehen, um den Gebäudekomplex herumfahren und durch das andere Portal zu seinem Parkplatz fahren. Die Streikposten am anderen Portal öffneten ihm sofort die Schranke und verneigten sich vor der schwarzen Limousine, als diese an ihnen vorbei aufs Firmengelände glitt.

Während meine professionelle Karriere mit Siebenmeilenstiefeln voranschritt, begannen die Dinge an der Heimatfront, sich zum Schlechteren zu wenden. Sirpa hatte ihren Abschluss als Psychologin bestanden und Arbeit gefunden. Und ich war Journalist beim Rundfunk. Wir beide hatten jetzt ein geregeltes Einkommen, unsere Beziehung hatte sich konsolidiert und wir sprachen neuerdings über alles auf Finnisch, auch, vor allem und viel zu viel über uns. Wir zogen aus der winzigen Einzimmerwohnung in *Kruunuhaka* in eine größere Wohnung in *Töölö*. Unsere wortkarge, sprachlose, instinktive, internationale, verrückte Liebe war vorbei. *Minä, sinä, hän, me, te, he – älä sinä minulle vit-tui-le!**

»Was fällt dir zu dem Wort Mauer ein?«

Mauer ... eine Mauer muss man kaputtmachen, durchbrechen, drüberklettern oder einen Tunnel drunter graben, eine Mauer muss man aus dem Weg räumen, oder wenn das nicht

*Ich, du, er/sie, wir, ihr, sie – mach mich nicht blöd an!

geht, muss man sie mit wütenden bunten Graffiti schmücken, das fällt mir zu Mauer ein.

»Und zu Meer?«

Das Meer ... das Meer ist endlos, das Meer ist tief, gefährlich, es hat Inseln, es ist voll von Unterseebooten und Ungeheuern, das Meer ist salzig, das Meer ist ein großes Abenteuer.

»Und zum Wort Becher?«

Zum Wort Becher fiel mir ohne einen Sekundenbruchteil Zögern ein überschäumender, irdener, bayrischer Bierseidel ein, ein traditioneller Humpen, mit dem man sich bei einer anständigen Kneipenschlägerei gegenseitig den Schädel einhaut, ohne dass er kaputt geht. Der Humpen.

Sirpa enthüllte, dass Mauer ein Synonym für den Tod war, Meer Liebe symbolisierte und der Becher für Sexualität stand. Und ihr eigener Assoziationsbecher war ein kleines Emailletässchen von der Art, wie sie bei Kindergeburtstagen zum artigen Verzehr von heißem Kakao benutzt werden. Großartig!

Nach ein paar Jahren war die Liebe zwischen Sirpa und mir an so vielen Stellen brüchig und fadenscheinig geworden, dass mir als Korrektiv nichts anderes einfiel, als Sirpa einen Heiratsantrag zu machen. Den sie mangels eines weitreichenderen Konzepts und zu meiner Überraschung ohne Umschweife annahm.

6. BIS DASS DEIN TOD EUCH SCHEIDET

Anlässlich unserer Hochzeit waren Gäste aus dem fernen Deutschland eingetroffen: mein Vater, mein Bruder Konrad und meine Tante (die, die viele Jahre später vergeblich in einem kleinen süddeutschen Dorf das Grab ihrer Schwester suchen sollte). Wir saßen in unseren Festklamotten in der Küche und tranken Kaffee.

Es klingelte an der Tür, und ich ging öffnen. Im Hausflur stand der Nachbar.

»Ich habe gehört, dass ihr heiratet, und dachte, ich bringe euch eine bescheidene Kleinigkeit vorbei«, sagte er und überreichte mir eine weiße Plastikflasche, die mit *Äthanol, nicht denaturiert, 96 %* beschriftet war. Unser Nachbar war von Beruf Arzt und hatte eine Lizenz, Rezepte für Alkohol auszustellen und somit in der Apotheke trinkbaren Sprit besorgen zu können.

Ich bedankte mich, lud den Nachbarn samt seiner Frau zu unserer Party später am Abend ein und ging zurück in die Küche, um meinen deutschen Verwandten stolz das soeben in Empfang genommene Geschenk zu zeigen. Meine Tante erhob sich trotz ihres enormen Körpergewichts erbost vom Stuhl und zischte giftig:

»Der Mann will dich lächerlich machen! Eine Plastikflasche mit Alkohol als Hochzeitsgeschenk, das ist eine Provokation! Du bringst die Flasche sofort zurück und sagst deinem Nachbarn ein paar ausgewählte Worte!«

Wie gründlich ich ihr auch darlegte, dass eine solche Flasche in Finnland Goldwert und es gewöhnlichen Sterblichen gar nicht gegönnt war, reinen Alkohol legal zu erstehen, meine Tante war eingeschnappt und blieb den Rest des Nachmittags sichtbar zerknirscht.

Mein Schicksal wurde auf dem Standesamt in Helsinki besiegelt. Ich konnte nicht rechtsgültig in der Kirche heiraten, wie das in Finnland, wo es immer noch eine Staatskirche gibt, üblich ist, denn ich gehörte zu keiner Kirche. Nicht mehr, um genau zu sein. Zwar war ich als Katholik geboren worden, aber aus der Kirche ausgetreten, sobald dies möglich gewesen war, also sofort, als ich volljährig geworden war. Ich wollte auf gar keinen Fall zu einer Vereinigung gehören, als deren Oberbefehlshaber ein seniler alter Trottel fungierte, der von sich allen Ernstes behaupten ließ, Stellvertreter Gottes auf Erden zu sein. Wenn der Papst wirklich Gottes Stellvertreter auf dem Erdenrund war, wollte ich Gott selbst gar nicht erst kennenlernen. Nichtsdestotrotz – ein kultureller Hintergrund ist wie eine Tätowierung, er hinterlässt immer unauslöschliche Spuren, und ich muss mich wohl bis an mein kühles Grab als Katholik bezeichnen. Schließlich hat das ja auch Vorteile: Wenigstens kann ich mich mit Fug und Recht als Connaisseur in Sachen Schuld und Vergebung fühlen.

Sirpa bestand allerdings auf einer kirchlichen Trauung. Ich willigte widerwillig ein. Also wurde unsere Ehe zwei Tage nach der standesamtlichen Zeremonie abgesegnet, in der Deutschen Kirche Helsinki, die malerisch auf dem Observatoriumshügel im Zentrum der Hauptstadt liegt.

Meine Nerven waren gespannt wie Violinensaiten, allerdings nicht wegen des bevorstehenden heiligen Sakraments, sondern deshalb, weil ich für den großen Tag einen Frack aus dem Fundus des finnischen Rundfunks gemietet hatte, in dem in der Eile einige Stecknadeln verblieben waren, und der deshalb an verschiedenen Stellen satanisch piekste.

Als Bestman fungierte mein kleiner Bruder Konrad. Unmittelbar bevor die kirchliche Absegnung stattfinden sollte, ließ er die anderen laut und vernehmlich und in englischer Sprache wissen:

»Verehrte Festgäste! Ich weiß, dass die Zeremonie in wenigen Augenblicken beginnen soll, aber ich muss Sie bitten, mir und meinem Bruder noch ein paar Minuten Zeit zu geben. Das ist die letzte Möglichkeit, ihm Vernunft einzureden, und als sein Bruder muss ich diese Gelegenheit wahrnehmen, bevor ich ihn euch zur Verehelichung überantworten kann!«

Alle Anwesenden hatten hierfür volles Verständnis, und man ließ uns gerne diesen gefühlvollen Moment unter Brüdern. Konrad schnappte sich einen meiner Frackschöße und zerrte mich hinter die Deutsche Kirche.

»Du glaubst doch nicht im Ernst, dass ich dich da nüchtern reingehen lasse!«, sagte er, zog aus der Tasche seines schwarzen Anzugs einen vorzüglich gerollten Joint und ließ ihn mich anzünden. Ich war so stolz auf ihn. Der Augenblick war wirklich bewegend. Obwohl wir als Kinder nicht sehr viele Jahre zusammengelebt hatten, war es mir offensichtlich doch gelungen, meiner Rolle als großer Bruder gerecht zu werden. Das Onanieren war nicht das Einzige, was ich Konrad als verantwortungsbewusstes Rollenvorbild beigebracht hatte.

Hinter der Deutschen Kirche Helsinki steht ein kleines Denkmal, in dessen Schatten wir abwechselnd inhalierten und husteten. Konrad bemerkte, dass in den Stein des Denkmals deutsche Namen eingehauen waren.

»Was soll das bedeuten?«, fragte er und versuchte gleichzeitig, die Luft anzuhalten.

»Das ist ein Denkmal für die Deutschen.«

»Willst du mich verarschen?« Konrad bekam einen Hustenanfall. Ein wirklich erstklassiger Joint. »Ein Denkmal für uns Deutsche?«

»Ja«, antwortete ich, nachdem ich mich von meinem eigenen Hustenanfall halbwegs erholt hatte. »Den Kameraden gewidmet, die im Kampf für Finnlands Freiheit ihr Leben lassen mussten.«

»Das darf doch wohl nicht wahr sein!« Konrad lachte wieder sein berüchtigtes dreckiges Lachen. »Ich habe noch nie irgendwo im Ausland ein Denkmal für die deutschen Kameraden gesehen!«

»Tja, das hier ist eben auch ein ganz besonderes Land, Bruderherz. Willkommen in Finnland!«

Wenige Minuten später führte mich Konrad an der Hand zum Altar. Sowohl seine als auch meine Augen waren rot und geschwollen. Die Hochzeitsgäste nickten beifällig. Ist es nicht wunderbar, wenn erwachsene Männer ihre Gefühle zeigen und gemeinsam weinen können?

Im Gegensatz zu Konrad hatte ich schon seit Monaten kein Marihuana mehr geraucht, und der Joint meines Bruders fuhr mir ganz gehörig ein. Mein Kurzzeitgedächtnis kam völlig zum Stillstand, und ich fühlte mich akut desorientiert. Wo zum Teufel war ich? In einer Kirche? Was ging hier vor? Warum waren um mich herum so viele bekannte Gesichter, und warum starrten mich alle an? Warum sah ich aus wie ein Pinguin? Warum sang mein eigener Vater von der Empore herab eine Bach-Kantate? Und wer war diese in weiße Schleier gehüllte sexy Blondine, die neben mir stand und mich mit großen, runden, wütenden Augen anblickte? Ich hatte alles vergessen, was uns der Priester bei den Vorbereitungssitzungen erzählt hatte, ich vergaß die Choreographie und meine Repliken.

Bis auf den heutigen Tag weiß ich nicht, wie ich meine Hochzeit hinter mich brachte, aber zum Glück ahnte nur Sirpa die Wahrheit. Schließlich darf ein junger Mann bei seiner eigenen Hochzeit ein bisschen durcheinander sein, das kann man doch verstehen.

Ich erinnere mich allerdings genau daran, dass ich im entscheidenden Moment laut und deutlich mit »Nein!« antwortete, weil die Zeremonie aber in zwei Sprachen vonstatten ging, interpretierte der Priester meine Antwort wohl als Finnisch: »Nain!«*

Also verließ ich die Deutsche Kirche als kirchlich verheirateter, gefickter Mann. Der Priester schenkte mir und Sirpa als Andenken an unseren großen Tag eine Bibel, die ich selbstverständlich sofort in den Papierkorb der Kirche schmiss. Konrad verteilte Reis an eine Horde flachsblonder Kinder, die mir diesen bösartig in die Augen zu werfen versuchten. Eine Kommilitonin von Sirpa holte uns in einem 2CV von der Kirche ab (wie aufmerksam – mein Herz machte einen Sprung, als ich mein von den Toten auferstandenes altes Auto sah), brachte uns ins Restaurant, wo der weltliche Teil der Party beginnen sollte und prallte auf dem Rückweg frontal gegen die Telefonzelle, die damals noch an der Ecke des Marktplatzes in Helsinki stand. Heute gibt es in Finnland keine Telefonzellen mehr.

Augenzeugenberichten zufolge war die Party am Abend ein voller Erfolg, aber Sirpa und ich mussten die Fete leider vor allen anderen verlassen, um unsere Hochzeitsnacht anzutreten, gerade, als unsere Gäste richtig in Fahrt kamen. Am nächsten Tag erfuhr ich, dass meine korpulente Tante die Königin der Nacht gewesen war. Sie hatte auf den Tischen getanzt, sämtliche anwesenden männlichen Personen abgeknutscht und der Hochzeitsgesellschaft angedroht, einen anständigen Striptease hinzulegen, was sie auch bestimmt getan hätte, wenn nicht zwei kräftige Kerle sie in der Ecke zum Schlafen

*Nain = ich heirate, ich ficke

abgelegt hätten. Meine Tante hatte fast die Hälfte der Fruchtbowle getrunken, die ich liebevoll für die Gäste zubereitet hatte und die einen Liter vom Arzt verschriebenes reines, nicht denaturiertes Äthanol beinhaltete.

Der berühmte römische Feldherr Coitus Interruptus, der Hunderttausenden das Leben gerettet und gekostet hat, war der Schutzpatron unserer Ehe. Wir benutzten keine Kondome, Sirpa aß keine Pillen und trug keine Spirale in sich, wir verhüteten ausschließlich mit meiner deutschen Selbstdisziplin. Jahrelang betrogen wir Mutter Natur, indem ich mich auf der Zielgeraden kurz vor dem entscheidenden Moment zurückzog und mich überall verspritzte, nur nicht da, wo das Programm es vorgesehen hatte.

Eines Novemberabends aber ließ uns diese mühevoll erlernte Methode im Stich. Sirpa war eine Woche weg von zu Hause gewesen, auf irgendeinem Workshop zum Thema Kreativität, und weil wir damals noch weder Videorekorder noch Internet hatten, war ich bei ihrer Rückkehr bis an die Haarspitzen voll mit angestauter Lust.

Nach den obligatorischen Höflichkeitsfloskeln (Wie war der Workshop? Möchtest du ein Glas Wein? Hast du Lust?) warf ich mich mit den Hosen auf Halbmast über meine Ehefrau und fickte sie, als ob das Ende der Welt unmittelbar bevorstünde. Und diesmal war mir die Verhütung scheißegal. Schließlich waren wir verheiratet. Schließlich hatte ich einen ehrbaren Job und ein regelmäßiges Einkommen, schließlich hatten wir eine geräumige Wohnung ... Jetzt oder nie! Und ich ließ alles kommen, wie es kommen wollte.

»Bist du in mich hinein gekommen?«, fragte Sirpa.

»Ja«, antwortete ich außer Atem. Sirpa tat so, als sei sie wütend:

»Bis du wahnsinnig? Ich könnte doch ...«, aber bereits an dieser Stelle ließ sie ihr schauspielerisches Talent im Stich und ein seliges Lächeln senkte sich über ihr hübsches Gesicht: »Ich könnte doch schwanger werden!«

Sperma hat eine ganz merkwürdige Wirkung auf Frauen. Es beruhigt sie ganz unglaublich, wenn man es im richtigen Moment an der richtigen Stelle appliziert. Nach meinem Orgasmus drehte Sirpa sich um, kringelte sich in Embryostellung zusammen und schlief sofort ein.

Ich konnte nicht schlafen. Große Fragen drehten sich in meinem Kopf. Was, wenn Sirpa wirklich schwanger würde? Wie würde es mir ergehen? Was hatte ich nur gemacht? Den Fehler meines Lebens? Mich glücklich? Im schlimmsten Fall hätte ich bald eine Familie, würde einen Kinderwagen schieben, Windeln kaufen müssen, über mich würde ein Hausarrest von vielen, vielen Jahren verhängt werden.

Eine Zeitlang hörte ich Sirpas regelmäßigem, friedlichen Atem zu, dann stand ich auf und verzog ich mich ins Wohnzimmer, entkorkte einen Weißen und setzte mich, um auf andere Gedanken zu kommen, vor den Fernseher.

Auf andere Gedanken kam ich ganz schnell. Ich sah Bilder von einer Menschenherde, die vor dem Brandenburger Tor stand und sich umarmte. Auf der Berliner Mauer! Als frischgebackener Journalist glaubte ich natürlich keinen Moment an diesen Schwachsinn, ich wollte nur wissen, mit welcher Trickmaschine diese Bilder manipuliert worden waren! Unglaublich gut gemacht, das Material sah wirklich täuschend echt aus! Ich sah ein Mädchen, das mit einem Vorschlaghammer auf die Mauer eindrosch, bis ihre Kräfte erlahmten und der nächste glücklich lachend den Hammer schwang. Leute kletterten über die Mauer, von Ost nach West und von West nach Ost. Ich sah Trabanten, die die Grenze passierten und mit einer schäumenden Korkenkanonade empfangen wurden.

Das konnte doch nicht wahr sein. Wenn so etwas in Berlin geschehen würde, würde doch garantiert irgendjemand auf diese Hooligans schießen, verdammt! Wenn schon nicht die eierlosen Ostdeutschen, dann doch wenigstens unsere eigenen Jungs, die Westberliner Polizei! Es dauerte drei Gläser schlechten Weißwein, bis ich endlich bereit war zu kapieren, dass die Berliner Mauer tatsächlich gefallen war. Und das alles offenbar wegen eines lächerlichen kleinen, sich zu historischem Ausmaß aufblähenden Fehlers. Die Ossis wollten die Mauer gar nicht öffnen, sie hatten nur beschlossen, ihrer aufmüpfigen Bevölkerung ein paar Reiseerleichterungen ums Maul zu schmieren, aber ein dienstgeiler Kollege von der schwindelnden Zunft hatte vorlaut verkündet, sämtliche Reisebeschränkungen seien abgeschafft. Zehntausende von Ostberlinern waren zur Mauer gerannt und hatten lautstark Auslass verlangt, und die schlappen ostdeutschen Grenzer und die NVA hatten sich nicht getraut, dem Unheil ein Ende zu machen, sondern einfach alle durchgelassen. Kreativer Journalismus, das Mikrofon ist mächtiger als das Schwert.

Die Deutschen hatten also die Mauer abgeschafft. Dass die Ossis Schwächlinge waren, hatte ich schon immer gewusst. Fürchterliches Säbelgerassel, aber wenn's drauf ankommt, einfach nur ratlos dastehen und zuschauen, wie einem die Arbeiter und Bauern abhauen.

Und ich saß ratlos besoffen nächtens vorm Fernseher in Helsinki, zur Untätigkeit verdammt, ich, ein Reservehauptgefreiter der westdeutschen Verteidigungskräfte! Meine komplette stinklangweilige militärische Ausbildung war soeben endgültig ad anum geführt worden.

»Sirpa! Sirpa!!«

»Hm?«

»Wach auf! Die Mauer ist weg. Die Berliner Mauer!«

»Lass mich schlafen!«

»Die Berliner Mauer ist weg!«

»Lass mich in Frieden. Ich will schlafen.«

»Das ist historisch, zum Teufel! Komm dir das ansehen! Du kannst doch jetzt nicht schlafen!«

»Doch, kann ich. Gute Nacht«, sagte Sirpa und schlief wunderhübsch lächelnd wieder ein.

Das Wort Wiedervereinigung hat schon, seit ich es zum ersten Mal gehört habe, etwas Ekelerregendes. Mich konnte niemand wiedervereinigen, genauso wenig wie über die Hälfte der deutschen Bürger Ost und West, denn mehr als die Hälfte waren nach der Spaltung geboren. Für mich war Ostdeutschland schon immer selbstverständlich ein souveräner, fremder Staat, in dem Deutsch gesprochen wurde, genauso wie in Österreich und der Nordschweiz.

Als die beiden Deutschländer offiziell wiedervereinigt wurden, am 3. Oktober 1990, musste ich hilflos die Feierlichkeiten am Fernseher verfolgen und im Exil Zeuge werden, wie mein Heimatland mit dem Nachbarstaat vereinigt wurde, ohne dass man mich oder irgendjemand anderen in den Deutschländern nach ihrer Meinung gefragt hatte.

In Finnlands größter Tageszeitung *Helsingin Sanomat* (Werbung auf der ganzen Titelseite) stand am nächsten Tag ein großer Artikel, in dem unter anderem behauptet wurde, die vereinten Deutschen hätten unter Leitung ihres Bundespräsidenten ergriffen ihre Nationalhymne gesungen, »Deutschland, Deutschland, über alles!«.

Wie bitte? Ich schrieb einen gepfefferten Leserbrief an die *Helsinkier Nachrichten* und erklärte, dass das offizielle Absingen der ehemaligen ersten Strophe des Deutschlandliedes meines Wissens nach sogar unter Strafe stehe, aus dem historisch wertvollen Grund, dass diese Strophe vier Ortsnamen beinhaltet, die sich derzeit nicht auf deutschem Grund und Boden befanden, nämliche die Maas, die Memel, die Etsch und den Belt. Richard von Weizsäcker hätte mit dieser Strophe am 3. Oktober 1990 vor dem Reichstagsgebäude bestimmt ein Skandalchen ins Rollen gebracht und womöglich sein Amt darüber verloren. Wie zu erwarten, schwieg sich *Helsingin Sanomat* aus.

Die Mauer fiel an einem Wochenende. Als ich am Montag in der Redaktion erschien, stellten sich meine finnischen Kolleginnen und Kollegen in einer Reihe auf, klatschten in die Hände und gratulierten mir.

»Was ist denn mit euch los?«, fragte ich. »Ich habe erst im Sommer Geburtstag!«

»Die Berliner Mauer ist weg! Du bist doch bestimmt unglaublich glücklich!«

Ehrlich gesagt – unglaublich glücklich war ich nicht. Ich hatte eher das dumpfe Gefühl, dass es mit der deutschen Vereinigung jede Menge Ärger geben würde. Bis auf den heutigen Tag bin ich felsenfest davon überzeugt, dass wir nicht die DDR hätten zurücknehmen sollen, sondern Holland.

Aus Deutschland (Ex-West) kam ein weiches Paketchen. Konrad hatte irgendwo ein T-Shirt erstanden, auf dem »Ich will meine Mauer wiederhaben« stand, und er schrieb dazu:

»Du kriegst einen Hunderter von mir, wenn du das anziehst und mit mir auf dem Alexanderplatz ein Bier trinkst!«

Eine solche Provokation konnte ich nicht auf sich beruhen lassen. Ich erinnerte mich, in einem kleinen Shop in Helsinki ein T-Shirt mit dem Bild von Adolf gesehen zu haben. Darunter stand »European Tour 1939–1945«, auf der Rückseite waren die Tourdaten: Warschau, Paris, Brüssel, Kopenhagen, Prag, Oslo, London (cancelled), Moskau (cancelled) – und so weiter.

Ich schickte Konrad das Shirt:

»Du kannst deinen Hunderter behalten, wenn du das anziehst und das Bier zahlst.«

7. SAUERSTOFFMANGEL

Etwa zwei Monate, nachdem die Berliner Mauer ihren großen Durchbruch erlebte, rief Sirpa mich bei der Arbeit an und bat mich, auf dem Heimweg zwei saftige Steaks zu kaufen. Ich wunderte mich, denn als erleuchtete Naturschützerin hatte Sirpa vegetarisch gelebt, seit sie ihr Elternhaus verlassen hatte.

Ich kaufte zwei dicke T-Bones und briet sie zu Hause medium. Sirpa aß in Rekordzeit beide, für mich blieben nur Gurkensalat und Pasta. Das konnte nur eines bedeuten.

»Sirpa, ich glaube du bist schwanger.«

»Quatsch«, sagte Sirpa mit kornblauen Augen und einem Knochen im Mund, an dem sie nagte.

»Ich denke schon …«

»Aber du hast doch … du bist doch nur ein einziges Mal …«

Ich kaufte in der Universitätsapotheke einen Schwangerschaftstest, der sich binnen weniger Sekunden kobaltblau färbte, natürlich erst, nachdem Sirpa drübergepinkelt hatte. Bingo! Dieser einzige Schuss hatte gereicht. Mein Samen war also funktionstüchtig und Sirpa äußerst fruchtbar. Zumindest unsere Biochemien passten gut zusammen.

Sirpas Tragzeit verlief ohne besondere Vorkommnisse. Nur ein einziges Mal musste sie aussteigen und an der Bushaltestelle dezent in den Papierkorb kotzen, ansonsten stand ihr die Schwangerschaft prächtig, und es gab keine Nebenwirkungen.

Ich genoss die Vorbereitungsabende, zu denen ich als moderner und meist einziger Mann selbstverständlich mitging.

Zweimal ging ich sogar ohne Sirpa. Eine Gymnastikhalle voll mit jungen, schwangeren Frauen, die entspannt über ihre geschwollenen Organe, ihre wunden Nippel und gestrafften Beckenbodenmuskeln debattierten!

Schwangere Frauen haben mich schon immer geil gemacht, weil man ihnen eindeutig ansehen kann, dass sie anständig gevögelt worden sind.

Sirpas Bauch wuchs. Und wuchs. Und wuchs weiter. Unser Erstling wollte ums Verrecken nicht geboren werden. Er hatte sich in Sirpas Gebärmutter eingenistet und weigerte sich, herauszukommen. Er hatte sich schon zwei Wochen über das Verfallsdatum hinaus verschanzt.

Ich hatte von der Volkspensionsanstalt einen Brief bekommen, in dem man mir mitteilte, dass ich Anrecht auf zwei Wochen bezahlten Vaterschaftsurlaub hatte. Na wunderbar! Bereits mehrere Wochen im voraus ließ ich den finnischen Rundfunk wissen, dass ich demnächst meinen Vaterschaftsurlaub antreten würde, was ich dann am Tag, den der Arzt für Sirpa berechnet hatte, auch tat. Nur eben, dass von unserem Baby zu diesem Zeitpunkt noch nichts zu sehen war. Das heißt, zu sehen war das Baby ganz deutlich, aber es war immer noch in Sirpa drin.

Der Arzt stellte uns ein Ultimatum: Wenn die Geburt nicht innerhalb von 72 Stunden auf natürliche Art in Gang käme, würde er sie medikamentös induzieren. Fairerweise informierte der Arzt uns aber auch über ein altes Hausmittel, das in solchen Fällen oft Abhilfe schafft: Sperma verursacht Kontraktionen.

Wir verbrachten die nächsten 71 Stunden damit, zu vögeln wie die Karnickel, vom Arzt verschrieben und guten Gewissens, obwohl Sirpa nicht besonders leidenschaftlich war, sondern das Ganze eher als krankengymnastische Maßnahme über sich ergehen ließ. Inzwischen war sie auch schon so gut gerundet, dass die Begattung nur noch von hinten auf den Knien oder liegend von der Seite stattfinden konnte.

Unsere Bemühungen trugen die erhofften Früchte. Sirpa saß erschöpft im Wohnzimmer auf dem Fußboden, auf unserem schneeweißen finnischen Baumwollteppich, hörte klassische Musik und meditierte, als plötzlich das Fruchtwasser unter ihr eine warme, dunkle Pfütze im Teppich bildete. Wir begaben uns unverzüglich ins nahegelegene Hebammeninstitut und ließen uns registrieren. Sirpas Wehen kamen immer noch recht unregelmäßig, also legte man uns erst einmal auf eine Station zum Warten.

Das nächtliche Hebammeninstitut erinnerte an ein Konzentrationslager oder eine mittelalterliche Folterburg. Ich musste an Hexenverfolgungen denken, denn im Abstand von etwa einer halben Stunde ertönten von irgendwoher im Gebäude lang gezogene, unmenschlich klingende Schreie. Es hörte sich an, als ob Frauen auf grausamste Weise zu Tode gefoltert, gevierteilt, verstümmelt und zersägt würden. Die Schreie dauerten immer etwa eine halbe Minute lang, danach herrschte wieder gespenstische Stille. Weder Sirpa noch ich konnten auch nur ein Auge zumachen.

Am nächsten Morgen kam der Arzt, um Sirpa zu untersuchen, überprüfte mit flinken Fingern ihren Muttermund, stellte fest, dass wir immer noch nicht dran waren und verschwand, ebenso schnell wie er hereingerauscht war, aus dem Raum. Wir verbrachten eine zweite Nacht im Hebammeninstitut und hörten den glückseligen Schreckensschreien werdender Mütter zu. Und wieder konnte keiner von uns beiden schlafen.

Am Nachmittag des dritten Tages ließ sich unser Kind endlich dazu herab, zur Welt zu kommen. Sirpa und ich hatten seit 72 Stunden nicht geschlafen. Ihre Wehen kamen jetzt in einem Intervall von etwa 70 Sekunden, und ihr Muttermund war auf die amtlich für Entbindungen vorgesehenen zehn Zentimeter geweitet. Allerdings war Sirpa so erschöpft, dass sie jedes Mal zwischen zwei Wehen einnickte.

Als der Kopf des Kindes schon zu sehen war, verließen Sirpas Kräfte sie vollends. Sie hatte nicht mehr die Energie, zu pressen, kontrolliert zu atmen oder sich auf irgendetwas anderes zu konzentrieren. Für einen Kaiserschnitt war es zu spät, also beschloss die Hebamme, das Baby mit einem großen, an ein obszönes Sexspielzeug erinnernden Saugnapf aus Sirpas Bauch herauszuziehen.

Es war ein Junge, und seine anderthalb Meter lange Nabelschnur hatte sich dreimal um seinen Hals gewickelt. Auf den ersten Blick machte er keinen besonders lebenstüchtigen Eindruck; seine Haut war dunkelblau, er atmete nicht, sein Herz schlug nicht, und mit der Nabelschnur um den Hals sah er aus wie ein gelynchter Pferdedieb aus einem Spaghettiwestern. Zum Glück war Sirpa inzwischen in eine gnädige Ohnmacht gefallen, sie hätte vom ersten Anblick ihres Babys bestimmt ein permanentes Trauma davongetragen.

Der Kreißsaal füllte sich im Handumdrehen mit weißbekitteltem Personal, und alle hatten es plötzlich sehr eilig. Mein Erstgeborener bekam vom Doktor null Apgar-Punkte. Klinisch tot geboren. Null Punkte! Mein Sohn! So eine Schande!

Das Neugeborene wurde intubiert und mit einem winzigen Beutelchen beatmet. Herzmassage bei Neugeborenen sah ganz anders aus als bei Erwachsenen: Der Arzt schlug nicht kräftig mit der Faust auf den Brustkorb des Patientchens, sondern klopfte mit dem Finger in schnellem Rhythmus auf die schleimige Brust meines Sohnes, bis dessen Herz von selbst zu schlagen begann.

Ich durfte die Nabelschnur nicht durchschneiden, wie man mir im Vorbereitungskurs versprochen hatte, ich durfte meinen Sohn nicht waschen, ich durfte überhaupt nichts tun außer von der Seite mit ansehen, wie er reanimiert oder besser gesagt animiert wurde, und wie seine Hautfarbe langsam von dunkelblau in frisches Schweinchenrosa überging. Es dauerte nicht lange, da hatte er nicht nur die Farbe eines Ferkels, sondern quiekte auch wie eines.

Der frivole Saugnapf hatte am Hinterkopf meines Sohnes eine kreisrunde, lila Beule hinterlassen. Er sah aus wie ein Alien aus dem Weltraum oder wie einer dieser olympischen Bobfahrer mit ihren aerodynamischen Helmen.

Endlich war der Alptraum vorüber. Sirpa war eingeschlafen, unser Sohn war eingeschlafen, und ich stand verwirrt, ratlos und erschöpft auf dem Korridor des Hebammeninstituts in Helsinki herum.

»Wer sind Sie und was wollen Sie hier?«, fragte mich eine resolute Entbindungsschwester. Als ich ihr erzählte, ich sei der übrig gebliebene Vater des eben in Raum 3 entbundenen Panikbabys, beglückwünschte sie mich und meinte:

»Gehen Sie nach Hause. Hier können Sie nichts mehr tun. Gönnen Sie Mutter und Kind erst einmal Ruhe, und ruhen Sie sich selbst aus. Sie sehen aus, als können Sie es brauchen.«

Ich kroch auf dem Zahnfleisch nach Hause und gab dabei acht, nicht über meine Tränensäcke zu stolpern. In meinem ganzen Leben hatte ich mich noch nie so zerschlagen gefühlt, aber das mit dem Ausruhen war leichter gesagt als getan. Der Adrenalingehalt in meinem Blut war mindestens so hoch wie nach einem Fallschirmsprung.

Auf dem Wohnzimmerboden fand ich einen zusammengeknüllten Teppich, in den eine seltsam riechende Flüssigkeit eingetrocknet war. Ich rollte den Teppich zu einer großen weißen Wurst zusammen, trug ihn hinters Haus und stopfte ihn in die Mülltonne. Sirpa sollte sagen, was sie wollte, ich würde jetzt nicht damit anfangen, Teppiche zu waschen.

Und jetzt? Was jetzt? Meine innere Stimme sagte, ich solle unbedingt jemanden von der Geburt meines Erstlings in Kenntnis setzen. Aber wen? Ich war doch ein einsamer deutscher Exilant hier in Finnland, hatte keine Freunde, kannte niemanden außer Sirpas Freunden und Verwandten. Die einzigen Menschen, bei denen ich mich hätte ausschütten können, waren die paar Frauen, mit denen ich Sirpa bis jetzt betrogen hatte, und in einem solchen Familienfall schickte es sich einfach nicht an, so jemanden anzurufen.

Ich suchte nach der Telefonnummer meiner Mutter. Komischerweise fand ich sie nicht in meinem Kalender und auch nicht in meinem Laptop – einen solchen hatte ich damals als internationaler Journalist selbstverständlich schon. Ich war schon drauf und dran, die finnische Auslandsauskunft anzurufen, als mir einfiel, dass meine Mutter ja bereits vor etwa einem Vierteljahrhundert verblichen war. Ich muss zugeben, an diesem Tag war ich noch deutlich desorientierter als bei meiner Hochzeit.

Anstatt meine Mutter rief ich deren Mutter an und verkündete freudig, dass ich sie zur Urgroßmutter gemacht hatte.

»Wie? Ja, ich bin schon Großmutter. Schon lange«, sagte sie.

»Urgroßmutter, Oma! Ich habe ein Kind bekommen!«

»Ich kann doch keine Kinder mehr bekommen. Dafür bin ich viel zu alt«, sagte meine Großmutter am Telefon und begann zu kichern.

»Nein, Oma! Ich bin Vater geworden. Ich habe einen Sohn.«

Es nutzte nichts. Sie war bereits auf der Umlaufbahn und nicht mehr zu erreichen.

Am nächsten Tag, nachdem ich meine frischgebackene Familie im Hebammeninstitut zum ersten Mal besucht hatte, nahm mich der Arzt beiseite und meinte, mein Sohn sei anlässlich seiner Saugnapfgeburt recht lange ohne Sauerstoff gewesen. Es sei noch zu früh, um mit Sicherheit zu sagen, ob er bleibende Schäden davongetragen hatte, wir sollten ihn im Auge behalten und bei Bedarf in ein paar Jahren einen Kollegen konsultieren.

Mein Sohn ist derzeit in der schärfsten Kurve der Pubertätsachterbahn und wegen Umbau geschlossen. Sirpa findet zwar, dass er ganz normal ist, ich überwache ihn aber immernoch. Wenn er sich auszieht, lässt er alle Kleidungsstücke genau dort fallen, wo er sich gerade befindet. Er speist mit Gebärden, die ein Wildschwein vor Scham erröten lassen würden. Er macht seine Hausaufgaben mit solcher Konzentration, dass er sich zehn Minuten später nicht daran erinnern kann. Vielleicht hat der dramatische Anfang seines zarten jungen Lebens ja doch einen Kratzer im Lack hinterlassen.

Von der finnischen Volkspensionsanstalt habe ich übrigens niemals auch nur einen Heller bekommen. Man ließ mich brieflich wissen, dass »der Sinn des Vaterschaftstagegeldes als Verdienstausfall darin besteht, es dem Vater zu ermöglichen, die Mutter bei der Pflege des Neugeborenen zu unterstützen«. Da es aber eben zum Zeitpunkt meines zweiwöchigen Vaterschaftsurlaubes kein Neugeborenes gab, bei dessen Pflege ich Sirpa hätte unterstützen können, wurde mein Antrag abschlägig beschieden.

Der finnische Rundfunk produzierte eine teilweise dramatisierte Dokumentarfilmtrilogie mit dem Titel *Im Schatten des*

Hakenkreuzes, in der es um die Beziehungen zwischen den jungen finnischen Mitgliedern der Lotta-Svärd-Gesellschaft* und den in Finnland stationierten deutschen Soldaten ging. Solange Finnland und Deutschland als Waffenbrüder Seite an Seite kämpften, sah die finnische Regierung solche Beziehungen gerne, aber als Finnland im Oktober 1944 die Seiten wechselte und die Deutschen zu Feinden wurden, wurden die Lottas über Nacht zu Landesverräterinnen, die mit dem Tod oder Schlimmerem zu bestrafen waren.

Ich hatte eine kleine Rolle als Oberleutnant, weil ich authentisch, ohne Akzent *Achtung ihr Schweine!* brüllen konnte. Man steckte mich in eine Wehrmachtsuniform, aber weil es keine passenden deutschen Stiefel gab, trug ich dazu sowjetische. Eigentlich hatte ich ja bei der Bundeswehr geschworen, nie wieder eine wie auch immer geartete Uniform anzuziehen, aber so als Schauspieler war das ja doch eine ganz andere Sache. Ich musste drei geschlagene Tage in dieser Kluft verbringen, durfte dafür aber auch in vielen verschiedenen Einstellungen ein finnisches Mädel küssen. Meine kleine Lotta war wirklich ein süßes Ding, nur leider etwas kurz geraten, und die Regisseurin musste sie auf einen Stapel Telefonbücher stellen, damit wir im Halbbild, durch ein altmodisches Türglas gefilmt, anständig knutschen konnten. Unseren Kuss verfolgten von der Seite drei grimmige junge finnische Soldaten, die abschätzig *Työmies*-Zigaretten* rauchten.

Am dritten Tag sollten die Actionszenen gedreht werden. Die Kulissenbauer des Rundfunks hatten in der Nähe der südwestfinnischen Stadt Tammisaari auf einer alten Schießbahn der finnischen Artillerie ein fast vollständiges Feldlazarett aufgebaut. Gefilmt werden sollte, wie das Frontkrankenhaus bei einem sowjetischen Luftangriff in tausend Stücke explodierte und wie einige Lottas und einige deutsche Soldaten es in letzter Sekunde schafften, mit heiler Haut davonzukommen.

* eine patriotische, rechtslastige Frauenbewegung

* työmies = Arbeiter

Für die Schauspieler hatte man einen getrennten Transport im Kleinbus arrangiert. Als aber der Moment der Abfahrt gekommen war, stellte sich heraus, dass der Produktionsleitung ein kleiner Rechenfehler unterlaufen war und es nicht genug Sitzplätze im Transporter gab. Da man mich erst am Nachmittag brauchte, bestellte man für mich einen eigenen Chauffeur und ein Auto. So stand ich in Helsinki-Pasila vor dem Fundus, in einer Wehrmachtsuniform mit Oberleutnantschulterklappen, um den Hals hatte ich eine deutsche Maschinenpistole aus dem Zweiten Weltkrieg hängen. Der Chauffeur holte mich ab und fuhr mich wortlos die etwa 130 Kilometer nach Tammisaari. Kurz vor dem Ziel fragte er mich nach dem Weg zur Schießbahn.

»Keine Ahnung«, musste ich zugeben.

»Du weißt nicht, wohin du unterwegs bist?«, fragte er mürrisch. Ich schüttelte den Kopf.

Ich hatte nur einen Zettel von der Regisseurin, auf dem stand *Schießbahn 32, Nähe Tammisaari.*

»Ganz in der Nähe ist die Kaserne von Draksvik«, sagte mein Fahrer. »Dort kannst du nach dem Weg fragen, die werden ja wohl wissen, wo ihre Schießbahnen sind. Ich mache jetzt Mittagspause.«

Er parkte vor einer Imbissbude und ließ mich die letzten paar hundert Meter zum Kasernentor zu Fuß gehen.

An der Pforte stand ein junger, pickelgesichtiger Wehrpflichtiger. Als ich mich ihm näherte und er die Abzeichen auf meinen Schulterstücken bemerkte, hob er die rechte Hand an die Mütze, bevor ich überhaupt ein Wort sagen konnte.

Ich grüßte ihn natürlich ebenso militärisch zurück, wie ich es damals in Westdeutschland, meinem abgeschafften Heimatland, gelernt hatte.

»Guten Tag!« sagte ich auf Finnisch. »Können Sie mir sagen, wie ich zur Schießbahn 32 komme?«

»Förlåt, jag talar inte finska!«*, war die Antwort. Ich hatte vergessen, dass hier an der Südwestküste hauptsächlich Schwedisch gesprochen wurde. Zum Teufel! Jahrelang hatte ich mich abgeplagt, um Finnisch zu lernen, und jetzt stand ich hier, und die Eingeborenen kapierten kein Wort! Der pickelgesichtige Wehrpflichtige ging Verstärkung holen und kam ein paar Minuten später mit einem Unteroffizier zurück, der mich ebenfalls nach kurzem Abschätzen mit militärischen Ehren begrüßte. Ich grüßte zurück und trug mein Anliegen vor. Der Unteroffizier verstand Finnisch. Er zog eine Karte aus der Seitentasche seiner Kampfhose und entfaltete sie. Oben stand groß »Geheim!«.

»Haben Sie ein Auto?«, fragte er mich.

»Ja. Mein Chauffeur macht gerade Mittag.«

Mein finnischer Waffenbruder erklärte mir freundlich und anschaulich, wie ich zur Schießbahn 32 käme. Dabei wanderten seine Augen dauernd zwischen den kleinen Hakenkreuzen hin und her, die ich an der Brust und auf der Schildmütze trug. Auch die Maschinenpistole beäugte er verwirrt, obwohl ich sie betont lässig von der Schulter hängen ließ.

Ich meinerseits starrte entgeistert auf das alte Kampfflugzeug, das als Museumsstück im Hof der Kaserne stand und auf dessen Flanke ein riesiges Hakenkreuz prangte, in blau und nicht auf der Ecke stehend ...**

Mein Kollege ließ mich die geheime topographische Karte behalten. Ich bedankte mich, wir grüßten zum Abschied militärisch, und ich ging meinen Chauffeur suchen.

Die Dreharbeiten liefen wie am Schnürchen. Ich wurde im Seitenwagen einer alten, olivgrünen NSU durch den Wald gekarrt und durfte nach Herzenslust »Achtung!« brüllen. Die Kulissen flogen vorbildlich und spektakulär in die Luft, und meine kleine süße Lotta und ich entkamen in allerletzter Sekunde dem sicheren Tod. Nur der Schluss war nicht so schön:

* »Entschuldigung, ich spreche kein Finnisch!« ** das Emblem der finnischen Luftwaffe 1918–1945

Am Ende des Films wirft der deutsche Oberleutnant seine finnische Freundin über die Reling des evakuierenden Schiffs ins Eismeer, denn er hat ja schließlich Frau und Kinder daheim im Reich.

Wieder einmal schrieb ich einen gepfefferten Leserbrief an *Helsingin Sanomat* und warf die Frage auf, ob die finnische Landesverteidigung in kundigen Händen sei angesichts der Tatsache, dass es möglich sei, in einer historischen Uniform an der Pforte einer finnischen Kaserne vorstellig zu werden, und anstatt sofort verhaftet, freundlich bedient zu werden. Außerdem machte ich darauf aufmerksam, dass das finnische Hakenkreuz nicht in der richtigen Stellung war und außerdem die falsche Farbe trug. Ein himmelblaues Hakenkreuz! Aber Finnlands größte Tageszeitung veröffentlichte auch diesen Leserbrief nicht.

Die Produktionsassistentin hatte von den Darstellern fleißig Polaroid-Fotos gemacht, der *continuity* wegen, um sicher zu sein, ob z.B. der oberste Knopf in der vorhergegangenen Einstellung offen oder zu war. Nach Abschluss der Dreharbeiten bat ich darum, eines dieser Fotos behalten zu dürfen, eines, auf dem ich im Seitenwagen der NSU zu sehen bin. Stolz heftete ich das Bild an meinen Kühlschrank. Ich in Uniform – so schlecht fühlte sich das ehrlich gesagt gar nicht an, so lange man nur einem Regisseur gehorchen musste und keinem Feldwebel.

Als mein Vater das nächste Mal nach Helsinki kam, sah er beim Bierholen das Bild am Kühlschrank.

»Aber ... das ist doch ein Farbbild!«, wunderte er sich.

»Aus einem Film«, sagte ich.

»Was?« Mein Vater war völlig verblüfft.

»Ich habe in einem Fernsehfilm einen Nazi gespielt, und das ist ein Szenenfoto.«

»Ich glaube, da habe ich eine Überraschung für dich ...«, sagte mein Vater.

Eine Woche später bekam ich von ihm einen Brief aus Deutschland. In dem Umschlag war ein Schwarzweißbild meines Großvaters, des Vaters meiner Mutter, in Wehrmachtuniform, mit einer Maschinenpistole im Schoß, mit einer Schildmütze auf dem Kopf im Seitenwagen eines Wehrmachtkraftrades. Dasselbe Gesicht, dieselbe Uniform, nur: ein Knöpfchen mehr auf der Schulter. Opa war Hauptmann gewesen. Scheiße.

Deutscher zu sein, ist meistens eine Plage. Wohin auch immer man kommt in der Welt, immer wissen die Leute schon alles über einen: *Blitzkrieg, Konzentrationslager, Sauerkraut.* Dieser hysterische österreichische Kretin hat es tatsächlich geschafft, das internationale Markenzeichen der Deutschen für mindestens hundert Jahre zu ruinieren, da hilft kein Einstein mehr, kein Beethoven und kein Kant.

Es gibt nicht viele Orte auf der Welt, wo man als Deutscher willkommen ist. Finnland gehört auf jeden Fall dazu. Auch hier liebt man uns nicht wirklich, aber man tritt uns wenigstens mit einer respektvollen Mischung aus Angst, Neid und leichten Minderwertigkeitsgefühlen gegenüber.

Vielleicht nicht ganz ohne Grund. Immerhin haben die Finnen von uns Michael Agricola bekommen, der bei Luther in Deutschland studiert hatte, im 16. Jahrhundert die erste ABC-Fibel für die Finnen schrieb und damit zum Vater der geschriebenen finnischen Sprache wurde. Und ohne Luther, zu dessen Kirche in Finnland 80 Prozent der Bevölkerung gehören, könnten die Finnen auch nicht die herrliche Akkumulation von Schuldgefühlen genießen, die es ihnen ermöglicht, kriechend vor ihren Herrn zu treten, während die Katholiken alles einfach wegbeichten. Ohne uns Deutsche, genauer gesagt ohne Oberstleutnant Kuhlmey und seine paar Dutzend Flugzeuge, hätte Finnland den Krieg gegen die Sowjetunion nicht nur theoretisch, sondern auch in der Praxis verloren und wäre zu einem Vollblut-Sowjetsatellitenstaat geworden. So aber kamen die Finnen mit dem Schrecken und dem Vertrag für Freundschaft, Zusammenarbeit und gegenseitigen Beistand davon. Und ohne den Lübecker Kaufmann Franz Stockmann, der im 19. Jahrhundert in Helsinki ein Handelskontor gründete, das inzwischen zur größten nordischen Kaufhauskette angewachsen ist, gäbe es in Finnland vermutlich immer noch keine Hula-Reifen, keine Tischtennistische und keine aufblasbaren Schwimmbecken.

Die Finnen behandeln uns Deutsche gewöhnlich sehr vorsichtig. Vielleicht befürchten sie, jeder von uns habe im Rucksack eine eigene kleine Panzerdivision, vielleicht glauben sie, wir bauen in unserer Freizeit alle Messerschmidts, Mercedesse oder wenigstens Mieles, vielleicht haben sie Angst, wir könnten im Zorn kleine Sprayfläschchen mit Zyklon B aus der Gesäßtasche ziehen.

Als kleines Land hat sich Finnland immer einen großen Bruder gewünscht, der den kleinen Bruder beschützt, ihm nützliche Dinge beibringt und ihm seine alten Spielzeuge überlässt, wie etwa Sturzkampfbomber, gebrauchte Pkws oder Leopard-II-Panzer. Aufgrund der bescheuerten geopolitischen Lage Finnlands war es schon immer schier unmöglich, einen solchen großen Bruder zu finden: Die Esten konnte man nicht bewundern, weil sie arm waren und außerdem eine Sprache sprechen, die kein Finne hören kann, ohne dabei in schallendes Gelächter auszubrechen (Estnisch klingt für Finnen etwa so wie Holländisch für Deutsche). Die Russen konnte man nicht ausstehen, weil sie arm waren und weil sie im Lauf der Geschichte zu viele finnische Mädels vergewaltigt hatten. Die Schweden konnte man nicht riechen, weil sie reich waren und außerdem samt und sonders schwul, und wenn es etwas gibt, das ein rechtschaffener finnischer Mann nicht ertragen kann, *faan också**, dann ist das seine eigene latente Homosexualität! So blieb als einzige Alternative und als geringstes Übel Deutschland übrig, und Deutschland liegt in sicherer Entfernung jenseits der Ostsee. Ich möchte mir gar nicht vorstellen, was passiert wäre, wenn Deutschland und Finnland eine gemeinsame Grenze hätten.

Der Zweite Weltkrieg scheint für Finnland ein genauso saftiges Trauma zu sein wie für Deutschland. Vielleicht sogar noch saftiger. Hier zählt man sogar zwei gesonderte Kriege, den Winterkrieg, in dem sich die Finnen alleine gegen die UdSSR wehren mussten, und dann den sogenannten Fortsetzungskrieg, als die Deutschen hier gastierten.

Während meiner gesamten Laufbahn als Gymnasiast in Süddeutschland hatte ich auch nicht ein einziges Mal gehört, dass Finnland überhaupt am Zweiten Weltkrieg teilgenommen hatte. Das heißt, während meiner ersten Jahre hier in Finnland ging ich instinktiv davon aus, dass Finnland auf der Seite der Alliierten, der Sieger gekämpft haben musste, denn jedes Jahr am Tag des Waffenstillstands marschieren hier Soldaten in Paradeuniform, schwingen ihre Standarten, und Blaskapellen schmettern dazu Märsche.

Bis mir jemand erzählte, dass Finnland bis fast zum Schluss an der Seite der Deutschen gekämpft und verloren hatte. Ich wunderte mich:

»Aber warum feiert ihr dann? Bei uns in Deutschland feiert man nicht …«

»Verstehst du nicht?«, wunderte sich mein Freund. »Wir feiern, dass es uns immer noch gibt!«

* »Zum Teufel noch mal«

»Uns Deutsche gibt's doch auch noch.« Das allerdings sagte ich nicht laut.

In Deutschland leben, allen ethnischen, religiösen und anderen Minderheiten zum Trotz, immer noch Dutzende Millionen Deutsche. In Deutschland Deutscher zu sein ist überhaupt nichts besonderes, genauso wenig, wie in Deutschland Türke zu sein. Hier unter dem Polarstern stoße ich ständig auf mein eigenes Deutschtum, meine eigene Deutschheit, man weiß gar nicht, wie man das ausdrücken soll. Man fragt mich ständig nach meiner Meinung über deutsche Filme, die ich nicht gesehen habe, über deutsche Bands, deren Musik ich nicht kenne oder nicht mag, über deutsche Autoren, deren Namen ich nie gehört habe. Ich habe gelernt, zu akzeptieren, dass ich jetzt Deutscher von Beruf bin und habe für jede Gelegenheit einen kleinen, unverfänglichen Kommentar parat.

Ab und zu gibt es aber auch Momente, in denen mir mein Auslandsdeutschtum Furcht einflößt. Der kritischste Moment war wohl in einer Mittsommernacht in Mittelfinnland auf einem Campingplatz. Ein deutscher Journalistenfreund war zu Besuch, und ich wollte ihm den Höhepunkt des finnischen Mittsommernachtsfestes zeigen, den Moment, da der riesige Scheiterhaufen entzündet wird, das traditionelle Johannisfeuer. Wie auf Bestellung hatten wir authentisches finnisches Mitsommerwetter, es war kalt, grau und nieselte ein wenig. Am Sandstrand des Sees war ein wirklich beeindruckender *kokko** aufgerichtet, um den herum sich mehrere finnische Männer zu schaffen machten. Sie versuchten, das nasse Holz anzuzünden, was ihnen aber, hauptsächlich aufgrund des recht hohen Alkoholgehalts in ihrem Blut, nicht gelingen wollte. Mein Kumpel und ich sahen geschlagene 20 Minuten

* das Mittsommernachtsfeuer

zu, wie die betrunkenen Finnen sich erfolglos mit Streichhölzern und nassem Papier abmühten.

Dann erschien urplötzlich ein funkelnagelneuer, zweistöckiger Touristenbus im Bild und schob sich, grässlich piepend, rückwärts vor den idyllischen Mittsommerhorizont und parkte. Die Türen öffneten sich zischend, und heraus strömte ein etwa 60-köpfiger deutscher Rentnerchor, alle in Knickerbocker und mit Gamsbart am Lodenhut.

Es dauerte nur wenige Augenblicke, bis die Deutschen begriffen hatten, was zu tun war: Sie gossen einen Kanister mit Diesel über den nassen Scheiterhaufen, und eine Sekunde später brannte das Holz lichterloh. Wie die deutsche Wehrmacht, die auf ihrem Rückzug aus Finnland 1944 Lappland, d. h. die wenigen Gebäude, die sie dort fand, verbrannte.

Die Teutonen stellten sich in drei Reihen davor auf, zückten die Quetschkommoden und sangen für ihre verdutzten neuen mittelfinnischen Freunde ein Lied: Fallerii, Falleraa ...

»Was ist hier eigentlich los?«, fragte mein Kumpel angesichts der surrealistischen Szene.

»Speak English, my friend. Kein Wort Deutsch, oder uns ergeht es schlecht!«

Finnen und Deutsche haben vieles gemeinsam. Beide Kulturen haben eine Neigung zur Steifheit, beide sind erfolgs- und leistungsorientiert. Wir sind aggressiv und neidisch, wir trinken gerne Bier und essen gerne Fett.

Es gibt aber auch Unterschiede, zum Beispiel beim Neid. Wenn ein Deutscher im Hof seines Nachbarn einen neuen Daimler erblickt, dann überlegt er unermüdlich, bis er weiß, wie er selbst zu einem noch besseren kommen kann. Ein Finne in derselben Situation nimmt seinen *Pesäpallo**-Schläger und zerbeult Nachbars neues Auto, denn was ich nicht

* die finnische Version von Baseball

habe, soll auch niemand anderes genießen. Auch die Aggression an sich zeigt sich verschieden: Wenn ein Deutscher bis auf die letzte Zelle fertig mit den Nerven ist, dann geht er los und bringt jemanden um. Ein Finne im selben Seelenzustand begeht zuerst einmal Selbstmord, bevor er weiterdenkt. Bei aller Liebe, manchmal beschleicht mich doch das Gefühl, dass die deutsche Methode auf Dauer konstruktiver ist.

Jeder sogenannte zivilisierte europäische Staat hat einmal versucht, ganz Europa oder gar die gesamte damals bekannte Welt zu erobern: Außer den Deutschen haben sich an dieser Aufgabe zumindest die Franzosen, die Türken, die Schweden, die Römer, die Briten, die Griechen, die Spanier und die Portugiesen die Schnauze blutig gebissen, ja sogar das kleine Dänemark meinte eine Zeit lang, bei diesem Spiel der Großen mitmachen zu dürfen. Der Versuch einer Welteroberung ist also im strengen Sinne nicht ehrenrührig, außer dass bei solchen Unterfangen jedes Mal unschuldige Minderheiten unter den historischen Teppich gefegt werden und haufenweise schlecht motivierte Tote entstehen.

Auch der Massenmord als solcher ist leider kein seltenes Phänomen, und in sämtlichen sogenannten zivilisierten Staaten hat irgendwann einmal ein solcher an irgendjemandem stattgefunden. Stalin und Mao mögen mehr oder weniger Kerben im Griff ihres Colts haben als Hitler, wir Deutschen gewinnen auf jeden Fall den Horrorpreis. Denn bei uns wurden die Leute nicht einfach dilettantisch über den Haufen geschossen wie in Russland oder China, nein, bei uns gab es Todesfabriken mit Schichtdienst und Stechuhr an der Pforte. Wir Deutschen haben das industrielle Töten perfektioniert.

Über die Rassenlehre des Dritten Reiches kann ich mich nur wundern. Wie konnte eine derart schwachsinnige Theorie in meinem Vaterland auf horchende Ohren und fruchtbare Gehirne stoßen? Den Deutschen wurde allen Ernstes erklärt, sie seien das auserwählte Volk, und zwar weil sie ethnisch rein seien, die Herrenrasse, der es beschieden sei, zu herrschen und alle anderen Rassen auszurotten!

Das mit dem Herrschen ist ja noch in Ordnung, aber die Begründung ist doch lächerlich. Jeder Idiot kapiert doch sofort, dass, wenn es in Europa überhaupt ein ethnisch gemischtes Volk gibt, dieses Volk in der Mitte Europas lebt, wo Nord und Süd, Ost und West seit der Steinzeit ihre Körperflüssigkeiten ausgetauscht haben.

Jeder Hundezüchter weiß, dass eine reichhaltige Promenadenmischung 20 Jahre alt werden kann, ein reinrassiger Schäferhund aber spätestens mit sieben wegen kaputter Hüftgelenke eingeschläfert werden muss.

Wenn ich damals Propagandaminister gewesen wäre, hätte ich mir und dem deutschen Volk den ganzen antisemitischen Schwachsinn erspart und verkündet:

»Deutsche! Ihr seid das auserwählte Herrenvolk, denn in euren Adern fließt das Blut der Wikinger, der Römer, der Kelten, der Juden, der Zigeuner, der Slawen, ja vielleicht sogar das Blut eines edlen Araberhengstes!«

Unter meinen Füßen knarrten wieder einmal die hölzernen Stufen hinauf in den ersten Stock zur Ausländerbehörde. Zum wievielten Mal war ich jetzt wohl hier? Mein Pass war schon randvoll mit Klebern, Stempeln und Steuermarken.

»Wäre es wohl möglich, diesmal eine etwas längerfristige Aufenthalts- und Arbeitsgenehmigung zu bekommen? Es ist ein bisschen anstrengend, alle paar Wochen hier aufzutauchen«, sagte ich in meinem freundlichsten Finnisch.

Die Walküre vom Amt bedauerte. Ich war Ausländer der

Kategorie C, und das bedeutete, dass man mir eine Aufenthaltsgenehmigung höchstens für ein Jahr und eine Arbeitsgenehmigung nur für die Dauer meines jeweiligen Arbeitsvertrages geben würde. Nur Ausländer der Kategorien A und B waren berechtig, lebenslängliche Aufenthaltsgenehmigungen oder gar eine Befreiung von der Pflicht zum Vorweisen einer Arbeitserlaubnis zu beantragen. A- und B-Ausländer durften auch im Fall einer jähen Arbeitslosigkeit im Land bleiben, C-Ausländer würden in einem solchen Fall ausgewiesen, damit sie nicht das nationale soziale Netz belasteten. Kategorie A war für ehemalige finnische Staatsbürger vorbehalten, die es sich anders überlegen wollten, Kategorie-B-Ausländer mussten finnische Blutsverwandte haben.

»Haben Sie finnische Blutsverwandte?«, fragte die Walküre.

»Zählt man bei Ihnen die Ehefrau als Blutsverwandte?«, fragte ich zurück.

»Natürlich nicht, was denken Sie denn!«, sagte sie empört. Natürlich kannte sie mich inzwischen, und weil ich mittlerweile Finnisch mit ihr sprach, behandelte sie mich schon fast wie einen Menschen. »Da würden die Leute ja heiraten, nur um eine Aufenthaltsgenehmigung zu bekommen!«

Ich ließ meinen unterschriebenen Antrag und meinen Pass auf dem Tresen liegen und machte mich auf den Heimweg. Frustriert stapfte ich die Holztreppe hinab, als mir auf halber Höhe einfiel, dass ich ja vor kurzem Vater geworden war. Ob das wohl helfen würde? Ich kehrte um und fragte die Walküre, ob mein Sohn, seines Zeichens sowohl finnischer als auch deutscher Staatsbürger, als Blutsverwandter im Sinne des Gesetzes gerechnet würde.

»Aber natürlich! Herzlichen Glückwunsch!« Die Walküre schien sehr kinderlieb zu sein. Sie annullierte meinen soeben hinterlegten Antrag und half mir, einen neuen auszufüllen. Ich wurde vom Ausländer der Kategorie C zur Kategorie B befördert, bekam eine lebenslängliche Aufenthaltsgenehmigung, eine permanente Befreiung von der Pflicht zum Vorweisen einer Arbeitserlaubnis und hatte ab sofort das Recht, in Finnland Arbeitslosengeld zu bekommen, bei McDonalds Hamburger zu verkaufen und gegebenenfalls auf Kosten der finnischen Steuerzahler eine Freiheitsstrafe abzusitzen.

Hoffentlich werde ich wirklich mal in Finnland arbeitslos. Es wäre schön, von diesen blutarmen Protestanten auch mal etwas zurückzubekommen.

Bei der Steuerbehörde in *Helsinki-Hakaniemi* wurde ich übrigens schon lange nicht mehr am englischsprachigen Schalter bedient. Man wusste, dass ich Finnisch sprach, und ich musste mit den Eingeborenen zusammen stundenlang Schlange stehen.

8. FAMILIENRABATT

Unterbewusst hatte ich erwartet, dass die Mutterschaft bei Sirpa gewisse Veränderungen in der Persönlichkeit hervorrufen würde, aber als diese Veränderungen dann eintraten, kamen sie dennoch wie ein Blitz aus heiterem Himmel.

Mutter und Kind verbrachten in harmonischer Symbiose ihre Zeit unter einer unsichtbaren Glasglocke. Sirpa wollte sicherstellen, dass unser Kind, dem es in den ersten Momenten seines Lebens so schlecht gegangen war, einen emotional möglichst ausbalancierten Start ins Leben bekam. Der Kleine bekam alle Liebe, alle Fürsorge und alle Zärtlichkeit, die Sirpa innewohnte. Für mich blieb nichts übrig. Meine Rolle hatte sich dramatisch geändert: Ich ging arbeiten, ich ging einkaufen, ich putzte, ich kochte, ich bezahlte die Rechnungen und ich war der Chauffeur. Ich fühlte mich wieder wie damals als Putzhilfe im Deutschen Altenheim, diesmal nur in meinen eigenen vier Wänden.

Meine Frau war nicht mehr schwanger, ihr wunderbarer Körper hatte wieder seine gewohnte, appetitliche Form angenommen, das Fleisch zwischen Anus und Vagina war verheilt, und ihre Brüste sahen verführerischer aus als je zuvor, aber sie hatte das Interesse an mir verloren. Sie hatte ja jetzt ein Kind und damit natürlich Wichtigeres zu tun, als die sexuelle Notlage ihres Ehemannes zu berücksichtigen.

Selbstverständlich liebte ich meinen Erstgeborenen über alles. Er würde garantieren, dass die Millionen von Jahren lebende genetische Kette nicht abbrach, er war mein Anker in der Unendlichkeit, meine Aufgabe in dieser irrwitzigen, endlosen schwarzen Ewigkeit. Seinetwegen würde ich mich nie wieder zu fragen brauchen, wozu ich auf der Welt war.

Ich liebte ihn abgöttisch, und ich war rasend eifersüchtig auf ihn. Dieses schreiende, stinkende, klinisch tot geborene Nullpunktehäufchen Elend hatte mir die Frau weggenommen! Er hatte mich kastriert, und ich durfte ihn dafür noch nicht einmal hassen! Ab und zu versuchte ich heimlich, mich an ihm zu rächen. Ich säugte ihn und genoss schadenfroh sein blödes Gesicht, wenn er merkte, dass aus Papas harten, haarigen Zitzen keine Milch kam. Diese Versuche stellte ich allerdings ein, sobald seine Zähne zu wachsen begannen.

Das Gesetz von Angebot und Nachfrage funktionierte in unserer Ehe perfekt: Je weniger Sex ich bekam, desto dringender brauchte ich ihn, und desto mehr war ich bereit, dafür zu investieren. Und je mehr ich meine Frau um Sex anbettelte, desto höher schoss der Preis dafür.

Zwischendurch stellte ich mich schlau und versuchte, durch einen Boykott das Spiel zu meinen Gunsten zu wenden. Wenn es mir gelänge, ganze zwei Wochen nicht herumzubetteln und ganz cool und unnahbar zu bleiben, dann würde ja vielleicht Sirpa die Initiative ergreifen. In ihr mussten doch noch irgendwo Triebe schlummern! Dummerweise machte mir das biologische Grundprogramm des Mannes jedes Mal einen Strich durch die Rechnung. Es gelang mir nicht ein einziges Mal, meinen Boykott länger als drei Tage aufrechtzuerhalten, dann war ich schon wieder dabei, nach einem Weg zwischen die Schenkel meiner Frau zu suchen.

Ich gab mir Mühe und setzte meiner Gemahlin in langwierigen Gesprächen auseinander, dass ein Mann zwar sehr wohl eine Frau vögeln könne, ohne sie zu lieben, dass es für einen Mann aber völlig unmöglich sei, eine Frau zu lieben, ohne sie dann und wann zu vögeln.

Unsere Wohnung füllte sich zusehends mit Pastellfarben. Ich durfte nur noch auf dem Balkon rauchen. Sirpa begann, mit Stäbchen zu essen, um, wie sie sagte, sich zur Langsamkeit zu zwingen und die Essenz der Nahrung besser wertschätzen zu lernen. Der Rock'n'Roll war tot. An seine Stelle trat die Eurythmie.

Mein Leben war die Hölle. Ich konnte an nichts anderes denken als an Sex. Tag und Nacht wurde ich von immer perverser werdenden Phantasien geplagt, ständig zwängten sich die Geschlechtsorgane von Frauen, Männern und anderen Säugetieren in meine Gedanken, bei der Arbeit konnte ich mich nur noch auf die Körper meiner Kolleginnen konzentrieren. Und je größer meine Not wurde, desto strikter zog Sirpa ihre Grenzen:

- Sex durfte nicht stattfinden, wenn unser Sohn wach war, auch wenn er völlig hypnotisiert Hunderte von Kilometern entfernt im Wohnzimmer vor einem Zeichentrickfilm saß.
- Sex durfte man nicht ›ausüben‹, wenn man traurig war, sich einsam fühlte oder frustriert war, denn sich mit Sex zu trösten, bedeutete eine Zweckentfremdung der schönsten Sache der Welt aus niederen Beweggründen.
- Sex durfte nie primitiv sein. Beim Geschlechtsverkehr war darauf zu achten, dass nicht gegrunzt, geschwitzt, gestöhnt, schweinisch gesprochen oder anderweitig unkultiviert agiert wurde. Besonders wichtig war es, unter allen Umständen das obszöne Geräusch von klatschendem Fleisch zu vermeiden. Beim Orgasmus durfte nicht gebrüllt werden.
- Sex durfte nicht unter dem Einfluss von Alkohol oder anderen Genussmitteln stattfinden, denn dies verfälschte,

verfremdete und entwertete das Sakrament der gleichberechtigten, harmonischen Begegnung zweier erwachsener Menschen.

Die Finnen benutzen im Zusammenhang mit dem Geschlechtsverkehr dasselbe Verb wie mit allen möglichen Hobbys, *harrastaa*, ausüben. Eine merkwürdige Wortwahl. Sex ist doch kein Hobby wie Wasserski fahren, Briefmarken sammeln oder Modellbau! Sex ist, wenn man genau hinsieht, eine der ernsthaftesten Sachen der Welt. Sex bewegt die Welt, genau wie Geld. Und dabei ist doch das Leben selbst eine sexuell übertragene Krankheit!

Auch einige andere amüsante sexuallinguistische Einzelheiten gibt es in der finnischen Sprache: Wenn man einen Mann fragt, ob es ihm gelungen sei, sein Glied in die Vagina einer Frau zu stecken, heißt es:

»Hast du von ihr bekommen?«

Wenn man aber eine Frau fragt, ob es ihr gelungen sei, ein Glied hineingesteckt zu bekommen, dann heißt das:

»Hast du ihm gegeben?«

Vielleicht denke ich immer noch in teutonischen Bahnen, aber Geben ist ja bekanntlich seliger als Bekommen, und wenn man wissenschaftlich genau ist, wenn man in Gramm und Millilitern rechnet, ist beim Geschlechtsakt eindeutig der Mann der gebende Partner und die Frau der Empfangende.

Ich versuchte absolut alles. Ich heulte, ich drohte, ich flehte, ich flüsterte und ich schrie.

»Sirpa, ich bitte dich, können wir es bitte heute treiben? Bitte, ich werde wahnsinnig!«

»Geht das schon wieder los? Du denkst ja wirklich nur an das Eine. Du brauchst Hilfe, du bist krank!«

»Was soll das heißen?«

»Dass du ein pathologischer Fall bist. Du würdest es ja dreimal die Woche tun, wenn man dich nur lassen würde!«

»Aber ... jeder gesunde Mann will dreimal pro Woche, besser noch dreimal pro Tag!«

»Du brauchst professionelle Hilfe. Du solltest in Therapie gehen.«

Ich bat Sirpa darum, sich mit mir auf dem Balkon zu lieben, im Sonnenschein. Sirpa musterte mich lange und fragte dann:

»Wie alt warst du eigentlich damals genau, als deine Mutter starb?«

Ich bat Sirpa darum, mir eine geile, kleine, goldene Dusche zu geben, ich wollte ihr die Hände auf dem Rücken fesseln, ihr die Augen verbinden – und ich durfte mir anhören, wie pervers wir Deutschen doch waren und warum es bei uns Konzentrationslager gab.

Was unsere Libido betraf, hatten wir, wie man in Finnland so treffend sagt, die Skier über Kreuz. Ich hatte mich in eine sexuelle Sackgasse manövriert. Zum Glück hatte ich schon sehr früh einen Internetanschluss, und jeden Abend, wenn mein Sohn und meine Frau schliefen, setzte ich mich in mein Arbeitszimmer und sorgte dafür, dass wenigstens der schlimmste Druck entweichen konnte. Das allerdings war damals noch ein beschwerliches Geschäft: Ich hatte ein Modem mit einer Spitzengeschwindigkeit von 14,4 kB/Sekunde, und jedes Foto brauchte eine halbe Minute, um sich auf dem Bildschirm aufzubauen. Von Videos konnte man damals nur träumen.

Ich begann, einen Groll gegen meine Frau zu hegen. Warum wollte sie mich nicht mehr? Warum folterte sie mich? Was war mit ihr geschehen? Was war falsch an mir? Hatte sie mich nur missbraucht, um Nachwuchs zu bekommen? War meine Aufgabe jetzt erfüllt? Wartete sie nur darauf, dass ich ging?

Die Situation erinnerte mich an meine Kindheit. Damals hatte meine Mutter aufgehört, mich zu lieben, jetzt war meine Ehefrau an der Reihe. Wieder einmal wollte man mich nicht. Wieder einmal war die First Lady meines Lebens auf Reisen, und sie würde nie zurückkommen. Wieder einmal kehrte mir die Frau meines Lebens den Rücken.

Mein Vater würde bald seinen 60. Geburtstag feiern. Konrad und ich überlegten, wie wir diesen Tag gebührend begehen sollten. Wir wollten nicht zu den offiziellen Feierlichkeiten nach Süddeutschland reisen, denn dort würden wir auf Papas Musikerfreunde und Kollegen treffen und auf Luise, vor der wir uns ein bisschen schämten, weil sie immer noch nicht schwanger war. Wir wollten mit unserem Vater alleine feiern, ohne Frauen, einfach nur zu dritt. Der Dreikönigstag passte allen in den Terminkalender, also beschlossen wir, uns am Tag der drei Weisen aus dem Morgenland bei Konrad in Hamburg zu treffen.

Ich kam mit dem Flugzeug, Papa mit dem Intercity.

Konrad hatte die Vorbereitungen für den Dreikönigstag perfekt abgewickelt. Wie immer holte er mich am Flughafen Fuhlsbüttel in seinem verrosteten alten Benz ab. Bevor wir den Parkplatz verließen, hieß er mich das Handschuhfach öffnen. Und wie immer bei meiner Ankunft in Hamburg fand ich dort einen kundig gerollten Willkommensjoint.

»Du bist der beste kleine Bruder der Welt!«

»Ich hatte mir schon gedacht, dass du dort bei den Eisbären mal wieder nichts Anständiges zu rauchen gekriegt hast. Wie hältst du das in Finnland überhaupt aus?«

»Gute Frage!«, sagte ich und entzündete das Feuerwerk. »Die Finnen saufen sich alle zu Tode, aber vor Gras haben sie Angst, als ob es ein gefährliches Gift wäre. Ich habe schon wieder monatelang trinken müssen!«

Wir rauchten, husteten und hörten im Autoradio alte deutsche Schlager. Konrad steuerte geschickt durch den dichten Hamburger Verkehr zum Hauptbahnhof.

Der Bahnhof war genauso hässlich und unfreundlich wie damals, als ich hier eine Nacht verbringen und auf meine Einreisegenehmigung hatte warten müssen.

Diesmal aber mussten wir nur wenige Minuten warten, bis der Intercity aus Stuttgart einfuhr, stehen blieb, und ein müder, aber glücklicher alter Mann uns entgegenkam:

»Jungs! Toll, euch zu sehen!«

Wir umarmten uns, küssten uns, umarmten uns noch einmal, küssten uns noch einmal, gratulierten Papa zum Geburtstag, umarmten uns ...

»Wir wollen doch jetzt nicht sentimental werden!«, sagte Konrad, ließ sein notorisches, dreckiges Lachen erklingen, förderte aus seiner Tasche eine Flasche Mumm zutage und ließ den Korken durch die Bahnhofshalle schießen.

Wir leerten die Flasche auf dem Bahnsteig, dann kutschierte Konrad uns wieder durch die rush-hour nach Altona, wo er in einem abgerissenen kleinen Kellerstübchen wohnte. Unterwegs bekam Konrad plötzlich Schluckauf, und ich musste das Lenkrad festhalten. Trotzdem kamen wir ohne besondere Vorkommnisse zum Ziel, und Konrad parkte das Auto. Wir gingen die wenigen Schritte zu seiner Haustür, als ich mit dem Fuß plötzlich gegen etwas Weiches stieß. Ich hob den Gegenstand auf: Eine Brieftasche mit 700 guten alten deutschen Mark in Bar. Sonst nichts, keine Quittungen, keine Papiere, keine Telefonnummer, nichts, nur bares Geld.

»Glaubt ihr an Gott?«, fragte ich meinen Vater und meinen

Bruder. »Wenn nicht, überlegt es euch noch einmal! Wir haben gerade einen Haufen Geld geschenkt bekommen!«

Unser Fund auf dem Parkplatz machte aus dem Dreikönigstreffen ein unvergessliches Erlebnis. Zuerst feierten wir gründlich in Konrads Kellerloch, dann bestellten wir uns ein Taxi und fuhren auf die Reeperbahn. Es dauerte nicht lange, bis wir drei hinreichend hübsche Mädchen gefunden hatten, die frierend an der Straßenecke standen. Wir beschlossen, Ritterlichkeit an den Tag zu legen und den Mädchen zu einer wohlverdienten Ruhepause im Warmen zu verhelfen.

»Verehrte Damen!«, begann unser Vater die Verhandlungen. »Ich komme aus dem Süden und feiere heute einen runden Geburtstag. Diese beiden gutaussehenden Kerle hier sind meine Söhne. Der eine lebt in Finnland, der andere hier in Hamburg. Wir haben uns heute zum ersten Mal seit Jahren getroffen und wollen anständig feiern. Hätten die Damen eventuell Lust, uns dabei zur Hand zu gehen?«

»Ein Vater mit seinen Söhnen! Wie romantisch!«, sagte die größte, blondeste und hübscheste der drei Wohlfeilen. »Das werden wir schon schaffen, was Mädels?« Die Frage war an die Kolleginnen gerichtet, welche eifrig nickten und lächelten. »Das macht 200 pro Nase, alles inklusive, und ihr habt eine Stunde Zeit.«

»Einverstanden!«, sagte unser Vater hocherfreut, aber Konrad fiel ihm ins Wort und demonstrierte wieder einmal, dass er von uns drei Musketieren der schneidigste war:

»Moment mal!«, sagte er. »Wir sind zu dritt, und wir sind eng miteinander verwandt! Wir können uns ein Zimmer teilen. Ich finde, wir haben Anspruch auf Gruppen- oder Familienrabatt!«

Ich durfte zusehen, wie mein Bruder ohne mit der Wimper

zu zucken den Gesamtpreis von 600 auf 500 Mark heruntergehandelte. Was war ich stolz auf ihn! Ich hatte schon immer gewusst, dass er über großes kriminelles Potenzial verfügte, seit jenem Tag damals, als er vor einer Sparkassenfiliale ein Polizeiauto mit offener Tür gefunden, dies zur Polizeistation gefahren und dort abgegeben hatte, damit das Fahrzeug nicht in falsche Hände geriet. Die humorlose Polizei hatte damals versucht, ihn zu bestrafen, was sich aber als unmöglich herausstellte, da Konrad zum Zeitpunkt seiner Tat erst 15 Lenze zählte.

Die Mädchen brachten uns in ein düsteres, enges, für unsere Zwecke aber perfekt ausgestattetes Zimmer. Obwohl das Bett riesig war, hatten wir einige Schwierigkeiten, sechs Personen vernünftig auf der Matratze zu platzieren. Unser Vater, der sich bisweilen überraschend konservativ anstellt, wollte die Mädchen auslosen. Ich hätte ja lieber im Flug gewechselt, aber es war schließlich sein Geburtstag, also geschah der Wille des Vaters.

Bei der Lotterie bekam ich das am wenigsten hübsche und am schlechtesten motivierte Mädchen ab. Sie war nicht besonders gut gelaunt und ließ mir eine zwar professionell einwandfreie, aber mechanische und uninspirierte Behandlung angedeihen. Wenn ich alleine gewesen wäre, wäre ich womöglich dem Beispiel meines kritischen Bruders gefolgt und hätte zumindest Teile meines Geldes zurückgefordert, aber ich wollte mich im Beisein meines Vaters und meines Bruders nicht zickig anstellen. Obwohl ich völlig ausgehungert war, ging es bei diesem Dreikönigstreffen nicht in erster Linie um Triebabfuhr, sondern um *male bonding.* Wir drei hatten ein gemeinsames, positives Erlebnis bitter nötig.

Nach vollzogenem Verkehr beschloss unser Vater, nach Hause in Konrads Wohnung zu fahren, um sich dort von den Strapazen seines Geburtstags zu erholen. Wir steckten ihn in ein Taxi und setzten unseren Weg fort, in einen kleinen Jazzclub auf der Reeperbahn.

Wir waren gerade dabei, mit einem gut sortierten illegalen Einwanderer ins Geschäft zu kommen, als plötzlich eine Horde zivil gekleideter Polizisten das Lokal stürmte. Die Lichter gingen an, und die Polizisten begannen damit, willkürlich ausgesuchte Individuen zu verhaften. Konrad und ich waren selbstverständlich dabei. Wir wurden sofort getrennt, damit wir nicht eventuelle Lügengeschichten synchronisieren konnten. Draußen warteten mehrere grüne Minnas, und wir wurden in verschiedenen Autos zur Davidswache transportiert. Ich hatte nichts zu befürchten, denn ich war sauber wie ein weißes Täubchen, Sorgen machte mir hingegen das Plastiktütchen in der Hosentasche meines Bruders.

Man brachte mich in eine winzige Zelle. Weder Konrad noch ich hatten irgendwelche Papiere dabei, wir hatten alles, was man im Lauf einer durchzechten Nacht verlieren kann, wohlweislich bei Konrad in der Wohnung gelassen. Man filzte mich genauestens, dann verhörte man mich:

»Name?«

»Roman Schatz.«

Und wieder brachte dieser Name, unter dem ich schon seit frühester Kindheit leide, Unheil. Der Beamte wurde wütend:

»Erzähl mir keinen Scheiß!«

»Ich bitte vielmals um Entschuldigung, Herr Kriminaloberwachtmeister, es würde mir nie einfallen, die Staatsgewalt zu verarschen. Alles, was ich Ihnen sage, ist die Wahrheit, die reine Wahrheit und nichts als die Wahrheit.«

»Wo wohnst du?«

»In Helsinki, der Perle der Ostsee, der Hauptstadt der Republik Finnland!«

Das ist die Tragödie meines Lebens. Sobald ich einmal die Wahrheit sage, glaubt mir kein Schwein. Der Bulle schickte sich gerade an, mir anständig eins in die Fresse zu hauen, um vielleicht doch noch realistische Informationen von mir zu erhalten, als Konrad aus der Nachbarzelle gebracht wurde. Er hatte ausgesagt, mein Bruder Konrad Schatz zu sein, und auch sonst deckten sich unsere Geschichten bis ins kleinste Detail: Er hatte 1,9 Promille geblasen, ich 1,7.

Mein Beamter sah davon ab, mich zu schlagen. Er fragte seinen Kollegen, der Konrad im Schwitzkasten hatte:

»Was machen wir mit den beiden?«

Nach kurzer Überlegung antwortete der Kollege:

»Schmeiß sie raus!«

Und so kam es, dass wir etwa zehn Minuten nach unserer Verhaftung als freie Bürger wieder in der kalten Hamburger Nachtluft vor der Davidswache auf der Reeperbahn standen.

»Wie ist es dir da drin ergangen?«, fragte ich Konrad besorgt.

»Überhaupt nicht.« Konrad grinste. »Ich bin doch kein Anfänger!« Und mein kleiner Bruder steckte die Hand tief in den Papierkorb vor dem Eingang zur Polizeiwache, nestelte kurz darin herum und zog dann eine kleine Plastiktüte mit erstklassigem Gras heraus.

»Lass uns nach Hause fahren«, sagte er. »Taxi! Taxiii!«

9. WAS IST DER UNTERSCHIED ZWISCHEN EINEM HETEROMANN UND EINEM BI-MANN?*

Im hinteren Teil der Straßenbahn Nummer 4 war eine Gruppe pubertierender Jungen und Mädchen. Sie waren ein bisschen angetrunken, lachten laut, schubsten sich gegenseitig, blödelten herum, gingen aber niemandem wirklich auf die Nerven. Es war Freitagabend, nach neun Uhr, und ich war auf dem Weg nach Hause.

Die anderen Fahrgäste sahen die verwerfliche Gruppe abschätzig an. Nur eine einzige Person lächelte, ein älterer Herr.

Ich war dabei auszusteigen, und der ältere Mann kam neben mir an der Tür zu stehen. Offenbar musste auch er an der Kreuzung Mannerheimstraße und Nordenskjöldstraße aussteigen. Er lächelte. Ich lächelte zurück und sagte:

»You must be a foreigner!«

Er sah mich zutiefst erstaunt an und antwortete dann in akzentfreiem amerikanischen Englisch:

»How on earth can you tell?«

»You're the only one smiling on this tram.«

Wir stiegen aus und kamen an der Haltestelle ins Gespräch. Der ältere Herr sagte, er heiße Tom Williams, sei amerikanischer Staatsbürger, pensioniert und habe in jüngeren Jahren an der Universität Helsinki amerikanische Literatur unterrichtet. Tom war schon in den frühen Fünfzigerjahren nach Finnland emigriert, aber aus irgendeinem unerfindlichen Grund sprach er nach all den Jahrzehnten immer noch kein Finnisch.

*drei Drinks, manchmal genügen auch zwei

Er wohnte in einer geräumigen Wohnung über der Universitätsapotheke, keine 200 Meter von meiner damaligen Behausung entfernt.

»May I invite you for a drink?«, fragte er, und ich willigte sofort ein. Es würde gut tun, endlich einmal wieder vernünftiges Englisch zu hören und zu sprechen. Auch einen Drink konnte ich jetzt gut gebrauchen, und mein eigenes Heim übte im Augenblick keine besonders starke Anziehungskraft auf mich aus.

Toms Wohnung war von den Fußleisten bis zum Deckenstuck voll von intelligenten Büchern. Er selbst war kultiviert, hatte die Welt gesehen und gute Manieren. Damals in seinen ersten Jahren in Finnland hatte er unter anderem in Privatstunden den Außenminister in der englischen Sprache unterwiesen. Der Minister hatte damals aus steuertechnischen Gründen nicht mit Barem gezahlt, sondern Tom Aktien einer prosperierenden kleinen finnischen Gummistiefelfabrik* überlassen.

In Toms Küche hing ein gesticktes Bildchen an der Wand mit dem Text »Good living is the best revenge«, aber nach seinen eigenen Worten hatte Tom ein dummes kleines Problem. Er war schon immer für seine exzellenten Cocktails berühmt gewesen und hatte regelmäßig das humanistische Institut der Uni betrunken gemacht, aber in den letzten Jahren hatte er ein chronisches Bauchspeicheldrüsenleiden entwickelt, das ihm den Genuss von alkoholischen Getränken völlig unmöglich machte. Laut seinem Leibarzt hätte ihn ein Glas Schnaps das Leben gekostet.

Also verteilten wir die Aufgaben dergestalt, dass er die Drinks mixte und ich sie trank.

An jenem Abend brachte mir Tom Williams bei, wie man einen orthodoxen Dry Martini macht. Da es beim finnischen Monopolhandel ALKO ja nichts Extravagantes gibt, begnügt man sich in unseren Breitengraden mit Tanqueray oder Bom-

*Nokia

bay Sapphire, zur Not (aber wirklich nur zur Not) geht auch Beefeater. Drei Teile Gin in den Kühler, dazu einen Teil Vermouth, am besten Noeilly Prat oder den echten Martiny Dry. Den Rand des Cocktailglases mit einem frisch geschnittenen Stück Zitronenschale abreiben, damit ein frischer Geruch in die Nase steigt, wenn man das Glas an den Mund hebt. Die Zitronenschale wirft man ins Glas, bevor man es füllt. Mit Zahnstochern aufgespießte Oliven haben in einem Dry Martini nichts zu suchen, so etwas ist nur für Hinterwäldler und Geheimagenten aus der DVD-Box.

Ich saß auf Onkel Toms Sofa, trank Martinis und bewunderte seine private Bibliothek. Er saß mir gegenüber, betrachtete mich und machte Konversation. Ich entspannte mich und genoss es, dass jemand sich wirklich für mich zu interessieren schien. Ich erzählte dem bereitwillig lauschenden Tom von meiner Arbeit, meiner Familie, von meiner Heimat, und im Verlauf des dritten Martinis auch, dass ich mich in meiner Ehe entsetzlich langweilte.

Mister Williams lebte allein, war nicht verheiratet, hatte keine Kinder, und er war Amerikaner in Europa.

»Tom, can I ask you a personal question?«

»Sure!«

»Just exactly how gay are you?«

»Well, let's say ... fairly!«

Tom wusste genau, welche Fäden er ziehen musste. Er hatte schon früher frustrierte Familienväter getröstet. Ohne Unterlass nannte er mich einen ›schönen Mann‹, obwohl ich ihm erklärte, dass im matriarchalischen Finnland nur die Frauen schön sind, die Männer aber höchstens gutaussehend.

Ich war nicht besonders schwer zu verführen. Vor mir saß ein Mensch, der mich offen begehrte, der meine Gedanken hören und mir dabei den Schwanz lutschen wollte. Ich ließ den Kelch nicht an mir vorübergehen, obwohl er statt in einer jungen Frau in einem alten Mann bestand. Wenn dir das Glück begegnet, darfst du nicht wählerisch sein. Erinnert ihr euch noch an den Song von Bachman-Turner Overdrive, in dem es heißt »any love is good love, so I took what I could get ...«?

Unglücklicherweise hatte Tom Williams ein altersbedingtes und unüberwindliches Erektionsproblem, und damals war Viagra noch nicht erfunden. Dumm gelaufen, schließlich wohnte er genau über der Universitätsapotheke. Unsere Spielchen begrenzten sich nach einigem erfolglosen Experimentieren darauf , dass ich nackt auf dem Sofa saß, in der Hand ein Cocktailglas, und er mir gegenüber, mich mit seinem Blick verschlingend.

Tom wurde ein Freund unserer jungen Familie. Als höflicher und kultivierter Mensch kam er mit Sirpa und unserem kleinen Sohn gut zurecht. Und immer, wenn Not am Mann war, besuchte ich ihn auf einen *Naked Martini.*

Weil Finnland ja nicht wissen konnte, wie der kalte Krieg ausgehen würde, und weil es seine Möglichkeiten nicht verspielen wollte, indem es aufs falsche Pferd setzte, pflegte es paritätisch exakt gleich gute diplomatische, kulturelle und wirtschaftliche Beziehungen zu beiden deutschen Staaten.

Selbstverständlich gehörte Yleisradio sowohl zur EBU, dem westeuropäischen Zusammenschluss öffentlich-rechtlicher Rundfunkanstalten, als auch zur OIRT, dem Ostblockpendant dazu. Einer unserer Radiosender strahlte vor dem Mauerfall regelmäßig eine Gemeinschaftssendung mit der *Stimme der DDR* aus. Die mehrstündige Live-Sendung hieß *Hallo Berlin, hier ist Helsinki,* in der DDR hieß sie umgekehrt. Moderiert wurde sie gleichzeitig von einem Redakteur in Helsinki und einem in Ostberlin. Sinn der Sendung war es, durch das Spielen von Tanzmusik aus dem jeweiligen Freundesland Solidarität, Verständnis und Vertrauen zu schaffen. Das geschah, indem die beiden Moderatoren möglichst unpolitisch und inhaltslos daherplapperten.

Der finnische Moderator war ein verdienter, älterer Radiojournalist namens Max Rund. Er sprach hervorragend Deutsch und hatte die Sendung viele Jahre lang betreut, aber in der letzten Zeit war er, wie er mir erzählte, doch etwas müde geworden. Er habe viel zu viel zu tun, und ich würde ihm einen riesigen Gefallen tun, wenn ich die Sendung übernehmen würde.

Da konnte man als Westdeutscher doch nicht nein sagen! Eine Live-Sendung, die gleichzeitig in ganz Finnland und in der ganzen DDR ausgestrahlt wurde! Ich wäre vielleicht der erste Westdeutsche, der so etwas moderieren durfte. Ich hatte die Sendung selbst nie gehört, aber von so etwas soll man sich bekanntlich nicht abschrecken lassen. Ich besorgte mir beim Plattenarchiv einen Stapel Vinyl mit neuer finnischer Pop- und Rockmusik, ging ins Studio, wartete, bis die rote Lampe brannte und sagte:

»Hallo Berlin?«

»Hallo Helsinki?«, tönte es aus meinem Kopfhörer.

»Einen wunderschönen guten Abend, liebe Freundinnen und Freunde in der Doidschn Demogradschn Rebublik, hier ist Finnland! Heute gibt es wieder ofenfrische finnische Musik! Wer fängt heute an?«

»Diesmal ist Helsinki dran, die erste Platte zu spielen«, sagte mein Kollege hinter seinem antifaschistischen Schutzwall.

»Na wunderbar! Da dreht sich auch schon die erste Scheibe hier in Helsinki, ein Song von den *Seelenbrüdern*, der Punkband *Sielun Veljet*!«

Nach diesem Song wurde in unserer Gemeinschaftssendung nicht mehr viel geredet. Meinem ostdeutschen Kollegen hatte es die Sprache verschlagen, weil er mit seinen seichten

Ostschlagerchen nicht gegen die archaische Kraft einer finnischen Punktruppe auf Amphetaminen anstinken konnte. Überhaupt war sein Begriff von Tanzmusik deutlich anders als meiner, von Pogo hatte er offenbar noch nie gehört.

Es war wunderschön: In Ostdeutschland demonstrierten jeden Montag die Menschen zu Hunderttausenden auf den Straßen, versammelten sich in Kirchen, um zu diskutieren, die Polizei überlegte sich, ob sie schießen sollte, Ostdeutsche auf Urlaub in Ungarn kletterten mit Sack und Pack über den Zaun der westdeutschen Botschaft und flehten darum, endlich anständig geteert und gefedert zu werden. Und ich durfte für alle finnische Tanzmusik dazu spielen.

Ich moderierte die Sendung *Hallo Berlin, hier ist Helsinki* zwei- oder dreimal, dann ging die DDR endgültig in Konkurs. Im Frühjahr 1990 sollte die letzte Sendung ausgestrahlt werden, danach würde die Stimme der DDR geschlossen.

Das Problem mit dieser letzten Sendung bestand darin, dass ich an diesem Tag selbst nicht in Helsinki, sondern in Berlin sein musste, wo wir gerade einen Sprachkurs drehten. Der Programmchef des Radiokanals meinte, das sei doch kein Problem, die zwei Moderatoren könnten ja einfach auch im selben Studio sitzen, das sei für die letzte Sendung sogar romantisch.

Ich kam abends, eine Stunde vor Beginn der Sendung, mit einem Taxi zum Radiohaus in Ostberlin. Der Wachtmeister in der Aula war in seinem Kabuff eingeschlafen. Ich klopfte an die Glasscheibe, um ihn zu wecken. Er raffte sich auf und führte mich in ein Studio.

»Guten Abend«, sagte ich.

»Wo ist Herr Schatz vom finnischen Rundfunk?«, fragte man mich.

»Das bin ich«, sagte ich.

Erst jetzt merkte ich, dass alle anderen im Raum Anwesenden mindestens 50 Jahre alt waren.

Im Studio warteten insgesamt sieben Leute. Mein Moderatorenkollege begrüßte mich und stellte die anderen vor. Ich machte sofort einen entscheidenden Fehler, indem ich fragte:

»Und was machen all die Herrschaften hier bei der Sendung?«

Außer dem Moderator waren der Überwacher des Moderators, die Tontechnikerin, die Überwacherin der Tontechnikerin, der verantwortliche Redakteur samt Bewacher und ein uns alle überwachender Gesamtverantwortlicher an der Produktion beteiligt. Und alle wussten, dass sie in wenigen Wochen arbeitslos und unter dem neuen Regime nicht einmal einen Job als Kloreiniger bekommen würden.

»Kein Wunder, dass es bei Ihnen nie Arbeitslose gegeben hat«, meinte ich, was die Stimmung auf den Nullpunkt sinken ließ.

»Wie viele Leute sind denn bei Ihnen in Helsinki im Studio?«

»Ich. Sonst niemand.«

Wir setzten uns hinter die Mikrofone und machten unseren Soundcheck. Ich bemerkte eine Tonbandmaschine im Hintergrund, auf der sich eine Bandschlaufe langsam endlos drehte.

»Was ist das denn?«, fragte ich.

»Unsere Verzögerungsmaschine«, sagte mein Kollege.

»Wie bitte?«

»Haben wir immer bei Direktsendungen. Die Maschine zeichnet alles auf, und es wird etwa zehn Sekunden zeitversetzt gesendet. Damit nichts passieren kann. Haben Sie so etwas nicht?«

Ich war richtig stolz auf den Finnischen Rundfunk. Bei uns

in Helsinki fand die Zensur nicht präventiv statt, sondern erst hinterher. Eine Live-Sendung war wirklich live, und wer etwa gesagt hätte ›Der Präsident stinkt‹, der hätte die Konsequenzen erst nach der Sendung tragen müssen.

Unsere letzte Gemeinschaftssendung verlief nicht besonders harmonisch, aber ich glaube nicht, dass das großen Schaden angerichtet hat. Die Bewohner beider Deutschlands und Finnlands hatten an diesem Abend bestimmt Besseres zu tun, als uns zuzuhören.

Schon bevor die Sendung zu Ende war, hatte der Oberaufseher mir ein Taxi bestellt. Ich wartete auf dem dunklen Hof des Radiogebäudes. Vor mir stand ein himmelblauer alter Lada. Der Fahrer kurbelte das Fenster herunter und fragte freundlich:

»Wohin soll's denn gehen?«

»Ich kann nicht bei Ihnen mitfahren. Ich warte auf ein Taxi«, sagte ich.

»Ich bin das Taxi«, sagte der Fahrer, und von seiner Jovialität war nichts mehr übrig.

Apropos Taxi. Immer wieder sehe ich in Finnland diese beigefarbenen alten Autos, und jedes Mal tut mir der Besitzer leid. Ich denke dann immer daran, dass wieder einmal ein armer Finne von uns Deutschen übers Ohr gehauen wurde.

In Deutschland, dem Heimatland der Ordnung, gibt es für alles Regeln. Selbstverständlich auch dafür, welche Farbe ein Taxi zu haben hat. Wo kämen wir denn da hin, wenn jedes Taxi eine andere Farbe hätte? Das würde zum absoluten Chaos führen, denn die Deutschen sind zu blöde, um ein Taxi an dem gelben Schild obendrauf zu erkennen, sie brauchen's einfach beige. Außerdem hat der Minister für Farben und Lacke einen Cousin, dem die Beigefabrik gehört und der sich an der Monopolfarbe dumm und dämlich verdient hat.

Das hat jetzt nichts mit Taxis zu tun, aber ich habe mich schon immer darüber gewundert, wie manche perversen Männer sich als hundertprozentig heterosexuell oder als hundertprozentig homosexuell definieren können. Darf man nicht einfach nur sexuell sein? Warum sollte jemand freiwillig auf die Hälfte des Vergnügens verzichten? Woody Allen soll einmal gesagt haben »Bisexuell zu sein, verdoppelt deine Chancen, an einem Samstagabend nicht alleine nach Hause gehen zu müssen.« Oder so ähnlich, er wird's schon wissen. Heteromänner, die noch nie im Leben Sex mit einem Mann probiert haben, können mir nur leid tun. Und genauso leid tun mir Schwule, die noch nie im Leben eine Frau vernascht haben. *I'll try anything twice,* denn wer weiß, vielleicht war ich ja beim ersten Mal nur in der falschen Stimmung.

Diese liberale Einstellung hat bestimmt etwas mit meinem katholischen Hintergrund zu tun. Die katholische Kirche ist ja bekanntlich eine weltweite Verschwörung, zu der auch ich die ersten Jahre meines Lebens gegen meinen Willen und gegen besseres Wissen gehörte.

Stell dir vor, du bist ein junger Bursch im Mitteleuropa des, na sagen wir 14. Jahrhunderts. Eines Ostersonntags merkst du, dass dich die Mädchen, so sehr du dich auch anstrengst, nicht erregen, sondern dass sich in deinen Fantasien andere kleine Jungs, du selbst und ältere, haarige Männer ein Stelldichein geben.

Du hast ein ernstes Problem. Wenn du deinen Neigungen offen nachgehst oder gar über sie sprichst, verbrennt man dich schnurstracks auf dem nächsten Scheiterhaufen, denn du bist ein Irrtum der Natur, der sich nicht fortpflanzen will und somit keine Lebensberechtigung hat. Was tust du also?

Du klopfst an die Pforte des nächstgelegenen Klosters und erklärst, dass tief in dir eine Sehnsucht brennt, die nur vom Herrn und seiner Bruderschaft gestillt werden kann. Du schwörst in aller Öffentlichkeit, dass du niemals mehr Hand oder irgendetwas anderes an eine Vagina legen wirst, so ein Schwur verlangt dir ja überhaupt nichts ab.

Erst bist du Novize, später vollwertiger Bruder, wenn du in der rückständigen Hygiene des Mittelalters lange genug lebst, wirst du vielleicht sogar Abt. Du bekommst ein härenes Gewand, das an den richtigen Stellen kitzelt, man rasiert dir als Erkennungszeichen eine schmucke Tonsur auf den Kopf, man bringt dir Lesen und Schreiben bei, Lateinisch, Griechisch und Hebräisch, du bekommst eine lebenslange, gediegene Ausbildung, lebst in geschützten Verhältnissen bei regelmäßigen Mahlzeiten, vielleicht wirst du Naturwissenschaftler und baust für deine Brüder im sonnigen Klosterhof Hanf oder Wein an. Und was das Beste ist: Es gibt Schwänze und Ärsche, so viel das Herz begehrt! Alles ist im Angebot, von jungen Knaben bis zu alten Greisen, rund um die Uhr, von der Morgenvesper bis zum Abendgebet.

Auch besondere Wünsche werden erfüllt. Stehst du auf Auspeitschen, Augen verbinden, heißes Wachs? Kein Problem, wir machen das klar. Macht dich Kettengerassel geil, träumst du von ausgedehnten sadomasochistischen Séancen in feuchten Kellern? Du brauchst es nur zu sagen, schon geht dein Wunsch in Erfüllung. Für die härteren Sachen rufen wir unsere Kollegen von der Inquisition, die wissen, wie man eine richtige Party schmeißt.

Wann habt ihr je von einem Bischof gehört, der sich an minderjährigen *Mädchen* vergreift? Na also. Den Schwulen gelang es, sich in mehreren hundert Jahren ein globales Imperium aufzubauen, das mehr Macht und vor allem mehr Geld hatte als irgendein weltlicher Potentat. Das System funktionierte so gut, dass ein dahergelaufener König, der Kaiser werden wollte, auf wunden Knien nach Rom zum heiligen Vater aller Schwuchteln rutschen und aus der wohlmanikürten Hand des Papa die Krone entgegennehmen musste.

Martin Luther (»Auf fremdem Arsch ist gut durchs Feuer reiten.«) verursachte aufgrund seiner in Kleruskreisen seltenen sexuellen Neigung ein Schisma in der Kirche, und alles nur, um die kleine Blondine heiraten zu können, in die er verknallt war. Er gründete für sich und die Seinen eine funkelnagelneue Kirche und brach dabei einen blutigen Krieg vom Zaun, der bis auf den heutigen Tag andauert: In Nordirland werfen sich Homos und Heteros immernoch gegenseitig Bomben in die Cafés, Einkaufszentren und Kindergärten.

So ist das mit der Liebe. Zum Glück brauchte ich keine Kirchen zu spalten und keine Bomben zu werfen, um mit meiner Blondine vereint zu sein. Alles, was ich tun musste, war, an die raue finnische Südküste auszuwandern.

Die Kurzwellenradioabteilung des Finnischen Rundfunks befand sich am Ende des hintersten Korridors im untersten Keller des Gebäudes. Der Weg zu meinem Schreibtisch fühlte sich jedes Mal an wie der Gang zu den Pforten des Hades. Das Schild über der Tür sagte zwar *Radio Finland*, aber genauso gut hätte Dantes *Lass alle Hoffnung fahren* dort stehen können. Eine Handvoll aus den verschiedensten Gründen in Finnland gestrandeten, verkrachten Ausländerexistenzen schrieb und übersetzte im fensterlosen Kellerbüro, zensierte Nachrichten und Berichte und erzählte der Welt, wie prima doch in Finnland alles lief. Unser Redaktionschef hasste Menschen über alles, und er zog es vor, sich in seinem Büro zu vergraben, statt mit uns zu sprechen. Manche Kollegen versuchten absichtlich, ihn zu irritieren, indem sie ihn morgens grüßten oder gar fragten, wie es ihm gehe. Einmal versuchte die Redaktion, ihn loszuwerden, was sich aber als Bumerang herausstellte und die Gewerkschaftsvertreterin den Job kostete. Unser Chef war der Cousin des Vorsitzenden der Zentrumspartei. In Finnland ist jeder mit jedem verwandt, das darf man nicht vergessen. Deshalb sind auch Krankheiten wie Diabetes, Keliakie und Schizophrenie hier so weit verbreitet.

Auf den letzten Metern des Kalten Krieges erlernte ich das ABC des Radiojournalismus. Und das Wichtigste dabei ist natürlich das Schneiden. Damals wurde Tonband noch wirklich physisch geschnitten und verklebt, und wir hatten in unserem Keller eine hundert Kilo schwere alte Telefunken-Maschine zu diesem Zweck. Als Einstand musste ich eine Rede des damaligen finnischen Außenministers P-P-Pertti P-P-Paasio schneiden. Die fünfminütige Rede vom schlimmsten Stottern zu befreien, dauerte viele Stunden, und als ich endlich fertig war, war der Boden des Büros mit braunen Tonbandschnipseln übersät.

Etwa ein Jahr ging das so, dann warb man mich zum Fernsehen ab. Ich sollte ab sofort Sprachkurse machen. Und ich wurde im wahrsten Sinne des Wortes befördert: Aus dem untersten Keller in den Wasserturm, in dem sich die Redaktion für Fremdsprachen befand. Ab sofort gehörte ich zur einzigen Unterwasserfernsehredaktion der Welt. Ich hatte ein eigenes Büro mit kilometerweiter Aussicht. Und über mir gluckerten mehrere Millionen Liter Wasser.

Die Fremdsprachprogramme brauchten dringend ein wenig Imagepflege. Sprachkurse wurden Sonntagvormittags gesendet, zu einer Zeit, zu der nur ganz besonders gute oder ganz besonders schlechte Menschen zu Hause waren. Wir sollten eine Werbekampagne starten, um mehr Zuschauer zu rekrutieren.

In Finnland waren gerade Nikotinpflaster in Mode gekommen. Ich probierte sie aus, aber die Gummis im Mund störten beim Rauchen. Immerhin brachten sie mich auf eine Idee: In der Redaktion bastelten wir aus buntem Kopierpapier kleine Pflaster. Auf dem roten stand in Kyrillisch Russki, auf dem blauen Français, auf dem weißen Svenska, auf dem grünen Deutsch und auf dem gelben English.

»Liebe Zuschauer! Die Sprachprogramme von YLE haben für Sie etwas ganz Neues, etwas Revolutionäres – das Sprachpflaster! Wenn Sie Englisch sprechen wollen, bestellen Sie einfach das gelbe Pflaster, kleben Sie es sich auf die Haut and all of a sudden you'll speak fluent English! Wenn Sie lieber Französisch können möchten, bestellen Sie einfach das blaue Pflaster – ankleben, et bien vous parlez Français.« Und dasselbe in den anderen Sprachen, die wir im Angebot hatten.

Innerhalb einer Woche trudelten in der Redaktion mehrere Dutzend Postkarten, Faxe und Briefe ein. Die Zuschauer versuchten tatsächlich, Sprachpflaster zu kaufen. In meinem Innersten begann ein leiser Verdacht aufzukeimen: Hatte meine Arbeit eigentlich irgendeinen Sinn?

Mein Vater kam mal wieder zu Besuch nach Finnland. Ich grübelte lange, wohin ich mit ihm gehen sollte, bis mir schließlich ein Laden im Zentrum von Helsinki einfiel, der *Alte Meister*. Dort würden wir garantiert alle beide Anschluss finden, falls uns der Sinn danach stehen sollte, unser Altersunterschied spielte dort keine Rolle. Außerdem war das Tanzlokal eine architektonische Sehenswürdigkeit, die vom Charme her täuschend an eine Vorstadt in Leningrad erinnerte.

Auf der Bühne spielte eine *Humppa*-Band, und das ganze Etablissement wimmelte von willigen finnischen Damen über 40.

Aus irgendeinem Grund waren wir aber gar nicht in der Stimmung, Damenbekanntschaften zu machen. Wir hatten uns, wie jedes Mal, lange nicht gesehen und das Bedürfnis zu reden. Wir tranken finnisches, schaumloses Bier und plauderten. Wir sprachen über meine Mutter und ihren Tod. Wir tranken noch ein Bier. Wir sprachen über Gisela und darüber, wie ungerecht das Leben sie behandelte. Wir kauften am Tresen noch zwei Bier. Wir sprachen über Konrad und darüber, was er doch für ein Prachtkerl war. Wir tranken noch eins. Wir sprachen über Kinder, meine Kinder, Vaters Kinder, Konrads Kinder, über lebende und tote Kinder.

Wir standen oben auf dem Betonbalkon und glotzen hinab auf die Tanzfläche. Für einen Augenblick vergaßen wir, dass wir Vater und Sohn waren. Wir waren zwei ebenbürtige erwachsene Männer, die sich gut kannten. Wir brauchten einander nichts mehr vorzumachen.

»Darf ich dich mal was Persönliches fragen?«

»Nur zu.«

»Hat dich schon mal jemand in den Arsch gefickt?«

»Hör bloß auf!«, sagte mein Vater und ließ seinen glasigen Blick über einen imaginären Horizont schweifen. »Mir tut's immer noch weh, wenn ich daran denke.«

Dann drehte sich sein Kopf ganz langsam, in meine Richtung. Seine Pupillen weiteten sich und die wenige Farbe wich aus seinem Gesicht:

»Warum fragst du denn so was?«, brachte er schließlich heraus.

»Ich bin dein Sohn«, sagte ich.

Die Stille zwischen uns dauerte einige Sekunden, dann brachen wir in dröhnendes Gelächter aus.

»Los, hol noch zwei Bier, mein Sohn!«, sagte mein Vater. »Und bring zwei Schnaps mit. Ich zahle!«

Meine Großmutter starb, die Mutter meiner Mutter. Ich flog mit meiner gesamten Kleinfamilie nach Süddeutschland, um an der Beerdigung teilzunehmen. Und Omas Kinder hatten eine prächtige Beerdigung organisiert!

Wir Katholiken haben den alten Brauch, die Leichen unserer Verstorbenen nett herzurichten, hübsch anzuziehen und für den allerletzten Abschied aufzubahren, außer natürlich, wenn der Sensenmann in Form eines Mähdreschers oder ähnlichen Geräts gekommen war. Aber meine Oma war zum Glück auf saubere Weise gestorben, sie hatte eine Woche vor ihrem 90. Geburtstag friedlich ihr Leben ausgehaucht, ohne es zu merken. Ihre sterbliche, nunmehr verlassene Hülle war rosig geschminkt und lag in einem kleinen, intimen, mit Samt ausgekleideten Raum in der Einsegnungshalle. Die Trauergäste standen vor der Tür Schlange, um Oma einzeln die letzte Ehre zu erweisen. Jeder durfte noch einmal einen Augenblick mit ihr allein verbringen.

»Warum steht ihr hier an?«, fragte Sirpa.

»Wir gehen Oma noch mal ansehen«, antwortete ich. »Wir sagen Lebewohl.«

»Ihr geht eine Leiche anschauen?« Sirpa war entsetzt.

»Ja. So brauchen wir uns später nicht zu fragen, ob Oma nicht vielleicht doch in die Fremdenlegion gegangen ist oder von Außerirdischen entführt wurde.« Ich finde den lutherischen Brauch, die Toten erst zwei Wochen im Kühlkeller zu verstecken und dann zu verscharren, ohne dass die Angehörigen sie sehen, einfach barbarisch. So viel Respekt sollte man vor einem Toten schon haben, dass man ihm in die Augen sieht.

»Ich setze keinen Fuß in dieses Zimmer!«, zischte Sirpa.

»Brauchst du auch nicht. Aber unser Sohn und ich gehen.«

»Das glaubst du wohl selbst nicht, dass ich dich ein zweijähriges Kind zu einer Toten mitnehmen lasse!« Sirpa versuchte unsanft, unseren Erstgeborenen aus meiner Umarmung zu zerren, aber ich ließ nicht los.

»Hör auf! Ich gehe jetzt mit unserem Kind zu meiner Großmutter und verabschiede mich von ihr, und du hältst den Mund und gehst aus dem Weg. Ohne meine Großmutter hättest du dieses Kind gar nicht. Oma hat mir damals das Reisegeld gesteckt!«

Ich brachte meinen Sohn zu seiner Urgroßmutter. Wir küssten Oma auf beide Wangen und wünschten ihr gute Reise. Ich ließ den Jungen die Hand der Toten berühren.

»Kalt!«, sagte er auf Finnisch und kicherte.

Mehr als hundert Gäste waren bei der anschließenden Trauerfeier anwesend, aber zum Glück hatte die gute Oma so viel Bargeld hinterlassen, dass meine Verwandten eine ganze Gartenwirtschaft samt Musikkapelle gemietet hatten. Wir aßen ausgiebig, tanzten, ließen es uns auf Kosten meiner Großmutter so richtig gut gehen und versoffen ihr Erspartes.

Ein entfernter Verwandter, den ich seit meiner Kindheit nicht mehr gesehen hatte, setzte sich neben mich und prostete mir zu.

»Man hat mir erzählt, du lebst jetzt in Finnland?«, sagte er. Ich nickte.

»Stimmt. Schon seit einigen Jahren.«

»Freiwillig?«, fragte er, als könne er es nicht glauben.

»Ja«, sagte ich.

»Bist du wahnsinnig? In Finnland gibt es doch nichts außer Stechmücken und Russen!« Mein entfernter Onkel erzählte, er sei selbst in den Vierzigerjahren dienstlich in Finnland gewesen, in Uniform.

Ich muss zugeben, dass er nicht ganz Unrecht hatte. Stechmücken gibt es hier immer noch viel zu viele, obwohl die Finnen verzweifelt versuchen, ihre Sümpfe zuzubetonieren und ihre Wälder zu Einkaufszentren umzufunktionieren. Und seit der Kommunismus pleite ist, gibt es bei uns auch wieder massenweise Russen.

10. ATEMTHERAPIE

Meine erste größere Aufgabe bei den Sprachprogrammen bestand darin, einen zehnteiligen Deutschkurs zu schreiben und die Produktion zu organisieren.

Wir beschlossen, aus der Serie eine dramatisierte fiktive Geschichte mit durchlaufender Handlung zu machen. Im Verlauf dieser Geschichte würden wir der finnischen Bevölkerung alle wichtigen deutschsprachigen Phrasen beibringen, Begrüßungen, Nach-dem-Weg-fragen, Fahrkarten kaufen, den Dialog an der Hotelrezeption, die üblichen Standardrepliken.

Als Redakteur (also als unentdeckter, auf halbem Weg versauerter großer Künstler) versuchte ich, aus einem langweiligen Anfängersprachkurs ein bisschen mehr zu machen als nur die Summe seiner Teile. Der Fall der Berliner Mauer passte prima ins Konzept und bot die Möglichkeit, eine politische Satire zu schreiben.

Der Protagonist, der junge Finne Otto Mylläri, reist im Frühjahr 1990 nach Berlin. Die Grenze zwischen den beiden Deutschlands ist offen, aber die offizielle Wiedervereinigung ist noch nicht vollzogen. Mylläri lernt in der S-Bahn eine junge, selbstverständlich hübsche deutsche Frau kennen, die prompt ihre Tasche in der S-Bahn liegen lässt. Mylläri versucht anhand der Gegenstände, die er in der Tasche findet, die Frau ausfindig zu machen und ihr die Sachen zurückzugeben.

Wir hatten die Rolle mit einem schwedischsprachigen Schauspieler besetzt, weil dieser Deutsch aussprechen konnte, ohne dabei in die Kamera zu spucken.

Bis hin zum Schäferhund hießen sämtliche in der Serie auftretenden Personen Müller. Im letzten Teil beim großen Showdown feiern alle zusammen den großen Müller-Maskenball und die Vereinigung der beiden Müllerländer.

Während seiner Odyssee durch Berlin musste unser Schauspieler also alle typischen linguistischen Situationen durchlaufen, und ein Themengebiet, das in keinem Sprachkurs fehlen darf, ist das Essen. Um kulturelle Diversität zu bewahren und ethnische Toleranz an den Tag zu legen, ließen wir Myläri türkisch essen.

An der Oranienstraße in Kreuzberg gab es genug Türken für unsere multikulturelle Szene. Ich hatte für einen Tag ein kleines Kebab-Restaurant gemietet und mehrere Statisten engagiert, die den ganzen Tag im Hintergrund sitzen und essen mussten.

Unglücklicherweise hatte unser Hauptdarsteller Jonas Smågard eine schlimme Magengrippe, die ausgerechnet am Morgen dieses Tages kulminierte. Obwohl er sich elend fühlte, versprach er, sich zusammenzureißen und für die Kunst sein Bestes zu geben. Wir setzten ihn also an den Fenstertisch, und das Mädchen von der Maske stellte sicher, dass er nicht allzu bleich aussah. Alles auf Anfang – Ruhe bitte – Kamera – Ton – und bitte!

Die erste Einstellung: Der türkische Mitbürger, dem das Restaurant gehört, bringt Jonas ein großes Glas Ayran. Jonas nimmt einen großzügigen Schluck, wischt sich den weißen Bart von der Oberlippe, sagt mit verblüffend überzeugender Miene »Hm, das schmeckt wirklich gut!«, stürzt aus dem Restaurant hinaus auf die Straße und kotzt vor die Tür aufs Trottoir. Die Regisseuse überprüft das Material im Monitor: Das Mikrofon hängt im Bild, der Schuss muss noch mal gemacht werden.

Zweite Einstellung: Jonas verspeist mit gutem Appetit eine

Portion Kebab mit Reis, bis der Blechteller leer ist. Er bittet »Kann ich noch etwas mehr haben?«, rennt hinaus auf die Straße und übergibt sich direkt neben dem Eingang zum Restaurant. Diesmal hat der Kebabrestaurantbesitzer, der ja Amateurschauspieler ist, in die Kamera geglotzt. Der Schuss muss wiederholt werden.

Dritte Einstellung: Jonas ißt Baklava. Dazu trinkt er Kaffee. »Hm, türkisches Essen ist wunderbar!«, sagt er, und wieder geht es los, hinaus auf die Straße ...

Inzwischen war der Restaurantbesitzer doch etwas nervös geworden und bat uns in aller Höflichkeit und perfektem Deutsch:

»Wäre es eventuell möglich, dass Ihr Darsteller woanders hinkotzt als direkt vor meine Tür? Das ist keine besonders gute Werbung ...«

Wir bekamen einen großen, roten Eimer, in den Smågard ab sofort reiherte, sobald die Regisseurin »Danke!« rief. Der Drehtag war lang, sehr lang, vor allem für Jonas, aber nach 15 Stunden hatten wir alles im Kasten. Beziehungsweise im Eimer.

Smågards eiserne Disziplin beeindruckte mich sehr. Ob er immer noch auf türkisches Essen steht, weiß ich nicht.

Von Jonas lernte ich einen Trick, der für meine weitere Laufbahn sehr wichtig sein würde. Ich hatte alle anderen Rollen mit deutschen Schauspielern aus kleinen Berliner Off-Theatern besetzt, denn zu mehr reichte das Budget der Bildungsprogramme des Finnischen Rundfunks nicht. Aus irgendeinem Grund jedoch sah die Arbeit der deutschen Schauspieler im Verhältnis zu Jonas' Leistung ziemlich schwach aus. Die deutschen Kellertheaterschauspieler waren nicht an Kameraarbeit gewöhnt und gestikulierten dauernd pompös durch die

Gegend, weil sie nicht verstanden, dass die Kamera gerade einen Close-up von ihrer Nase machte.

»Wie kommt es, dass du so viel besser bist als die anderen Schauspieler?«, wollte ich von Smågard wissen. »Du siehst viel echter aus!«

»Blöde Frage. In deinem Manuskript steht ›Mylläri kauft sich eine Fahrkarte für die S-Bahn‹. Was soll ich denn da schauspielern? Ich gehe hin und kaufe mir eine Fahrkarte, einfach so. Deshalb sieht es echt aus.«

Eins zu null für Finnland.

Nachdem sich Smågard von seiner Darmgrippe erholt hatte, bekam er mächtig Lust auf Whisky. Es war drei Uhr morgens, wir waren in einem billigen Hotel ohne Minibar und Zimmerservice abgestiegen, und Jonas war entzückt zu erfahren, dass es in der Bundesrepublik Deutschland möglich war, um diese Zeit legal Alkohol zu kaufen.

Ich rief beim Pizzataxi an, bestellte die billigste Pizza, sagte dem Pizzamenschen, er solle sie selbst essen, an Bedürftige verteilen, falls er unterwegs auf solche stoßen sollte oder sie einfach in den nächsten Mülleimer werfen, Hauptsache, er würde uns an einer Tankstelle unterwegs eine Flasche Jack Daniels kaufen. Ich versprach ihm einen Zehner Trinkgeld, und keine 20 Minuten später tranken wir schlechten, braunen amerikanischen Fusel.

Smågard war überwältigt. Hier in Deutschland gab es Schnaps für die Bürger rund um die Uhr. Hier war die Welt noch in Ordnung, hier kümmerte sich der Staat noch um seine Untertanen. Und ich hatte den Anschlusstreffer erzielt, es stand jetzt eins zu eins.

Wir mieteten einen 30 Jahre alten, blutroten Trabant und schraubten zwei riesige Propagandalautsprecher auf das Dach, die gemeinsam genauso groß waren wie die Karikatur eines Autos darunter.

Unser Trabbi sollte in Kreuzberg herumfahren und Werbung für den großen Müller-Maskenball machen. Zum Glück wurde die Tonspur später dazugemischt, ich möchte nicht wissen, was passiert wäre, wenn aus den Lautsprechern unseres Propagandafahrzeuges wirklich *Das Wandern ist des Müllers Lust* erklungen wäre.

Wir schütteten noch ein Tässchen Sonnenblumenöl in den Tank, damit schöne blaue Wölkchen aus dem Auspuff stiegen und das Motorengeräusch des Zweitakters noch ätzender wurde.

Als ich zum fünften Mal am Mariannenplatz wendete, öffnete sich irgendwo oben im vierten Stock ein Fenster und ein schnauzbärtiger türkischer Mitbürger schrie:

»Hau ab, du Scheißossi! Nimm deine stinkende Spielzeugauto und geh zurück in die Osten hinter dein Scheißmauer! Wir euch nix gerufen!«

In einer Einstellung sollte ein Müller mit seinem Fahrrad angesichts der hübschen jungen Müllerin in den Landwehrkanal plumpsen, in den schon 1919 Rosa Luxemburg geplumpst war.

Für die Szene musste ich drei verschiedene Ämter besuchen: Ich brauchte eine auf einer chemischen Analyse des Kanalwassers basierende Unbedenklichkeitsbescheinigung, eine Erlaubnis zum vorübergehenden Versenken eines Fahrrads und eines Schauspielers im Kanal (das Fahrrad war nach Abschluss der Dreharbeiten wieder aus dem Kanal zu entfernen, vom Schauspieler war in dem Papier nicht die Rede), und ich musste einen alkoholisierten Sicherheitsbeamten bestellen, der in Marineuniform schwankend daneben stand und nach dem Rechten sah, als wir die Szene drehten.

Es war Freitagabend. Am Sonntagmorgen sollte im Künstlerhaus Bethanien in Kreuzberg der große Müller-Maskenball gedreht werden. Unsere Zuschauer würden endlich erfahren, warum in der Serie alle Müller hießen, und Otto Myllări würde endlich seine gesuchte Müllerin finden und Gelegenheit haben, ihr die Tasche zurückzugeben und das Herz zu rauben.

Ich hatte den Saal gemietet, eine Band bestellt und für die Musiker T-Shirts machen lassen, auf denen Müller stand, es gab Luftschlangen und Tischfeuerwerk, eine Catering-Firma hatte ein spektakuläres Buffet aufgebaut, und an der Stirnwand des Festsaales hing eine riesige Banderole, auf der in Deutsch, Englisch, Französisch und Russisch stand: Müllers aller Länder, vereinigt euch!

Das einzige, was noch fehlte, waren etwa hundert Leute, die Deutsche namens Müller mimen und am Maskenball teilnehmen würden. Dummerweise war das Budget schon komplett aufgebraucht, ich hatte keine müde Mark mehr für Statisten.

Meine Regisseurin wusste nur zu gut, in welchem Schlamassel ich steckte. Sie meinte nur lachend: »Jetzt darf unser kleiner Deutscher zeigen, was er kann!« Sie hatte ein irritierendes kleines Autoritätsproblem. Sie sprach kein Wort Deutsch, und deshalb wandten sich die Schauspieler immer an mich, erzählten mir ihre interpretativen Ideen oder fragten um Rat. Ich musste ihnen dauernd erklären, dass ich nur der Produktionsleiter war und dass sie sich an die dickliche, mittelalterliche Dame neben mir zu wenden hatten. Trotzdem hielten die Deutschen daran fest, mich zur Autorität am Set zu machen, und ich musste mich mehrmals täglich vor der Regisseurin demütigen, um ihr feminines Selbstwertgefühl einigermaßen im Gleichgewicht zu halten.

Ich hatte genau 36 Stunden Zeit, um mindestens hundert Müllers zu rekrutieren, verschiedenen Alters und verschiedenen Aussehens. Und umsonst. Ich saß in meinem Hotelzimmer und bereitete mich auf das Ende meiner kometenhaften Medienkarriere vor. Aus dieser Klemme würde ich nicht herauskommen. Die Deutschen, dieses Volk von jammernden, verfressenen Materialisten, würden nie und nimmer irgendetwas umsonst tun, und schon gar nicht an einem Sonntagvormittag.

Eine Weile lang guckte ich Porno auf dem Pay-TV-Kanal und holte mir in kurzer Folge dreimal einen runter, aber auch das wollte nicht helfen, ich wurde nur noch nervöser. Ich überlegte, ob ich mich vollaufen lassen sollte, das hätten meine finnischen Kollegen verstanden, und vermutlich hätte man mir die Absolution erteilt. Dann fand ich in einer Falte der Innentasche meiner Lederjacke die Alternative und rauchte sie.

Ein entspanntes, spielerisches Gehirn funktioniert deutlich besser als ein gestresstes. Wie ein Blitz aus heiterem Himmel schoss es mir in den Kopf und ich wusste, was ich zu tun hatte. Ich schnappte mir das Telefonbuch und öffnete es bei M.

»Müller?«

»Guten Abend, ich hoffe, ich störe nicht ...«

»Was gibt's?«

»Das klingt jetzt bestimmt merkwürdig, aber ich bitte Sie, mir eine Minute zuzuhören. Ich will Ihnen nichts verkaufen ...«

»Ja?«

»Ich bin Auslandsdeutscher, lebe in Finnland und arbeite beim Finnischen Rundfunk. Wir drehen zur Zeit hier in Berlin eine Fernsehserie namens *Mensch, Müller* ...«

Ich verbrachte den ganzen Freitagabend und den ganzen Samstag am Telefon. Manche Müllers legten sofort auf, als sie meinen Namen hörten, andere ließen mich reden und hängten erst nach einigen Minuten auf. Manche sagten, das sei der ausgemachteste Schwachsinn, den sie jemals gehört hatten. Manche sagten, sie würden kommen, allein schon, um zu sehen, ob meine Story stimmte.

Mehr konnte ich nicht tun. Jetzt lag alles in Gottes Hand. Seltsam, wie man immer in Augenblicken der Not beginnt, an ihn zu glauben.

Am Sonntagmorgen um 9 Uhr 55 stand ich vor dem Künstlerhaus Bethanien, das heißt, ich schnürte hin und her und rauchte Kette.

Und dann kamen sie. Sie kamen aus allen Himmelsrichtungen, sie kamen in Scharen, manche mit dem Auto, andere zu Fuß, manchen mit dem Rad. Der jüngste war zwei Monate alt, die älteste war 98 und saß im Rollstuhl. Und alle hatten Masken und Verkleidungen dabei. Sie begrüßten einander auf den Stufen vor dem Künstlerhaus:

»Ich heiße Müller. Nett, Sie kennenzulernen.«

»Ganz meinerseits. Ich heiße auch Müller.«

»Ich auch.«

»Und ich ...«

Nach Drehschluss fragte mich die Regisseurin ungläubig:

»Wie hast du das gemacht?«

Ich fühlte mich so gut, dass es mir endlich einmal gelang, den Mund zu halten. Dieser Sonntagvormittag war die Sternstunde meiner gesamten Laufbahn. Nie wieder danach habe ich mich zu so unglaublichen zerebralen Leistungen aufschwingen können.

Das Beste aber war: Ich hatte Geschichte gemacht! George Bush und Michail Gorbatschow hatten die beiden Deutschlands vereinigt, ich die Müllers.

Ich fand, ich hatte eine kleine Belohnung verdient. Im hinteren Teil des Berliner City-Magazins fand ich, was ich suchte: »Erfahrene Domina empfängt in gut ausgerüstetem Studio solvente, devote Herren …«

Ich rief an und vereinbarte einen Termin für denselben Abend. Als ich nach dem Preis fragte, sagte die Dame, sie sei teuer, aber nicht zu teuer, ich solle selbst überlegen, was mir die Erfahrung wert sei, sprich, ich solle ›genug‹ Bargeld und zwei Flaschen vernünftigen Sekt mitbringen.

Das Studio befand sich im Grunewald, im Keller einer eindrucksvollen alten Nazivilla. Das Gebäude hätte nicht besser passen können. An der Tür war ein unaufdringliches Messingschild mit der Aufschrift *Atemtherapie*. Ich klingelte und wartete, bis die Domina öffnete.

»Du hast also heute Nachmittag angerufen?«

»Ja.«

»Du bist noch sehr jung. Bist du sicher, dass du das wirklich willst?«

»Keine Ahnung. Ich war ja noch nie in einem S/M-Studio. Ich will es ausprobieren.«

Sie brachte mich in ein kleines Zimmerchen und befahl mir zu warten. Der vorangegangene Kunde war noch nicht vollends abgefertigt. Ich wartete und lauschte. Ich erwartete, Schmerzensschreie, flehentliches Bitten um die Peitsche, Rufe um Gnade oder wenigstens lustvolles Stöhnen zu hören, aber es blieb totenstill. Vielleicht hatte sie ihm ja einen Dildo in den Mund gestopft …

Nach einer kleinen Ewigkeit kam die Domina wieder und brachte mich in ihr ›Büro‹. Sie setzte sich aufs Sofa, ich musste mich vor ihr niederknien. Sie trug ein schwarzes Lederkorsett, rote Latexhöschen und schwarze, langschäftige Schnürstiefel dazu. Auf dem Glastischchen stand ein Telefon, der Hörer war abgehoben und zur Seite gelegt. Auf meinen fragenden Blick antwortete sie:

»Nur eine kleine Vorsichtsmaßnahme. Du bist zum ersten Mal hier, und ich kenne dich noch nicht. Wir unterhalten uns jetzt hier, und ich mache mir ein Bild von dir. Mein Freund hört so lange mit. Wenn alles gut läuft, lege ich auf und wir fangen an. Aber wenn du mir irgendwie komisch kommst, dann steht mein Freund in weniger als einer Minute hier auf der Matte und macht Hackfleisch aus dir. Alles klar?«

Alles klar. Dieses Geschäft hatte bestimmt seine eigenen Tücken und Gefahren, und es tat gut, in den Händen einer offensichtlich professionellen Dienstleisterin zu sein.

Sie war gute zehn Jahre älter als ich, und ihr Künstlername war Victoria. Wir leerten die erste Sektflasche und unterhielten uns.

»Das ist also das erste Mal. Warum möchtest du denn S/M ausprobieren?«

»Weil ich mich schon lange nach etwas ... etwas ... etwas Intensivem sehne. Ich bin mit einer Psychologin verheiratet und habe schon seit Ewigkeiten keinen richtigen Sex mehr gehabt.«

Ich erzählte Victoria von der Mauer, vom Meer und vom Becher, von bayrischen Kneipenschlägereien und Kindergeburtstagen.

»Stehst du auf Schmerzen?«, fragte sie.

»Ich weiß es nicht. Hab's noch nie probiert.«

»Dürfen von der Behandlung Spuren bleiben?«

»Also ... warum nicht, aber am besten nur psychische. Ich arbeite beim Fernsehen.«

Victoria lächelte. Dann nahm sie den Hörer und sagte zu ihrem Freund:

»Harmloser Fall. Wir sehen uns dann, tschüss!«

Sie legte auf. Dann setzte sie ihr Dienstgesicht auf und befahl mit strenger Stimme:

»Leck meine Stiefel, Sklave!«

Ich musste lachen.

»Leck meine Stiefel, habe ich gesagt! Los!«

Ich konnte nicht anders, ich musste weiterlachen.

»Huuuu! Da kriegt man ja richtig Angst!«

»Du sollst meine Stiefel lecken!«

»Ich will aber nicht deine Stiefel lecken! Deine Fotze will ich lecken!«

Victoria seufzte tief.

»Ich bin eine Domina, und das hier ist mein S/M-Studio! Du bezahlst für das alles, kapierst du das nicht? Wenn du nicht mitmachst, klappt das ganze Spielchen nicht!«

Wir öffneten die zweite Sektflasche. Victoria erzählte von übergewichtigen mittelalterlichen Kunden, die tagsüber an ihren Arbeitsplätzen andere Leute schikanierten und sich dann nachts für teures Geld von ihr zurückschikanieren ließen. Sie zeigte mir den Keller, ihr Studio war wirklich professionell eingerichtet. Es gab Ketten, Drahtseile, Winschen, Andreaskreuze, Fesseln, Kapuzen – alles, was man in dieser Branche so brauchte.

Victoria hatte eine interessante Theorie hinsichtlich des Funktionsprinzips des Sadomasochismus. Ihrer Ansicht nach war Sex sowieso immer eine Art Machtspielchen. Schon das Ändern der Position transferiert die Macht vom einen zum anderen. Ob du oben oder unten bist, hinten oder vorne, das macht einen gewaltigen Unterschied. Laut Victoria interpretierte die Welt ihre sexuelle Spielart völlig falsch. Alle glaubten, dass der Sadist den Masochisten dazu zwingt, Dinge zu tun, die dieser nicht tun will. Falsch. In Wirklichkeit ist die Sachlage genau umgekehrt: Der Masochist hat eine elaborierte Choreographie im Kopf, und der Sadist hilft ihm dabei, diese auszuleben. »Quäl mich!«, sagt der Masochist. »Nein!«, muss der Sadist antworten.

Die zweite Flasche war leer. Victoria erhob sich, was ihr leichte Schwierigkeiten bereitete, und sagte:

»Weißt du, was wir jetzt machen?«

»Keine Ahnung.«

»Jetzt fahren wir zu mir nach Hause und ficken in aller Seelenruhe. So richtig, ganz traditionell. Einverstanden?«

Natürlich war ich einverstanden. Vor der alten Villa stand Victorias rosafarbener Mini Cooper. Auf dem Weg zum Auto ließ sie zweimal ihre Schlüssel fallen.

»Du solltest lieber nicht fahren, Victoria.

»Ach Quatsch! Mein Mini kennt den Weg.«

»Echt. Gib mir den Schlüssel. Ich bin nüchterner als du.«

Ich fuhr Victoria nach Hause, durch die nächtlichen, fast leeren Berliner Straßen und parkte den Mini vor einem Wohnhaus in Schöneberg.

»Und dein Freund? Ist das okay, wenn du Arbeit mit nach Hause bringst? Wird er nicht sauer?«

»Ich hab doch gar keinen Freund.« Victoria lachte glockenhell. »Ich wollte dich nur ein bisschen einschüchtern. Aber ich habe eine achtjährige Tochter, die schläft. Keine Angst, sie schläft sehr fest.«

Wir trieben es den ganzen Rest der Nacht in ihrem Bett, laut, schwitzend und gierig. Victoria genoss es, wieder einmal einen jungen Mann vögeln zu dürfen, ohne dabei die gestrenge Herrscherin mimen und Requisite tragen zu müssen, und es war für sie Ehrensache, es mir anständig zu besorgen. Sie steckte mir Finger in den Hintern, pisste mir in den Mund und dreht mir die Nippel um, dass ich es noch ein paar Tage danach spüren konnte. Das Schönste aber war: Auch Victoria kam es, sogar zweimal. Das schönste Kompliment, das eine Hure ihrem Freier machen kann.

Wir schliefen eine knappe Stunde, dann weckte sie mich mit einer Tasse Kaffee, bevor ihre Tochter aufstehen und in die Schule gehen musste. Ich gab ihr einen Briefumschlag mit 500 Mark. So viel hatte mein Vater damals für eine Handvoll Sperma bezahlt, die er nicht bekam, und so viel bezahlte ich jetzt für eine S/M-Behandlung, die ich nicht bekam.

Bevor Victoria die Tür ihrer Wohnung hinter mir schloss, gab sie mir einen Kuss auf die Nasenspitze und sagte: »Übrigens – mein richtiger Name ist Hildegard.«

Hildegard. So wie meine Mutter. Zum Teufel. Trotzdem spürte ich, dass die Atemtherapie geholfen hatte. Ich ging aufrechter, fühlte mich besser, und mein Atem ging freier.

Smågard hatte in einem Berliner Waffengeschäft Gaspistolen gesehen, die täuschend echt aussahen, mit denen man aber nur Platzpatronen verschießen konnte. Als er erfuhr, dass diese Schreckschusswaffen in Deutschland ohne Waffenschein an Volljährige verkauft wurden, fing er Feuer. Sein Theater in Helsinki wollte einen Krimi aufführen, in dem öfters geschossen wurde, und aus einer solchen Waffe käme glaubwürdiges Mündungsfeuer und die richtige Menge Pulverdampf. Jonas bat mich, eine solche Waffe für sein Theater zu kaufen.

»Warum kaufst du sie nicht selbst?«, fragte ich.

»Dürfen auch Ausländer solche Waffen kaufen?«

»Klar. Hauptsache, du bist über 18.«

Smågard erklärte mir, dass solche Schreckschusswaffen in Finnland lizenzpflichtig seien, und dass sein Theater bis jetzt keine solche Lizenz bekommen hatte. Und ich hätte ja bekanntlich mehr kriminelle Energie als er und sei obendrein in Finnland Ausländer, könne also im Problemfall immer auf Unwissenheit plädieren.

Ich willigte ein und kaufte für Smågard eine riesige Beretta, die dickste, schwerste und bedrohlichste Wumme, die es im Laden gab.

Als es Zeit war, nach Finnland zurückzufliegen, legte ich die Waffe in meinen Koffer. Ich hatte ein Interflug-Ticket, und mein Flug ging ab Schönefeld. Die ostdeutschen Grenzbeamten waren zwar noch im Dienst, hatten aber in der Praxis schon längst nichts mehr zu melden und nichts mehr zu überwachen.

»Gennsefleischmabiddeihrngofferaufmachn?«

O nein. Jetzt würde dieses dämliche Theater wieder losgehen, und ich hatte eine Schusswaffe im Gepäck! Ich öffnete den Koffer, und der Grenzer durchwühlte mit geübter Hand den Inhalt. Bis er die Beretta fand.

»Soso! Was haben wir denn da?«

»Das ist eine Filmpistole. Ich habe sie für ein finnisches Theater gekauft. In Finnland gibt es solche Waffen nicht.«

Der Grenzbeamte begann, mit der Beretta zu spielen. Er nahm das Magazin heraus, steckte es wieder hinein, wog die Waffe in der Hand. Dann zog er plötzlich seine eigene Dienstwaffe. Ich kriegte einen mächtigen Schreck. Wollte er mich umlegen? Hatte man vergessen ihm zu erzählen, dass der Kalte Krieg vorbei war?

Er gab mir seine Dienstpistole, gesichert und mit dem Griff voran:

»Probieren Sie mal diese hier, nur zum Spaß!«

Es war ein russisches Fabrikat, eine Makarov, und im Vergleich mit der Beretta fühlte sie sich wirklich billig an.

Wir standen einen Moment lang an der Passkontrolle und zielten scherzhaft aufeinander, wie zwei kleine Jungs beim Indianerspielen. Nur dass die Pistole in meiner Hand mit scharfer Munition geladen war.

»Verstehen Sie, wie schlimm das hier bei uns war?«, sagte

der Grenzer dann zu mir, und seine Stimme klang fast weinerlich. »Bei Ihnen im Westen verkauft man so etwas als Spielzeug ...«, er hob die Beretta hoch, »und bei uns im Osten mussten wir mit solchem Russenschrott wirklich auf Menschen schießen!«

Wir tauschten die Waffen zurück, er half mir, meinen Koffer wieder zuzukriegen und wünschte mir eine gute Reise. Als ich in Helsinki am Flughafen durch den Zoll ging, interessierte sich niemand für mein Gepäck und die Pistole.

Auch Jonas Smågards Theater wollte sie nicht, der Krimi wurde abgesetzt, noch bevor er die Bühne erreichte.

Und so kommt es, dass bei mir zu Hause eine falsche Beretta herumliegt, die niemand braucht. Nur mein Sohn spielt ab und zu damit, während er darauf wartet, dass ihm endlich Haare in den Achselhöhlen wachsen.

11. ELEFANTENLIEBE

Unser Sprachkurs wurde in mehreren Ländern ausgestrahlt und kam eigentlich ganz gut an. Nur die Schweden hatten ein Problem damit: In einer Szene sieht man Jonas Smågard in einem Schuhgeschäft. Vor ihm kniet die junge, hübsche Schuhverkäuferin und reicht ihm Schuhe zum Anprobieren. Das Schwedische Fernsehen musste diese Szene leider herausschneiden, da eine Frau auf den Knien vor einem Mann gegen das sensible Gleichberechtigungsgefühl der Schweden verstieß.

Sirpa wurde zusehends ätherischer und spiritueller. Das Rauchen hatte sie schon damals aufgegeben, an dem Tag, an dem sich der Schwangerschaftstest blau gefärbt hatte. Jetzt hörte sie auch damit auf, Alkohol zu trinken. Sie hatte, wie sie sagte, bemerkt, dass der Genuss von Alkohol bei ihr zu einem gewissen Verlust an Selbstkontrolle führte. Also trank ich ab sofort abends mein Bier alleine. Schade. Meine Ehefrau hatte mir immer dann am besten gefallen, wenn ihre Selbstkontrolle versagt hatte.

»Ich bin geil!«

»Schon wieder? Du hast doch erst letzte Woche Sex gekriegt!«

»Ich kann doch nichts dafür. Es tut mir leid.«

»Also gut, von mir aus. Aber du musst zuerst die Küche saubermachen.«

»Was?«

»Mach die Küche sauber, dann darfst du mich ficken.«

»Pass auf, ich gebe dir einen Fünfziger, ficke dich, und du machst die Küche selbst sauber.«

»Ich bin doch keine Nutte!«

Jeder Mann weiß, dass man für Sex immer auf irgendeine Weise bezahlen muss, aber mit einer professionellen Prostituierten ist das wenigstens ein fairer Deal. Bei einer Freundin, Verlobten oder Ehefrau weiß man vorher nie, was man kriegt und wieviel es kostet. Noch wichtiger: Eine Hure legt a priori ein konkretes Zeitlimit fest, eine Liebesbeziehung hingegen kann sich über Jahre oder gar Jahrzehnte hinziehen. Man braucht den Geburtstag einer Hure nicht zu wissen, man braucht ihr keine Blumen mitzubringen, man braucht ihre Mutter nicht kennen zu lernen, und wenn man auf etwas ausgefallenere Spielchen steht, braucht man von ihr keine populärwissenschaftlichen Vorurteile zu befürchten.

Wenn deine Frau ganz plötzlich entgegen ihrer Gewohnheit überraschend liebevoll, zärtlich und zuvorkommend zu dir ist, kannst du sicher sein, dass sie dich gerade betrogen hat. Und wenn sie von dir in den Arsch gevögelt werden will, hat es ihr so viel Spaß gemacht, dass sie ein schlechtes Gewissen hat und ein bisschen bestraft werden möchte. Ich wusste jedes Mal ganz genau, wenn Sirpa mit einem anderen im Bett gewesen war.

»Was ist mit dir passiert, Sirpa?«

»Was meinst du?«

»Als wir uns damals in Berlin kennen gelernt und ineinander verliebt haben, warst du richtig heiß ...«

»Ja?«

»Und jetzt willst du mich nicht mehr anfassen. Was ist passiert?«

»Damals war ich auf Reisen. Im Urlaub. Das hier ist das richtige Leben.«

Hatte ich etwas falsch verstanden? Hatte sich Sirpa in Berlin nur ein bisschen amüsieren wollen, so wie es finnische Frauen im Ausland gerne tun? War ich ihr gegen ihren Willen nach Finnland gefolgt? Und wenn sie mich gar nicht hier haben wollte, warum hatte sie nichts gesagt? Warum hatte sie mich geheiratet? Verdammt, ohne sie hätte ich in einem warmen, billigen Land mit freundlichen Menschen leben können!

»Ich nehme deinen Schwanz nicht mehr in den Mund.«

»Warum nicht? Früher mochtest du das doch besonders gerne!«

»Das war früher. Jetzt fühlt sich dein Ding unangenehm an. Und außerdem habe ich Angst vor Bakterien.«

»Sirpa, wir sind verheiratet. Hast du eine Ahnung, wie man sich als Ehemann fühlt, wenn einem die eigene Frau so etwas sagt?«

»Hör schon auf. Das ist alles nur Projektion. Du bist hier das Problem. Bevor du deine Abhängigkeit in den Griff kriegst, können wir kein vernünftiges Sexleben haben.«

Das also war der Engel, der vor nur ein paar Jahren in der Berliner U-Bahn versucht hatte, mich zum Abspritzen zu bringen. Und es sogar fast geschafft hätte.

»Wollen wir im Sommer nach Deutschland fahren?«

»Muss das sein? Mir gefällt es dort nicht.«

»Warum nicht? Was hast du gegen meine Heimat?«

»Dort sind deine Verwandten und deine Freunde ...«

»Na und? Ich habe hier doch auch dauernd mit deinen Verwandten und deinen Freunden zu tun!«

»Aber ihr sprecht dann Deutsch miteinander, und ich komme mir vor wie das fünfte Rad am Wagen.«

»Sirpa, kannst du dich daran erinnern, dass ich wegen dir nach Finnland gezogen bin, ohne ein Wort Finnisch zu sprechen?«

»Es hat dich ja niemand gezwungen.«

Da hatte sie allerdings hundertprozentig recht. Es hatte mich niemand gezwungen. Ich schlief ab sofort in meinem Arbeitszimmer. Wir verbrachten ab sofort unsere Ferien getrennt. Ich kaufte ein schnelleres Modem.

Und ich kaufte ein Mobiltelefon. Weil ich meinem neuen Heimatland nicht bedingungslos den Hintern lecken wollte, kaufte ich kein Nokia, sondern ein Ericsson, immerhin ein skandinavisches Produkt und kein Motorola oder Siemens. Das Ding kostete ein Vermögen, aber es war das erste Modell, das man wirklich in die Jackentasche stecken konnte. Allerdings musste man sich einen Stein in die andere Tasche stecken, damit die Jacke einigermaßen im Gleichgewicht blieb.

Ich kam mir wichtig vor. Ich war Fernsehjournalist, und ich hatte ein Mobiltelefon. Bis nach Hollywood war es nicht mehr weit. Aber anstatt nach Hollywood, flog ich wieder einmal nach Hamburg zu Konrad. Sirpa bat mich, ihr das Mobiltelefon zu überlassen. Sie wollte unseren Sohn zu ihren Eltern bringen, damit sie mit ihren Freundinnen ausgehen konnte. Wenn meine Schwiegermutter Probleme mit dem Kind haben würde, wäre Sirpa mit dem neuen Mobiltelefon jederzeit bequem zu erreichen.

Als ich zurückkam und Sirpa um das Telefon bat, fing sie an zu stottern:

»Ich ... ich ... also, ich weiß nicht, wo das Ding ist.«

»Was soll das heißen, du weißt nicht, wo es ist?«

Sirpa war wie geplant mit einigen Freundinnen ausgegangen, hatte in einem Nachtclub einen Ingenieur kennen gelernt und war diesem nach Hause, in den Stadtteil Vuosaari gefolgt und hatte die Nacht bei ihm verbracht. Das Telefon hatte sie dort liegen lassen. Dummerweise konnte sie sich weder an den Namen noch an die Adresse des Ingenieurs erinnern.

Wir fuhren im Auto die Straßen von Vuosaari ab. Sirpa würde sich ja wohl an das Haus erinnern, wenn sie es sah. Ich durchkämmte mit deutscher Gründlichkeit das Straßennetz, aber Sirpa konnte beim besten Willen nicht sagen, in welchem Gebäude sie jene Nacht verbracht hatte.

Ich gab eine Annonce in meiner Lieblingszeitung *Helsingin Sanomat* auf:

»Achtung! Der Ingenieur aus Vuosaari, der letzte Woche eine Nacht mit meiner Frau verbracht hat, wird gebeten, das Mobiltelefon, das sie vergessen hat, zurückzubringen. Meine Frau kann er gerne behalten.«

Es nutzte nichts. Ich bekam mein Telefon nicht wieder, und ich wurde meine Frau nicht los.

»Kannst du mir einen Gefallen tun?«

»Was darf's sein?«

»Ich möchte, dass du hier zu Hause nicht mehr nackt herumläufst.«

»Wie bitte?«

»Ich will dich nicht mehr nackt sehen!«

»Aber mein geliebtes Weib, dies hier ist doch Finnland, das gelobte Land der Sauna und der Natürlichkeit!«

»Ist mir egal.«

»Darf ich dich daran erinnern, dass ich hier die Miete bezahle? Warum darf ich in meiner eigenen Wohnung nicht nackt sein?«

»Weil mich der Anblick deines Schwanzes daran erinnert, was für ein Mensch du bist.«

Zum Glück kannte ich einen Ort, an dem man mich gern nackt sah. Und obendrein gab es dort einen meisterhaft zubereiteten Dry Martini.

Wenn man Charles Darwin Glauben schenken darf, besteht der Zweck unseres Lebens ausschließlich darin, uns zu vermehren. Sogar der Selbsterhaltungstrieb ist nur deshalb in unsere Gene gebrannt worden, damit wir lange genug leben, um Kinder in die Welt zu setzen und uns um sie kümmern zu können, bis sie sich selbst vermehren.

Mutter Natur ist eine gefühllose, egoistische Wirtin. Sie lockt uns mit mehr als niedrigen Mitteln dazu, Paare zu bilden, Familien zu gründen und Kinder zu kriegen. Sie interessiert sich einen feuchten Dreck dafür, wie es uns dabei ergeht und ob jemandem auf diesem Karussell schlecht wird. Sie setzt uns nur aufs Pferd, gibt uns einen unumkehrbaren Schubs und zieht sich dann zurück, um zynisch zu betrachten, wie wir uns im Kreis drehen.

Manchmal, wenn ruchbar wird, dass ich trotz Langzeitemigration noch immer Untertan der Bundesrepublik Deutschland bin, fragen mich die Finnen: »Du bist immernoch nicht Finne? Warum nicht?«

Die finnische Staatsbürgerschaft wäre wohl der letzte Sargnagel, das ultimative Etikett meiner Metamorphose. Um ehrlich zu sein, eine Weile lang überlegte ich mir, ob ich mir den finnischen Pass zulegen sollte. Ich rief bei der Einwanderungsbehörde an und fragte, was es in diesem Zusammenhang für Formalitäten zu erledigen gab. Man sagte mir, ein Ausländer habe das Recht, die finnische Staatsbürgerschaft zu beantragen, nachdem er mindestens fünf Jahre im Land gelebt, gearbeitet und Steuern bezahlt hatte und außerdem nicht mit der Polizei in Schwierigkeiten gekommen war. Darüber hinaus musste der Antragsteller eine Sprachprüfung in einer der beiden Landessprachen, also Finnisch oder Schwedisch ablegen.

»Aber diese Sprachprüfung ist ja wohl kein Problem für Sie.«

Was ich an Polizisten mag, ist, dass Sie ihre Opfer siezen müssen.

Die deutschen Behörden stellten sich als Pferdefuß heraus. Ein deutscher Staatsbürger durfte nicht als Erwachsener eine andere Staatsbürgerschaft erwerben, ohne gleichzeitig die deutsche zu verlieren. Das war die Kehrseite der türkischen Medaille. Doppelstaatsbürgerschaften waren in Deutschland weitgehend verboten, denn sonst hätten die Deutschen im Handumdrehen eine Million wahlberechtigter Einwanderer und eine türkische Partei im Bundestag.

Im Jahre 1991 beschossen die Russen ihr eigenes Parlament mit Panzern. Gorbatschow war auf der Krim im Hausarrest und Boris Jelzin genoss bei einem Wodka die Rolle des Helden. Die Sowjetunion zerbröckelte wie ein heruntergefallenes Knäckebrot. Ich saß in der Redaktion und schaute ununterbrochen BBC und CNN, denn wenn es um unseren östlichen

Nachbarn ging, vertraute ich der Berichterstattung des finnischen Rundfunks dann doch nicht so ganz. Und plötzlich war ich überglücklich, dass ich die Staatsbürgerschaft nicht gewechselt hatte. Wenn die Lage in Russland außer Kontrolle geriet, würden bestimmt auch bald in Finnland äußerst unangenehme Dinge geschehen. Und die Deutsche Botschaft in Helsinki würde ihre Schäfchen ins Trockene bringen und alle deutschen Staatsbürger mit einer gecharterten Lufthansa-Maschine heim ins Reich transportieren. Mein Sohn und ich würden nach Deutschland flüchten, Sirpa würde hier bleiben müssen.

Als Ausländer hat man immerhin einen Vorteil: Man kann abhauen, wenn es sein muss. Es sei denn natürlich, es ist schon zu spät.

Mein Halbbruder Konrad ist die wichtigste noch funktionierende Nabelschnur nach Deutschland. Sein Zuhause in Hamburg ist meine Zuflucht. Er ist sieben Jahre jünger als ich, dafür aber einige Zentimeter größer, und an seiner Schulter lässt es sich gut ausweinen.

Es war ein Dienstagmorgen, und unsere Kinder wachten grässlich früh auf. Konrad und ich machten Frühstück für die ganze Bande und überlegten uns dann ein Familienprogramm für den Tag. Wir beschlossen, einen Ausflug zu Hagenbecks Tierpark zu machen.

Wie immer hatte ich eine Videokamera dabei, schließlich war ich beim Fernsehen, aber als Vollprofi wollte ich mich nicht mit langweiligen Familienvideos abgeben, also ließ ich die Kamera bei Konrad liegen. Eine Entscheidung, die ich seither tausendmal bereut habe.

Wir kamen um zehn Uhr morgens im Tierpark an. Die gepflegten Sandwege zwischen den Tiergehegen waren frisch gerecht und noch unbetreten, der Tierpark war leer. Wir sahen uns die Kamele an, die Flamingos, die Tapire, die Zebras und die Giraffen. Die Kinder waren glücklich, aber Konrad und ich hatten größte Mühe wach zu bleiben, denn diesmal hatte seine Logistik versagt, und wir hatten uns am Abend zuvor mit Rotwein betäuben müssen.

Vor der Elefantenabteilung waren ein paar Parkbänke, und wir beschlossen, eine kleine Pause zu machen. Die Elefanten waren nicht hinter Gittern, nur ein Betongraben trennte sie von uns Menschen. Die meisten der Elefanten waren noch in ihrer Hütte am Ende des Geheges, nur zwei Exemplare kamen uns entgegen, wohl in der Hoffnung auf Erdnüsse. Den Ohren nach zu schließen, hatte man die Dickhäuter aus Indien ins graue Norddeutschland entführt, einen Elefantenrüden und ein Weibchen. Die Kinder fütterten die Elefanten mit Nüssen und quiekten vor Freude, wenn die schnüffelnden Rüsselspitzen ihre kleinen Handflächen kitzelten.

Als es keine Nüsse mehr gab, wurde es den Elefanten langweilig und sie wandten sich wieder ihren eigenen Geschäften zu. Auch die Kinder wollten gehen, aber Konrad und ich mussten unbedingt noch ein Weilchen auf der Bank unsere schweren Köpfe und Glieder ausruhen. Und dann passierte es:

Das Elefantenweibchen hob ihren zierlichen Schwanz und begann, die Harnblase zu leeren. Wir sahen aus nächster Nähe zu, wie Dutzende Liter Elefantenpisse aus dem gigantischen Hinterteil des Tieres strömten und dampfend im Sand versanken – es war doch ein recht kühler Morgen.

Der Rüde blieb stehen, steckte seinen Rüssel zwischen die Hinterbeine des Weibchens und schnupperte verzückt. Sein Penis versteifte sich zu kampfbereiter Größe, was nur wenige Sekunden dauerte. Die Dimensionen des Elefantenschwanzes waren unglaublich, sein Ding war so lang wie mein ganzes Bein, aber deutlich dicker. Die Farbgebung war am krassesten, der Pimmel war grau und hatte große rosa Flecken.

Der Rüde wartete, bis das Weibchen mit ihrer Verrichtung fertig war, dann erhob er sich auf die Hinterbeine, steckte sein Glied ungefragt in die Vagina der Elefantendame und begann, sie langsam und gemütlich zu begatten.

Konrads Sohn hatte seine Limonade auf dem Betongeländer stehen lassen.

»Schau mal!«, flüsterte Konrad und zeigte mit dem Finger auf die Flasche. Die Oberfläche der Flüssigkeit zitterte, das Betongeländer vibrierte, die Erde erzitterte im Takt zu den Stößen des Rüden.

Das Ganze dauerte keine Minute, dann streckte dieser seinen Rüssel gen Himmel und verkündete per Fanfare, dass die Sache gelaufen war. Er zog sich zurück, und aus der runzligen Scheide des Weibchens floss eimerweise weißes, in der Morgensonne fluoreszierendes Sperma. Konrad und ich sahen einander an und sagten unisono:

»Scheiße! Die Videokamera!«

Unmittelbar nach dieser Szene kam eine ganze Waldorf-Grundschulklasse mit zwei jungen Lehrerinnen zum Elefantengehege. Sie verpassten alles um Sekunden. Zum Glück waren wenigstens Konrad, unsere Kinder und ich Zeuge des Naturschauspiels geworden.

Die Europäische Union fragte an, ob Finnland nicht Mitglied werden wolle, und es gab eine Volksabstimmung. Die Finnen wurden wenigstens gefragt, ich kann mich nicht erinnern, dass die Deutschen jemals über ihre EU-Mitgliedschaft abstimmen durften.

»Du bist doch Europäer. Wie soll ich denn abstimmen?«, fragte Sirpa.

»Ich würde Nein zur EU sagen«, riet ich ihr.

»Warum?«

»Weil Brüssel euch unbedingt haben will. Finnland ist ein harmloser kleiner Staat, und die Wirtschaft ist einigermaßen in Ordnung. Wenn ihr ein paar Jahre wartet, hofiert man euch und ihr könnt zu viel besseren Bedingungen Mitglied werden.«

»Glaubst du?«

Glaubte ich. Was ich allerdings außer Betracht gelassen hatte, war der Russenhass der Finnen. Sirpa ging wählen und sagte Nein. Nein zu Russland. Und Ja zur EU.

Ich beschloss, die reversierte Technik anzuwenden, falls Sirpa mich wieder um Rat fragen sollte. Da sie ja immer das Gegenteil von dem tat, was ich ihr nahelegte, würde ich ihr einfach das Gegenteil raten.

Es gab kein nächstes Mal. Sirpa fragte mich nie wieder um Rat.

Der Finnische Rundfunk unterzog sich, wie das öffentlich-rechtliche Anstalten gern tun, einer gründlichen Umstrukturierung und Neuorganisation. Meine Chefin avancierte zur Leiterin der gesamten Bildungsprogramme, und die Stelle als Redaktionschef und Produzent der Sprachprogramme wurde frei. Die Neuorganisation folgte dem handelsüblichen Muster: Verantwortung und Macht wurden voneinander getrennt. Als Redaktionsleiter und Produzent hatte man zwar immernoch die Verantwortung für seine Untergebenen und deren Arbeit, ab sofort aber keinerlei Befehlsgewalt mehr. Am Kaffeetisch unserer Redaktion wurde spekuliert. Wer würde den Job bekommen?

Zwei Tage, nachdem die Bewerbungsfrist abgelaufen war, rief mich der Kanalchef an und bestellte mich umgehend in sein Büro, das sich im nagelneuen postmodernen Hauptgebäude von Yleisradio befand. Er saß breit auf seinem Sofa, neben ihm saß meine frisch beförderte Chefin. Die beiden lächelten geheimnisvoll, als planten sie gemeinsam ein Attentat. Ich bekam einen Kaffee:

»Du weißt, dass die Produzentenstelle frei ist?«

»Ja.«

»Warum hast du dich nicht beworben?«

»Weil ich dachte, als Ausländer habe ich sowieso keine Chance. Und außerdem bin ich der Jüngste der ganzen Redaktion.«

»Zwei deiner Kollegen haben sich beworben.«

»So?«

»Ja, aber es gibt ein Problem. Die eine Bewerberin ist schwanger und würde ihren Posten mit einem mindestens einjährigen Mutterschaftsurlaub beginnen. Und der andere Bewerber spricht außer Finnisch nur Russisch.«

»So?«

»Ja. Und da dachten wir, dass vielleicht du ...«

Der Kanalchef versprach mir eine fette Gehaltserhöhung, wenn ich den Job annehmen würde. Als ich zu bedenken gab, dass die Bewerbungsfrist schon verstrichen war, grinste er und sagte selbstgefällig:

»Die Frist läuft genau dann ab, wenn ich es sage.«

Ich fragte, wie man sich denn um so einen Posten bewarb. Ich hatte in meinem ganzen Leben noch nie eine Bewerbung geschrieben.

»Mach dir da mal keine Sorgen. Deine Bewerbung liegt fertig bei meiner Sekretärin. Du kannst beim Gehen unterschreiben. Herzlichen Glückwunsch!«

So wurde ich Fernsehproduzent, aus dem einfachen Grund, weil ich nicht schwanger war und weil ich Telefonate und Faxe aus Westeuropa beantworten konnte.

Der Kalte Krieg zu Hause nahm immer psychotischere Züge an, das finnische Wort *perhehelvetti** erschloss sich mir in seiner ganzen Fülle jeden Tag aufs Neue. Unsere Wohnung wurde immer enger, und wir umkreisten uns schweigend wie Tiere in einem Käfig. Unsere gemeinsame Zeit verbrachten wir damit, uns anzufeinden, zu verletzen und zu belügen. Ein einziges Wort, eine einzige Geste, ein einziger Blick genügte, um einen Tag, ein Wochenende, eine ganze Woche zu einem unerträglichen Erlebnis zu machen. Unsere Ehe begann, mich an die zwischen Gisela und meinem Vater zu erinnern.

Meine Frau und ich waren zu Todfeinden geworden. Um die Situation zu entspannen, taten wir, was die meisten Paare in dieser Lage tun: Wir machten noch ein Kind. Wir verbrachten eine Nacht im selben Bett, ich ließ die deutsche Selbstdisziplin versagen, und auch diesmal genügte ein einziger Schuss für den Volltreffer.

Allerdings war ich diesmal nicht die erste Person, die von Sirpas Schwangerschaft erfuhr. Durch Zufall hörte ich ein Telefongespräch, während dessen sie einer Freundin die frohe Botschaft mitteilte. Das tat weh bis in die Brusthaarspitzen. Ich fand, ich hatte ein Recht darauf, als erster zu wissen, dass ich wieder Vater werden würde. Wieder war ein Ast von unserem gemeinsamen Baum gebrochen. Sirpa fand es völlig normal, zuerst mit einer anderen Frau darüber zu sprechen. Schließlich ist Schwangerschaft Frauensache, und ich war eben ein vorsintflutlicher Neanderthal-Macho.

Mein Sohn und ich waren unterwegs nach Lauttasaari, dem Stadtteil, wo sich der deutsche Kindergarten befindet. Ich versuchte, ein pädagogisch wertvolles Vater-Sohn-Gespräch zu initiieren und sagte:

»Du weißt, dass in Mamas Bauch ein Baby wächst, oder?«

*Familienhölle

»Ja, das weiß ich.«

»Wir wissen nicht, ob es ein Mädchen oder ein Junge wird. Was möchtest du lieber, einen Bruder oder eine Schwester?«

Die Antwort kam wie aus der Pistole geschossen:

»Ich will einen kleinen Bruder!«

»Und was machen wir, wenn es ein Mädchen wird?«, fragte ich.

»Dann schmeißen wir sie in den Mülleimer.«

Ein paar Wochen später, wieder im Auto, unterwegs zum Kindergarten:

»Papa, ich habe mir das überlegt. Vielleicht wäre es ja doch besser, wenn wir ein Mädchen bekommen.«

Ich war schockiert. Woher dieser Sinneswandel, diese Kehrtwendung?

»Na, wenn es ein Mädchen wird, dann kann ich sie später als Freundin benutzen. Das wäre doch praktisch. Wir werden unsere Kindheit zusammen verbringen und uns richtig gut kennen. Wir würden schon fertig zusammen leben, und wir hätten schon denselben Nachnamen. Ich bräuchte sie später nicht einmal zu heiraten!«

Ich erklärte meinem Sohn, dass dies zwar eine bestechend logische, kreative Idee sei, bei den Behörden allerdings auf wenig Verständnis stoßen würde. Sogar die primitivsten Stämme mit den verwegensten Sexualpraktiken hätten etwas gegen Geschwisterehen. Ich versuchte, meinem Sohn die verschiedenen genetischen Gefahren zu erklären, die eine solche Konstellation mit sich bringen konnte, aber das Thema Genetik ging einem Vierjährigen noch über die Hutschnur. Ich musste meinen Standpunkt also simpler begründen. Wenn er seine eigene Schwester zur Frau nehmen würde, käme die Polizei und würde beide ins Gefängnis stecken. Zumindest ihn.

Mein Sohn war empört.

»Was hat denn die Polizei damit zu tun? Die sind doch für den Straßenverkehr und für Morde da!«

Er schien nach seinem Vater zu geraten. Oder besser noch – nach seinem Onkel.

Am ersten Januar 1995 wurde Finnland EU-Mitglied. Zwei Wochen später geriet ich in eine Razzia. Obwohl ich brav nullkommanull Promille blies, wollte der Polizist meine Papiere sehen, vielleicht deshalb, weil ich Finnisch mit demselben leichten Akzent spreche wie die Finnlandschweden. Ich gab ihm Fahrzeugschein und Führerschein.

»Was soll das sein?«, fragte er unwirsch.

»Das ist mein Führerschein«, antwortete ich. »Ich bin Deutscher.«

Der Beamte umrundete mein Auto und beäugte sorgfältig meine finnischen Nummernschilder.

»Ist das Ihr Kraftfahrzeug?«, wollte er wissen.

»Ja.«

»Wohnen Sie in Finnland?«

»Ja. Schon seit vielen Jahren.«

»Steigen Sie aus. Wissen Sie nicht, dass man in Finnland nicht mit ausländischen Führerscheinen Auto fahren darf?«

Er beschlagnahmte meinen Führerschein und verhängte ein sofortiges Fahrverbot über mich.

Ich wurde beim Verkehrsministerium vorstellig und beschwerte mich.

»Finnland ist doch ein frischgebackenes EU-Land! Wie soll das angehen, dass ich hier mit einem deutschen Führerschein nicht fahren darf?«

»So ist leider die Sachlage. Die Direktive, derzufolge alle EU-Führerscheine automatisch in allen Mitgliedsstaaten Gültigkeit haben, tritt hier bei uns erst am ersten Juli in Kraft, eine Übergangsfrist. Sie können natürlich so lange warten, dann bekommen Sie Ihre Papiere wieder und dürfen weiterfahren.«

»Und wie bitte soll ich mein Kind in den Kindergarten bringen?«

»Es tut mir leid, aber ich kann Ihnen da nicht weiterhelfen. Wenn Sie als Tourist im Land wären, dürften Sie natürlich mit Ihrem Führerschein fahren, da Sie aber hier wohnen, ist dies illegal.«

»Und warum, wenn ich fragen darf?«

Der Beamte blieb sachlich und freundlich, aber in mir begann es zu kochen.

»Weil wir in Finnland bekanntlich ganz besondere Witterungs- und Straßenverhältnisse haben. Wir müssen sichergehen, dass Verkehrsteilnehmer aus anderen Ländern hier nicht die Sicherheit gefährden.«

»Soll das heißen, dass jeder x-beliebige italienische Tourist aus Palermo hier fahren darf, auch wenn er noch nie Schnee gesehen hat? Und ich darf nicht, obwohl ich neun finnische Winter unfallfrei überstanden habe?«

»Genau.«

Ich platzte:

»Wir Deutschen haben das Auto erfunden, Sie Hinterwäldler!«

Der Beamte legte mir dar, immer noch sachlich und freundlich, dass ich seit Jahren illegal ein Kraftfahrzeug gesteuert habe, dass Unwissenheit auch in Finnland nicht vor Strafe schützt, dass er mir Strafen in willkürlicher Höhe aufbrummen könne, und dass mein Fahrverbot soeben permanent geworden sei. Es sei denn, ich würde die finnische Fahrprüfung ablegen, theoretisch und praktisch. Innerhalb von drei Monaten. Sonst würde ich meinen Führerschein nie wiedersehen.

»Wie viele Meter Abstand muss man beim Parken vom Zebrastreifen halten?«

»Keine Ahnung. Wenn ich zu nahe dran bin, zahle ich eben den Strafzettel, wie immer. Einverstanden?«

»Meinetwegen.«

Mir fiel ein Stein vom Herzen. Der Fahrprüfer war ein Mensch aus Fleisch und Blut. Die praktische Prüfung durfte ich gnädigerweise mit meinem eigenen Auto absolvieren.

»Soll ich fahren wie bei der Fahrprüfung, oder soll ich fahren wie ein normaler Mensch?«, fragte ich und startete den Motor. Der Prüfer zuckte mit den Schultern.

»Fahr, wie du fährst. Findest du von hier zum Marktplatz?«

»Klar«, antwortete ich und fuhr zum Marktplatz im Zentrum, vor den Präsidentenpalais direkt an der Ostsee.

»Und jetzt?«, fragte ich.

»Findest du zurück?«

Ich nickte und fuhr zurück nach Etelä-Haaga.

»Und?«, fragte ich dann.

»Na, das merkt man schon, dass du nicht zum ersten Mal fährst«, sagte der Prüfer.

Es gibt Dinge, die sollte man nicht auf die lange Bank schieben. Ein Paradebeispiel hierfür gaben uns unser Vater und seine Ex-Gemahlin Gisela. Es ist ja nur natürlich, dass Mann und Frau sich nach beendeter Ehe hassen, zumindest für eine Weile.

Eines Tages beschloss unser Vater, diesem Unfug ein Ende und reinen Tisch zu machen. Er reiste aus Süddeutschland nach Hamburg, um mit Gisela ein klärendes, konstruktives Gespräch zu führen. Damals war ihre Krankheit noch im Anfangsstadium. Während der langen Zugfahrt legte sich Vater einen Plan zurecht. Er wollte alles sagen, ohne jemanden anzuklagen, er wollte sich für gewisse Dinge entschuldigen, andere Dinge wollte er verzeihen. Er hoffte, dass diese Stunde der Wahrheit endlich wieder eine normale Kommunikation zwischen den beiden ermöglichen würde.

Sie trafen sich bei Konrad und machten einen langen Spaziergang an der Elbe. Vater sprach, Gisela hörte aufmerksam zu. Dann kam Vater zum Höhepunkt seiner Rede:

»Kannst du mir verzeihen, Gisela?«

»Was soll ich dir verzeihen?«, fragte sie erstaunt.

»All das Schlechte, was in unseren gemeinsamen Ehejahren passiert ist.«

Vater war zu spät gekommen, zwar nicht viel, aber eben doch die entscheidenden paar Hirnzellen. Die graue Krankheit hatte ihre Ehe einfach aufgefressen. Gisela starrte Vater mit großen Augen an und sagte:

»Aber ich war doch noch nie verheiratet!«

12. WIE VIELE PSYCHOLOGEN BRAUCHT MAN, UM EINE GLÜHBIRNE ZU WECHSELN?*

Sirpas zweite Schwangerschaft verlief von vorne bis hinten wie geschmiert, zumindest physisch. Psychisch allerdings war sie wesentlich schwerer als die erste.

Eines Abends, als ich von der Arbeit kam, saß sie im Wohnzimmer im Lotossitz auf dem Boden und sah fern. Sie verfolgte eine Talkshow des staatlichen Fernsehens, bei dem ich mein Brot verdiente. Im Studio saßen eine Psychologin, ein Polizist, ein Priester, eine Soziologin und ein Journalist und diskutierten mit gerunzelten Stirnen über uns Fernsehzuschauer und darüber, wie schlecht es uns doch ging und wie dringend wir professionelle Hilfe benötigten. Heute war das Thema der sexuelle Missbrauch von Kindern.

»Hoffentlich wird es kein Mädchen!«, sagte Sirpa und tätschelte ihren Bauch, der prall und rund wie ein Medizinball war. Ich war erstaunt. Was war das denn für eine Frau, die keine Tochter wollte?

»Warum willst du kein Mädchen? Das wäre doch ideal! Einen Sohn haben wir ja schon ...«

Die Franzosen haben einen Ausdruck für das Phänomen, wenn zuerst ein Junge kommt und dann ein Mädchen: *choix du roi.* Wenn wir jetzt ein Mädchen bekämen, könnten wir mit dem Kindermachen aufhören und ein neues Auto, eine vernünftige Stereoanlage und einen schnelleren Computer kaufen.

»Du bist der Grund dafür, dass ich keine Tochter will! Du

*Einer genügt, wenn nur die Glühbirne selbst bereit ist für die Veränderung.

bist so krank, dass du ihr bestimmt an die Wäsche gehst, sobald ihr Brüste wachsen!«

In diesem Moment beschloss ich, Sirpa umzubringen. Alles hatte seine Grenzen, Mademoiselle. Wenn sie im Supermarkt an der Kasse säße, könnte ich den Ausspruch schlicht ihrer Blödheit zuschreiben, sie war aber eine universitär geprüfte, von der Krankenkasse anerkannte Seelenklempnerin. Und sie war meine Ehefrau.

Später an diesem Abend nahm Sirpa ein Bad. Ich stand neben ihr und putzte mir die Zähne, selbstverständlich komplett bekleidet. Ich durfte Sirpa noch nackt sehen, denn egal wie sehr dich deine Frau hasst, begehrt werden will sie von dir trotzdem.

Ich hätte nichts anderes zu tun brauchen, als den Fön vom Haken zu nehmen und in Sirpas Lavendelschaum plumpsen zu lassen, dann wäre meine Ehre gerettet. Außerdem könnte ich der Polizei das Ganze bestimmt als Unglücksfall verkaufen, schließlich weiß man ja, wie ungeschickt sich Psychologen mit technischen Geräten anstellen.

Sirpa hat ihre knappe Rettung unserem Sohn zu verdanken, denn ich wollte nicht, dass er wie ich ohne Mutter aufwachsen musste. Außerdem wollte auch ich unbedingt das zweite Kind, ich wollte etwas, was mein Vater nie bekommen hatte: zwei Kinder mit derselben Frau.

Der Job als Produzent stellte sich als weit weniger glamourös heraus als erwartet. Am Anfang war ich mächtig stolz: Ich war der jüngste aller Produzenten und der einzige Ausländer. Was aus mir bei dieser Geschwindigkeit noch alles werden würde! Langsam aber sicher bemerkte ich jedoch, dass ich einen tragischen Fehler gemacht hatte. Eine meiner Redakteusen war in Frankreich, um die Weinlese zu filmen, eine andere war in den USA, um Interviews für eine Serie über die Geschichte der Sklaverei zu machen, eine war in Russland und drehte einen Film über Puschkin. Und ich saß in meinem Büro in Helsinki-Pasila, rechnete die Überstunden meiner Damen zusammen und versuchte, sie in ein finnisches Computerprogramm zu füttern, das nicht funktionierte.

Die Kolleginnen begannen, mich anzufeinden, wie es sich für Befehlsempfänger gehört. Ich sei ja nur der Laufbursche der Direktion, und ich habe meine Seele für ein bisschen Macht und eine saftige Gehaltserhöhung verkauft. Die Regisseurin, mit der ich in Berlin die Müllerserie gedreht hatte, brachte es auf den feministischen Punkt: »Bilde dir bloß nichts ein. Du bist ja nur ein Mann.«

Die Direktion ihrerseits war der Ansicht, ich hätte meine Abteilung nicht fest genug im Griff, und man erwartete von mir, den künstlerischen Eskapaden meiner kreativen Untertanen engere, sprich weniger kostenintensive Grenzen zu setzen.

Für uns Vorarbeiter wurde im Zuge der Neuorganisation auch eine Schulung organisiert. Die erste Phase dieser Schulung behandelte ausschließlich das Alkoholproblem am Arbeitsplatz und ging komplett an mir vorbei. In meiner Redaktion gab es Gewichts-, Kosmetik- und Konfektprobleme, gesoffen wurde aber bei uns nicht. Schließlich waren meine Kolleginnen beim Bildungsfernsehen wie auch ich von Haus aus Philologen.

Die zweite Schulungsphase beschäftigte sich mit den Fähigkeiten, die ein guter Vormann braucht. Der Personalchef des Rundfunks eilte ins Auditorium, wo wir versammelt waren, und verkündete, dass die neumodischen, amerikanischen Managementtheorien, die für teures Geld nach Finnland importiert wurden, allesamt Schwachsinn seien. Er werde uns nun in vier Worten sagen, wie man ein guter Chef sei: *Delegoi, motivoi, sano moi*!* Dann eilte er wieder hinaus und ließ uns verdutzte Kaderkadetten auf unseren Plüschklappstühlen sitzen. Die beste Schulung, an der ich je teilgenommen habe.

Wir produzierten einen Italienischkursus. Von der BBC kauften wir wunderschönes, klinisch reines, politisch und kulturell korrektes Material, zu dem wir unsere eigenen Sequenzen drehen wollten. Nach dem ursprünglichen Plan sollten diese Sequenzen im Studio gedreht werden, aber weil Yleisradio die interne Rechnungsstellung eingeführt hatte, waren diese Studios so teuer, dass ich ein Drehteam für mehrere Wochen nach Italien schicken, das Material *on location* drehen lassen und dabei noch Geld sparen konnte.

Meine Chefin machte mir die Hölle heiß. Ich hatte die Essenz des Sparens völlig falsch verstanden, und das Studio hatte eine ganze teure Woche lang bemannt leer gestanden. Finnland hatte den Übergang zur Marktwirtschaft vollzogen, aber sein öffentlich-rechtlicher Rundfunk war immernoch in der Übergangsphase.

Unser zweites Kind wurde geboren, unter demselben Dach wie unser erstes. Der größte Teil des Personals war noch im Weihnachtsurlaub, und offensichtlich auch der größte Teil der schwangeren Frauen. Diesmal mussten wir keine Schmerzensschreie erdulden, diesmal verlief die Geburt schnell, reibungslos und dank einer Epiduralanästhesie auch völlig schmerzfrei.

Die Hebamme zog das Kind mit geübter Hand in unsere Mitte, man hörte ein Plopp, sie drehte das Baby in der Luft und hielt es mir mit dem Po voran unter die Nase. Das erste, was ich von meiner Tochter zu Gesicht bekam, war der kleine

* Delegiere, motiviere, sag Hallo!

Schlitz in ihrem Schritt. Obwohl ich nicht der erste war, der von ihrer Existenz erfuhr, immerhin war ich mit einem Vorsprung von knapp einer Sekunde der erste, der von ihrem Geschlecht erfuhr.

Inzwischen ist sie zehn und auch sie besucht die Deutsche Schule Helsinki. Sie ist eine sympathische, energetische kleine Prinzessin, die mich in Vatertagsgeschenken ertränkt und mühelos um sämtliche Finger wickelt. Ihr großer Bruder ist immer noch rasend eifersüchtig, und man muss ihn manchmal daran hindern, seine Schwester doch noch in den Mülleimer zu werfen, aber eine inzestuöse Beziehung mit ihr plant er schon lange nicht mehr. Ich übrigens auch nicht.

Ich kündigte beim Rundfunk und verschmolz mit der nach Milliarden zählenden Masse derer, die man bei Yleisradio die Außenstehenden nennt. Und sofort durfte ich auch erfahren, was das bedeutete. Als Arbeitgeber hatte YLE wenigstens immer pünktlich am letzten des Monats den Lohn überwiesen, aber als Kunde war die Firma ein extrem säumiger Zahler. Das große, an seine Monopolstellung gewohnte Medienhaus zahlte frühestens zwei Wochen nach dem Fälligkeitstag. Das lag, so erklärte man mir, daran, dass ab sofort alle Rechnungen per Post nach Mittelfinnland geschickt wurden, wo sie gescannt und ins Computersystem eingespeist wurden. Wenigstens war ich mit meinen Job auch die ewigen Neuorganisationen, Besprechungen und Seminare losgeworden.

Ich gründete meine eigene Ein-Mann-Firma. Ein paar quietschende, alte Computer und ein Bündel flugs zusammengepumptes Bargeld reichten für die Behörden, ich durfte eine GmbH ins Leben rufen. Als kreativer Mensch hatte ich selbstverständlich massenweise clevere Ideen für einen Namen, aber das Patent- und Registeramt schmetterte alle Vorschläge ab, und mir fiel zuletzt nichts anderes ein, als meiner Firma meinen eigenen Namen zu geben. Das hat sich auf die Dauer als richtige Lösung herausgestellt, denn schließlich bin ich nicht nur Eigner sowie einziger Angestellter der Firma, sondern auch das Produkt, das meine Firma verkauft. Schade nur, dass sich dieses Produkt heutzutage nicht mehr so richtig erneuern will.

Ab und zu trieben wir es noch, schließlich waren auch wir nur Menschen aus Fleisch und Blut. Sirpa trug allerdings Sorge dafür, dass es mir nicht zu viel Spaß machte; sie hatte sich angewöhnt, nach dem Orgasmus ein Weilchen still vor sich hinzuweinen.

Eigentlich hätte sie es mir ja gar nicht erzählen dürfen, und eigentlich dürfte ich es auch gar nicht weitererzählen, aber so ganz unter uns:

Sirpa hatte einen 16-jährigen Patienten, der schon viele Male mit der Polizei in unangenehmen Kontakt gekommen war und viel Zeit im Jugendgefängnis verbracht hatte, weil er eine ganz besondere kleine Obsession hatte: Um einen Höhepunkt erreichen zu können, musste er ein Kraftfahrzeug entwenden, mit diesem herumfahren und dabei masturbieren.

Aufgrund seiner Unerfahrenheit am Steuer und seiner speziellen Fahrtechnik war er kein besonders geschickter Chauffeur, und seine Ausflüge endeten regelmäßig damit, dass er verunfallte und mit der Hose auf Halbmast das Weite suchte.

Dieser Fall tröstete mich ein bisschen. Im Vergleich zu diesem jungen Mann waren alle meine sexuellen Perversionen zusammengerechnet eine Bagatelle. Ich schwöre bei allem, was mir heilig ist, ich habe mir noch nie in meinem ganzen Leben beim Autofahren einen heruntergeholt.

Zwischendurch ist es für Eltern unbedingt vonnöten, ihre Kinder für eine Weile loszuwerden. Anderenfalls kommt es leicht zu unangenehmen Schlagzeilen wie: Vater tötet ganze Familie mit Motorsäge – anschließend zu feige für Selbstmord!

Unglücklicherweise hatte ich als Emigrant nicht die Möglichkeit, meine Kinder am Wochenende bei Oma oder Opa abzuliefern, weil Oma nur noch ein verblassendes Schwarzweißfoto auf meinem Schreibtisch war und Opa Tausende von Kilometern entfernt wohnte.

Aber Sirpas Eltern nahmen ihre Enkelkinder dann und wann gern zu sich, was unser Leben etwas leichter machte. Sirpas Mutter war früher Kinderkrankenschwester gewesen, und sie war sehr auf Hygiene bedacht. Als sie einmal sah, wie ich meine Kinder beim Abholen väterlich abknutschte, hielt sie entsetzt die Hände vors Gesicht, schüttelte sich und sagte ungläubig:

»Aber du küsst doch deine Kinder nicht etwa auf den Mund?«

»Wohin soll ich sie sonst küssen? Auf den Arsch?« Gleich würde ich wieder eine Predigt zum Thema Kinderschänder zu hören bekommen, aber diesmal ging es wirklich um Hygiene:

»Du kannst sie doch mit allen möglichen Krankheiten infizieren!«

»Liebe Schwiegermutter, gegen Krankheiten gibt es Medizin. Aber wenn ich meine Kinder nicht küsse, müssen sie später auch Psychologie studieren und Bäume umarmen wie deine Tochter.«

Das saß. Auch meine Schwiegermutter hörte auf, mit mir zu sprechen.

Ich schlug vor, für ein verlängertes Wochenende nach Berlin zu fliegen, es uns endlich einmal wieder so richtig gut gehen und die alten Zeiten wieder aufleben zu lassen. Wir könnten zum Ursprung unserer Liebe zurückkehren, Bier trinken, Joints rauchen, in der U-Bahn schwarzfahren und uns gegenseitig die Schamhaare rasieren. Dieses Mal wären wir auch nicht mehr bettelarm, und wenn Sirpa wollte, würde ich ihr gerne am Bahnhof Zoo zwei süße junge Stricher besorgen. Sie nahm den Vorschlag nicht besonders enthusiastisch auf:

»So also willst du unsere Ehe retten?«

Sie hielt ein gewaltsam herbeigeführtes, gemeinsames hedonistisches Erlebnis für genau das Falsche in unserer Lage und schlug stattdessen eine Fahrradtour entlang der finnischen Südküste vor.

Unser Kompromiss bestand darin, einen Paartherapeuten aufzusuchen und um professionelle Hilfe zu bitten. Selbstverständlich oblag es mir, die Therapie zu bezahlen. Ich bat Sirpa darum, einen männlichen Therapeuten aufzutreiben, auch wenn dies in Finnland schwierig war. So hätte ich eventuell wenigstens den Hauch einer Chance, verstanden zu werden.

Er hieß Pertti und war ein runder, vergnügter, etwas mehr als eineinhalb Meter kurzer Mann, und er trug ein Seidenhemd, obwohl auch in Finnland die Neunzigerjahre schon weit fortgeschritten waren. Einen Moment lang dachte ich, er sei schwul, aber dann besann ich mich eines Besseren: Schwule können sich ja bekanntlich anziehen.

Unsere erste Sitzung verstrich wie im Flug. Pertti und Sirpa stritten darüber, ob unserer entzündeten Beziehung besser mit der klassischen psychoanalytischen Methode oder eher mit gestalttherapeutischen Mitteln beizukommen war. Ich hatte bei dieser Diskussion als Laie nichts zu melden. Die letzten 15 Minuten schwänzte ich und trank in einem Café an der Straßenecke einen Cappuccino. Die beiden merkten gar nicht, dass ich nicht mehr da war.

Pertti schämte sich wohl ein bisschen und strengte sich beim nächsten Mal etwas mehr an:

»Was vermisst du in eurer Ehe am meisten?«, fragte er mich.

»Sex«, sagte ich.

»Und du, Sirpa, was fehlt dir?«

»Meine Ruhe«, sagte meine Frau.

Als nächstes wollte Pertti wissen, wie wir verhüteten.

»Mit deutscher Selbstkontrolle«, sagte ich stolz.

»Was soll das heißen?«, fragte Pertti.

»Das heißt, dass er ihn rauszieht, bevor es ihm kommt«, sagte Sirpa.

Pertti observierte uns mit analytischen Augen.

»Wie viele Jahre seid ihr schon zusammen?«, fragte er dann.

»Etwa zehn.«

»Und wie viele Male in diesen zehn Jahren hast du in ihre Vagina ejakuliert?«

Sirpa und ich rekapitulierten, und die Finger einer einzigen Hand reichten locker für das Endergebnis. Pertti seufzte tief und machte sich Notizen.

»Es wundert mich nicht im Geringsten, dass es eurer Ehe so schlecht geht«, verkündete er. »Ihr habt euch ja nie alles gegeben!« Seine Stirn legte sich in noch tiefere Falten: »Gibt es noch etwas, was dich stört?«, fragte er mich.

»Ja«, antwortete ich. »Es kotzt mich an, dass ich jetzt anstatt eines finnischen Schrumpfkopfes zwei am Hals habe, dass ich mit euch Vollidioten reden muss und noch dazu in eurer Scheißsprache!«

Wir waren ein gefundenes Fressen für Pertti. Eine bikulturelle, zerrüttete Ehe. Im Verlauf der dritten Sitzung kam Pertti auf die glorreiche Idee, aus uns einen Lehrfall zu machen. Er wollte eine Studie über den Verlauf unserer Therapie verfassen und einige Kolleginnen und Kollegen dazu einladen, unsere Fortschritte zu überwachen.

Sirpa und ich weigerten uns wie aus einem Hals, sie, weil sie nicht im Beisein ihrer Kollegen schmutzige Wäsche waschen wollte, ich, weil ich keine Lust hatte, für ein paar emotionslüsterne Studentinnen den Tumor zu spielen.

Gegen Ende der vierten Sitzung kamen aus Perttis Mund die Worte, für die ich ihn bezahlte:

»Ich glaube, ich kann euch nicht helfen. Vielleicht solltet ihr euch wirklich einfach scheiden lassen.«

Na endlich. Wir brauchten es nur aus dem Mund einer dritten Person zu hören, wir brauchten die offizielle Erlaubnis dazu. Vor zehn Jahren hatte ein Priester unsere Ehe gesegnet, heute segnete ein Therapeut, der aussah wie ein Rentierhändler, unsere Scheidung. Halleluja!

Ich schrieb den Scheidungsantrag. Am nächsten Tag brachte ich wieder unseren Sohn in den Deutschen Kindergarten. Unterwegs hielt ich neben einem Briefkasten.

»Kannst du Papa einen Gefallen tun und diesen Brief einwerfen?«

»Was ist das für ein Brief?«, wollte mein Sohn wissen.

»Eine Rechnung«, sagte ich. »Eine sehr wichtige Rechnung! Du musst sie ganz gründlich einwerfen.«

Mein Sohn steckte den Umschlag in den leuchtend orangefarbenen Kasten, stieg wieder ins Auto und verkündete stolz:

»Der Brief ist bis ganz unten gefallen!«

Am nächsten Tag war es Zeit, ihn von den Absichten seiner

Eltern in Kenntnis zu setzen. Unsere Tochter war noch zu jung, aber ihm versuchten wir schonend beizubringen, dass Mama und Papa sich überlegt hätten, dass es doch vielleicht eine gute Idee sei, wenn Mama und Papa eine Zeitlang nicht zusammenleben würden, und dass er natürlich immer sowohl Mama als auch Papa haben würde ...

»Wenn ihr euch scheiden lasst, dann unter einer Bedingung«, sagte er grantig. »Ich verstehe völlig, dass ihr nicht zusammen sein wollt, kein Problem. Ist wahrscheinlich sowieso besser. Aber ich lasse mich dann von meiner Schwester scheiden!«

Wir erzählten ihm, dass Erwachsene zwar nach Belieben Paare bilden, sich vermehren und dann wieder trennen durften, dass man sich aber von Geschwistern nicht scheiden lassen konnte. Geschwister waren lebenslänglich.

Diese himmelschreiende Ungerechtigkeit traumatisierte unseren Sohn im Handumdrehen und er bekam einen Tobsuchtsanfall.

13. KNULLA MIG, JAG HAR MIGRÄN!

Etwa eine Woche, nachdem wir die wichtige Rechnung abgeschickt hatten, feierte Tom Williams seinen 70. Geburtstag. Die Feierlichkeiten fanden auf der *M/S Mariella* statt, demselben Schiff, mit dem ich vor vielen Jahren in Finnland angekommen war. Tom hatte nur ein Dutzend Gäste eingeladen, und ich hatte mich durch das Trinken von Martinis in unbekleidetem Zustand so verdient gemacht, dass ich das Privileg hatte, dazu zu zählen. Alle Gäste hatten eine eigene Kajüte, Tom selbst wohnte während der 24-Stunden-Kreuzfahrt zusammen mit seinem Boyfriend Clas Lindgren in einer Luxuskajüte der Kommodore-Klasse. Clas und Tom waren schon seit Jahrzehnten ein Pärchen.

Zuerst wurde im Hinterzimmer des Schiffsrestaurants gespeist. Es wurden Reden gehalten, Geschenke überreicht, Getränke ausgeschenkt, und alle außer dem Geburtstagskind selbst sprachen diesen Getränken rege zu. Tom hatte die Sitzordnung bestimmt, und links neben mir saß Camilla, die Tochter von Clas.

Camilla war erst vor kurzem aus London zurückgekehrt, wo sie die letzten zehn Jahre verbracht hatte. Sie war mit einem Engländer verheiratet gewesen und hatte mit diesem zwei Söhne. Ihr chronisch untreuer Ehemann hatte sich schließlich mit einer jungen Frau nach Paris abgesetzt, und Clas Lindgren hatte seine Tochter samt ihren Söhnen nach Helsinki zurückbeordert. Er hatte ihr eine große Wohnung und einen angenehmen Job im Familienunternehmen verschafft. Camilla und Clas waren Finnlandschweden, und ich konnte so gut wie kein Schwedisch. Die Finnlandschweden ihrerseits sprachen schlechter Finnisch als ich. Also und auch wegen Tom sprachen wir Englisch miteinander.

Nach dem Abendessen gab es eine kleine Pause, damit die Gäste sich ein bisschen frisch machen konnten, bevor wir uns alle in der Schiffsdisko treffen sollten. Camillas und meine Kajüte waren auf demselben Korridor, und anstatt uns frisch zu machen, rauchten wir und unterhielten uns.

»Are you married?«

Ich hatte schon immer eine Schwäche für Frauen, die schnell kapieren und nicht lange um den heißen Brei herumreden. Technisch gesehen war ich verheiratet, aber aus gegebenem Anlass hatte ich meinen Ehering zu Hause gelassen. Ich erzählte Camilla, dass ich vor einer Woche die Scheidung eingereicht hatte.

»Are you gay?«, war ihre nächste Frage.

»Nope. I just make the occasional exception.«

In dieser Sekunde wussten wir, dass sich unsere Wege später am Abend noch deutlich kreuzen würden. Zunächst aber galt es, den Geburtstag von Mr. Williams zu begehen und mit den anderen Kreuzfahrtgästen zu feiern.

Camilla und ich tanzten stundenlang miteinander und mit allen anderen Gästen, wir machten brav Konversation in verschiedenen Sprachen, und wir warteten darauf, dass die anderen endlich müde werden und sich in ihre Betten verziehen würden, damit wir uns endlich ungestört einander widmen konnten. Dummerweise waren sowohl Tom als auch seine Gäste trotz später Stunde und fortgeschrittenen Alters geübte *party animals*, und wir mussten bis in die frühen Morgenstunden ausharren. Tom hatte sich schon in die Kommodore Suite zurückgezogen, aber Clas amüsierte sich noch köstlich und versuchte, an der Bar Männer aufzureißen, die mindestens 50

Jahre jünger waren als er. Camilla war dies ein bisschen peinlich, und wir führten Clas in seine Suite und legten ihn neben den schnarchenden Tom schlafen. Dann fragte Camilla:

»Your cabin or mine?«

»Mine is closer ...«

Wir genehmigten uns in meiner Kajüte noch einen Schluck aus der Duty-free-Flasche, und Camilla setzte mich über ihre wichtigsten Eckdaten ins Bild: Ihr englischer Ehemann hatte nach der Geburt des ersten Kindes jegliches sexuelles Interesse an ihr verloren. Camilla hatte jahrelang neben einem Mann geschlafen, der sie nicht anfasste. Andere hingegen fasste er oft und gern an.

Ich dankte meinem Schöpfer, meinem Schicksal und meiner verblichenen Mutter dafür, dass sie mir eine schöne, ausgehungerte Frau geschickt hatten. Außerdem war Camilla auch noch eine falsche Blondine, und in meinen Jahren in Finnland hatte ich gelernt, dass falsche Blondinen noch viel besser sind als echte. Wenn künstliche Intelligenz bedeutet, dass sich eine Frau die Haare dunkel färbt, was bedeutet es dann, wenn sie sich blondiert?

Wir fielen übereinander her und fickten bis zum Morgengrauen. In dieser Nacht bekam ich mehr Sex als im gesamten vorangegangenen Jahr. Ich hatte schon von multiplen Orgasmen gehört, aber noch nie einen solchen aus nächster Nähe mit eigenen Augen zu sehen bekommen. Camilla brauchte man nur scharf anzusehen, dann kam es ihr schon.

Unser edler Wettkampf endete 4:9 für Camilla. Trotzdem fühlte ich mich in keiner Weise wie ein Verlierer.

Die *M/S Mariella* legte wieder in Helsinki an, und die verkaterte Menschenfracht quälte sich von Bord. Tom hatte ursprünglich geplant, dass ich die Koffer der beiden älteren Herren an Land bringen sollte, aber ich hatte ganz andere Prioritäten. Camilla hatte einen Migräneanfall. Sie krümmte sich auf dem Fußboden meiner Kajüte und versuchte, sich zu übergeben. Dann sprach sie die schönsten Worte, die ich je aus dem Mund einer Frau gehört habe, und sie sprach sie in ihrer Muttersprache Finnlandschwedisch:

»Knulla mig, jag här migrän!«*

Ich flog mit den Kindern und mit Camilla über Weihnachten nach Hamburg, um Konrads neue Ernte zu verköstigen und um ein paar ganze Tage am Stück mit Camilla verbringen zu können.

Von meinem kleinen Bruder bekam ich ein Puzzle geschenkt. Auf der Packung stand: Das schwerste Puzzle der Welt, und die tausend Teile trugen kein Bild, sondern alle eine einheitlich graue Oberfläche. Konrad grinste:

»Du hast ja bald viel Zeit für dich alleine an den langen finnischen Winterabenden. Ich verspreche dir, in dem Augenblick, in dem du das letzte Teil dieses Puzzles an seine Stelle steckst, ist dein Leben wieder in Ordnung.«

Als wir zurück nach Helsinki kamen, erwartete Sirpa uns am Flughafen. In all diesen Jahren hatte sie mich nicht ein einziges Mal vom Flughafen abgeholt, aber jetzt, wo ich mit einer anderen Frau zurückkam, war sie da. Der Instinkt einer Frau ist manchmal wirklich unfehlbar. Die Kinder schmissen sich in Sirpas Schoß, Camilla schaffte es im letzten Moment, sich hinter einer Betonsäule zu verstecken, und wir trennten uns ohne Abschied. Aber noch am selben Abend erscholl es aus dem Mund unserer Kinder:

»Mama, weißt du was? Papi ist verliebt!«

Sirpa stellte mir ein Ultimatum von 24 Stunden, um mit meinem gesamten Krempel aus unserer gemeinsamen Behausung zu verschwinden.

Die ersten Tage im Exil schlief ich in Tom Williams' Woh-

*Fick mich, ich hab Migräne!

nung über der Universitätsapotheke. Tom selbst verbrachte die Winter in England, aber er ließ mir von Clas Lindgren die Schlüssel geben. Als ich mit meiner Reisetasche ankam, fand ich auf dem Tisch im Wohnzimmer frische Blumen. Ich wunderte mich einen Moment – Tom war schon seit Wochen nicht mehr in Finnland gewesen – Clas musste die Blumen besorgt haben!

Meine kleine Ein-Mann-Firma wollte keinen Wind in die Segel kriegen. Ich hatte keine Aufträge und versuchte, mich mit Tantiemen aus Deutsch für die Oberstufe-Büchern über Wasser zu halten. Manchmal übersetzte ich Gebrauchsanweisungen oder Geburtsurkunden. Nicht genug damit, dass ich kein regelmäßiges Einkommen mehr hatte, Sirpa molk mich auch noch schamlos aus. Als Psychologin wusste sie nur zu gut, wie man Schuldgefühle in Dienstleistungen oder bare Münze umwandelt.

Ich hatte herumerzählt, dass ich auf Wohnungssuche sei. Pleite und emotional verkrüppelt war ich nicht in der Position, Ansprüche zu stellen. Ein Klassiker in Helsinki: Frisch geschiedener Mann sucht billige, sofort zu beziehende, kleine Mietwohnung, so nah wie möglich an der Hauptstadt.

Bei den Sprachprogrammen arbeitete eine ältere Produktionsassistentin, mit der ich immer gut klargekommen war und die mit mir mehrere Deutschlanddrehs hinter sich gebracht hatte.

Sie rief mich an und erzählte, sie habe in Järvenpää, eine gute halbe Autostunde nördlich von Helsinki, eine Zweizimmerwohnung, die sie mir vermieten könne. Die Wohnung hatte ihrem Sohn gehört, der vor kurzem im Alter von 30 Jahren an Darmkrebs verstorben war. Sie lag im siebten Stock eines Fertigelementhauses an der Bahnlinie, und in ihr standen noch die Möbel des toten jungen Mannes und Kisten mit seiner Habe, Kleider, Geschirr, Bücher. Seine Eltern hatten alle wichtigen Papiere aus der Wohnung entfernt, aber sie hatten nicht die mentale Kraft, sich weiter um die Wohnung zu kümmern. Ich würde wahrscheinlich nicht sehr lange dort wohnen, und fürs erste wäre es auch für die Eltern des jungen Mannes das Beste, wenn sie eine Weile nicht an die Wohnung zu denken brauchten.

Als ich meine Siebensachen nach Järvenpää gebracht und in der Wohnung verstaut hatte, hielt ich zu Ehren meines neuen Lebens eine Schweigeminute und warf meinen Trauring ins Klo. Ich öffnete eine Flasche *Koskenkorva,* nahm einen männlichen Schluck und drückte auf die Spülung. Es rauschte, ich wartete, bis der Schaum sich verzogen hatte: Der Ring war noch da. Auch beim zweiten und dritten Mal blieb er auf dem Grund der Porzellanschüssel liegen. Hm ... das spezifische Gewicht von Weißgold, die Oberfläche, die hydrodynamische Form des Ringes ... ob ich drauf scheißen sollte? Das wäre als Rache dann vielleicht doch etwas zu kindisch gewesen, so etwas konnte ich mit einer Psychologin nicht machen.

Also blieb mir nichts anderes übrig, als den Ärmel hochzukrempeln, den Arm ins Klo zu stecken und den Ring wieder herauszufischen. Wirklich peinlich. Zum Glück war Sirpa nicht da, sogar ein humorloser Mensch wie sie hätte die Komik der Situation erfasst.

Im Küchenschrank fand ich eine Broschüre der finnischen Gesundheitsbehörde mit dem klangvollen Titel *Tipps für Patienten ohne Darm oder Magen.* Mir war nicht der Magen oder der Darm, sondern die Illusion einer Familie entfernt worden, und auch die nur teilweise. Und anders als mein Vorbewohner war ich noch am Leben. Wie sagt doch das alte deutsche Sprichwort? Ich war traurig, weil ich keine Schuhe hatte, da sah ich einen Mann, der hatte keine Füße.

Im selben Schrank fand ich auch ein sechsteiliges Kaffeeservice. Die Eltern des Verstorbenen hatten es zuerst im Sommerhäuschen benutzt, dann ihrem Sohn vermacht. Die Tassen und Untertassen waren derart unbeschreiblich hässlich, dass ich sie sofort in den Müll werfen wollte. Im letzten Moment drehte ich eine Tasse um, und auf dem Boden stand: Made in the German Democratic Republic. Die deutsche Geschichte verfolgte mich bis in den hintersten Winkel der Welt! Andererseits – so ein Service hatten nicht viele Leute. Die Ossis würden so etwas neuerdings wohl so schnell wie möglich wegschmeißen, die Wessis hatten ihr Rosenthal-Porzellan.

Obwohl die Wohnung in prima Zustand war, musste ich doch die Wände weiß übermalen, ein deutsches Inbesitznahmeritual, um der Wohnung meinen eigenen Stempel aufzudrücken und sie offiziell zu übernehmen.

Der tote junge Mann besuchte mich ein paar Mal in seiner alten Wohnung und mischte sich in meine Träume ein. Er war in keiner Weise aggressiv oder bedrohlich, er wollte nur wissen, wer heutzutage in seinem Bett schlief, auf seinem Sofa saß und aus seinem DDR-Service Kaffee trank. Als ich ihm versicherte, dass alles in Ordnung und seine Hinterlassenschaft in besten Händen war, blickte er statt zurück nach vorne in die Ewigkeit, verschwand und ließ mich in Ruhe.

Camillas Hintergrund war wohlhabend, um es ganz vorsichtig auszudrücken. Der Reichtum stammte aber nicht aus jahrhundertealtem finnlandschwedischem Adel, sondern war allein der Kreativität ihrer Tante zu verdanken. Selma Lindgren war eine bejahrte Kunstmalerin und Schriftstellerin, deren Bücher in Dutzende Sprachen übersetzt waren und deren Bilder inzwischen so berühmt waren, dass sie bei Sotheby's gehandelt und bisweilen aus Museen gestohlen wurden.

Die Bilder an sich waren gar nicht so besonders, ihre Sujets waren hauptsächlich düstere Meer- und Schärenlandschaften, Fischer, die ihre notdürftig geflickten Netze auswarfen, und hungernde, nackte Kinder, die am Strand spielten oder in der Sauna herumkrabbelten. Die fanatische Intelligenzija Finnlands indes hatte kollektiv beschlossen, in diesen Bildern einen nationalromantischen Schatz von granitenem Ausmaß zu erblicken und aus Camillas Tante Selma damit eine Ikone der nordischen Dimension zu machen.

Selma Lindgrens Werk hatten seinen Weg ins Herz und in alle anderen Organe der finnischen Volksseele gefunden. Ihre Motive waren auf Kissen, Badetüchern, Kaffeetassen, Klopapier, Schnullern, Gummistiefeln, Regenschirmen, Mousepads und Unterwäsche. Rund um die Welt wurden Ausstellungen eröffnet, Kataloge gedruckt, der finnische Rundfunk hatte eine vielteilige Dokumentarserie über Selma gedreht, auch im Ausland waren die Medien auf sie aufmerksam geworden, vor allem, weil sie als konsequente Künstlerin einen konsequenten Lebensstil führte und zusammen mit ihrer lesbischen Freundin und zwei sorgfältig kastrierten Katern auf einer einsamen Schäre draußen vor Porvoo, etwa eine Autostunde von Helsinki entfernt, gelebt hatte. Jetzt allerdings war sie schon seit einigen Jahren in der Stadt, genauer gesagt im Krankenhaus, wo sie in einem altersbedingten Koma lag, was den Preis ihrer Bilder und das Interesse der Medien in den Himmel steigen ließ.

Clas Lindgren, der stellvertretend als Kopf des Familienunternehmens fungierte, lebte zwar nicht gerade auf einer belebten Kreuzung, aber auch nicht im Schrank. Und Camilla war, wie sie selbst es ausdrückte, *an ambidextrous omnivore*, eine beidhändige Allesfresserin.

Die Lerngeschwindigkeit in einer fremden Sprache lässt merklich nach, wenn man eine gewisse Zahl von Jahren inmitten dieser Sprache gelebt hat. Nur noch hier und da schnappt man ein neues Wort auf. Eines davon war *kalsarikännit**. Einen solchen soff ich mir auf meinem Balkon im siebten Stock in Järvenpää immer an, wenn Sirpa die Kinder hatte und Camilla geschäftlich unterwegs war. Mein Balkon schwebte genau über den Wipfeln eines Tannenwalds, der sich ätzend grün vor mir bis zum Horizont ausdehnte und in dem abends malerisch die Sonne versank. Ein Finne hätte den Anblick vermutlich genossen, für mich war er eine Qual. Wenn es in Finnland etwas gab, das mir inzwischen zum Hals heraushing, dann war es diese Scheißnatur, die dem Menschen hier überall und in jeder nur möglichen Form das Leben schwer machte. Zur Hölle mit den Bäumen, ich will Beton sehen! Der Weg eines Mannes: London, Paris, Berlin – Järvenpää. Genauso gut hätte ich auf dem Mond leben können, auf der dunklen Seite! Was hatte ich mit meinem Leben gemacht? Gestern war ich noch ein vielversprechender junger Mann gewesen, und jetzt? Was, wenn ich mich jetzt einfach vom Balkon stürzte? Probleme waren auch schon früher auf diese simple Art gelöst worden, besonders hier in Finnland.

Ich sprang dann doch nicht, denn ich war viel zu deprimiert dazu. Bei meinem Glück wäre bestimmt etwas schief gegangen. Bestimmt hätte ich plötzlich fliegen können.

Mein größter Feind ist die Steuerbehörde der Provinz *Uusimaa*, zu der Helsinki gehört. Wenn es meinem Liebesleben,

*Unterhosenrausch

dem finnischen Klima oder dem Alkohol nicht gelingt, mir das Leben zu vermiesen, dann kommt garantiert ein Brief dieser Behörde und saugt den letzten Rest an Kraft aus meinen Adern.

Um mein stolperndes Mikrobusiness zu retten, musste ich irgendwo 20.000 finnische Mark auftreiben, und zwar plötzlich. Meine Großmutter war Geschichte, meine anderen Verwandten pleite oder vergessen; an wen sollte ich mich wenden? Die einzige auch nur entfernt realistische Adresse war Clas Lindgren. Ich rief ihn an und erklärte meine Misere.

Er saß in seiner Küche, in die er mich bestellt hatte, trank Tee und spielte Patience mit echten, altmodischen, analogen Karten aus Pappe. Ich versuchte, das Gespräch persönlich beginnen zu lassen:

»Clas, du warst verheiratet und hast eine erwachsene Tochter, aber du bist schwul?«

»Ja. Möchtest du Tee?«

»Danke, gerne. Wie alt warst du, als du kapiert hast, dass du schwul bist?«

Clas schenkte mir Tee ein und legte 20 Tausender auf den Tisch.

»Ich glaube, du tust meiner Tochter gut«, sagte er mit einem zufriedenen Lächeln und vertiefte sich wieder in seine Patience. Er war ein feiner Mann, der leider bald darauf seiner eigenen Prostata zum Opfer fiel.

Ich begann das Puzzle, das mir Konrad zu Weihnachten geschenkt hatte. Es war wirklich das schwerste, das ich je gesehen hatte. Drei ganze Tage lang trank ich nicht und versuchte, mithilfe dieses Puzzles mein Leben wieder in Ordnung zu bringen, wie Konrad es prophezeit hatte. Nach drei Tagen hatte ich gerade mal den Rand geschafft. Dann musste ich nach Tampere fahren, etwa 200 Kilometer nach Norden, um bei einer Dramaserie einen bösen deutschen Geschäftsmann zu spielen, der seine gutgläubigen finnischen Partner nach zentraleuropäischer Manier übers Ohr haut.

Der Zufall wollte es, dass eine deutsche Bekannte, die in Tampere lebte, gleichzeitig in Helsinki einige Bewerbungsgespräche zu absolvieren hatte. Wir tauschten für ein paar Tage Wohnungen. Als sie bei mir ankam und mit mir feierlich die Schlüssel tauschte, sah sie das angefangene Puzzle auf meinem Küchentisch.

»Wahnsinn! Ein Puzzle ohne Bild? Das ist bestimmt irrsinnig schwer, oder?«

»Drei Tage habe ich drangesessen, und du siehst, wie weit ich gekommen bin.«

»Hör mal ... ich war schon immer ein Puzzlefreak. Würde es dir etwas ausmachen, wenn ich in deiner Abwesenheit ein bisschen weitermache?«

»Kein Problem, viel Spaß. Eine Sache nur ...« Und ich erklärte ihr, was es mit dem letzten Teilchen auf sich hatte.

Als ich drei Tage später nach Hause kam und meine Wohnungstür öffnete, quoll mir Tabakrauch und der Geruch nach abgestandenem Bier entgegen. Meine Wohnung war voll von Bierdosen, auf dem Boden im Wohnzimmer lag meine Bekannte und schlief. Auf dem Küchentisch war das fertige Puzzle: Nur ein Stück fehlte.

Eine Woche später gewann ich im finnischen Lotto 6.000 Mark. Ich kaufte mir einen neuen Fernseher. Das Leben hatte wieder begonnen. Ich war eben doch ein Sonntagskind.

Ein halbes Jahr nach der räumlichen Trennung wurde die Scheidung rechtsgültig. Meine finnischen Bekannten fragten mich:

»Und? Wann gehst du wieder zurück?«

»Zurück? Wohin zurück?«

»Zurück nach Deutschland. Jetzt, wo du geschieden bist, hast du doch keinen Grund mehr, hier zu bleiben ...«

Ich bin wohl ein sentimentaler Trottel, aber bevor ich meine Kinder nur von Finnen erziehen lasse, entführe ich sie nach Nordkorea.

Sirpa bestand auf dem Sorgerecht und war völlig überrascht, dass ein Mann es ihr streitig machen wollte. Als alleinerziehende Mutter bekäme sie vom finnischen Staat außer Kindergeld auch noch Wohngeld und wahrscheinlich Geld für eine Hydrobic-Therapie. Und ich hätte nichts zu melden, wenn es um Wohnort, Sprache oder Schule der Kinder ging.

Zum Glück war Finnland ja der EU beigetreten, Sirpa selbst hatte beim Entscheid gegen meinen Rat mit Ja gestimmt. Ich drohte ihr mit dem Europäischen Gerichtshof. In Finnland, dem Mutterland der Sozialpornographie, hätte ich wohl kaum Chancen vor einem Familiengericht, aber in Luxemburg sah das schon anders aus, eine finnische Psychologin gegen einen deutschen Journalisten ...

Sirpa gab auf, und wir teilten uns das Sorgerecht wie erwachsene Menschen. Unsere Kinder durften Deutsch sprechen.

Vor der rauen Küste von Porvoo, 50 Kilometer östlich von Helsinki, liegen viele kleine wunderschöne einsame Schären. Eine davon heißt Långskär und gehörte jetzt, wo Tante Selma im Koma lag, Camilla. So etwas hat man in einer finnlandschwedischen Familie einfach. Auf dieser Insel verbrachte ich mein erstes Mittsommernachtsfest nach meiner Scheidung.

Die Gäste kamen meist in eigenen Motor- oder Segelyachten, sie trugen erlesene schwedische Namen, die nach Geld und Geschichte rochen, sie sprachen miteinander Schwedisch und mit mir elaboriertes Englisch, was bei ihnen selbstverständlich zur Allgemeinbildung gehörte. Ich hatte mein Finnisch völlig für die Katz gelernt, nach 20 Jahren konnte ich auf Finnisch wo auch immer mit wem auch immer und in welchem Zustand auch immer über was auch immer sprechen – hier half mir das überhaupt nichts. Ich stand vor einer neuen Sprachbarriere.

Schwedisch ist eine extrem irritierende Sprache für Deutsche. In jedem Satz sind viele bekannte Wörter, aber die Kleinigkeiten, die Präpositionen, Artikel und Pronomen funktionieren anders. Wenn ein Finnlandschwede eine Anekdote zum Besten gab, verstand ich zwar im Groben, worum es ging, hatte aber keine Ahnung, ob etwas aufgrund von etwas oder trotz etwas passierte.

Neidisch und hilflos musste ich zuhören, wie Grönholm versuchte, der Frau von Wallgrén an die Wäsche zu gehen:

»Du har en kombination av naivitet och lascivitet som är exorbitant!«*

Verflucht! Das hätte ich doch auch locker aus dem Ärmel geschüttelt, wenn nicht die Wörtchen när, på, med, mellan, till und utan** im Weg gewesen wären.

Ein Adelstitel, ein Sommerhäuschen mit eigener Insel drumherum, eine Fünfzigfußyacht oder kompensatorisch wenigstens ein Doktortitel in Jura oder Tiermedizin gehörten zur Grundausstattung von Camillas Freunden. Und ich war ein dahergelaufener Ausländer, ein Deutscher ohne Geld, ein Versager, der in einem Asbestwohnblock im siebten Stock in Järvenpää wohnte, gerade über der Baumgrenze. Ich fühlte mich

* »Deine Kombination von Naivität und Laszivität ist exorbitant!« ** als, auf, mit, zwischen, bis und ohne

wie ein Wurm, wie eine Amöbe, wie der Durchfall einer Fliege. Ich gehörte nicht hierher. Ich war nur Camillas neues Spielzeug.

Die einzige Art, die Mittsommernacht ohne kompletten Nervenzusammenbruch zu überstehen, bestand darin, mich flugs vollaufen zu lassen. Das hatten, so hinterbrachte man mir, auch Camillas früherer Ehemann und ihre Ex-Boyfriends bei solchen Anlässen zu tun gepflegt.

Bevor ich einschlief, stand ich noch einen Moment knöcheltief im spiegelstillen Wasser vor Långskär und pisste schwankend der Mitternachtssonne entgegen.

»This is our water!«, schrie Camillas älterer Sohn. »You're not allowed to piss in it!«

Ein Verhältnis mit einer reichen Frau zu haben, ist nicht immer einfach. Das Selbstwertgefühl des Männchens kann, genauso wie sein Penis, bisweilen überraschend schrumpfen. Du kannst es dir nicht leisten, ihr Geschenke zu machen, die dich selbst beeindrucken, sie versteht vielleicht nie vollkommen, dass du wirklich manchmal arbeiten musst, um deinen Lebensunterhalt zu verdienen, und dass du am Wochenende nicht mit ihr zum Shoppen nach London fliegen kannst oder dass es dich beängstigt, wenn sie jedes Mal dein Ticket bezahlt. Sie versteht vermutlich nicht, dass du so viel Zeit mit deiner angeblichen Arbeit verbringst und trotzdem nie etwas verdienst.

Auch wenn dich deine reiche Frau von Herzen liebt, so bringt sie dir doch soziale Nachteile: Niemand außer deiner Bank glaubt dir, dass du wirklich keinen Cent hast, deine Freunde sind ausnahmslos neidisch auf dich, deine Kunden zahlen deine Rechnungen noch später, denn du brauchst ja kein Geld, alle glauben, dass du deine Liebste nur des Geldes wegen beschälst, und vielleicht hat sie selbst ja auch manchmal Momente, wo sie nicht an die vorbehaltlose Schmutzigkeit deiner Motive beim Cunnilingus glaubt.

Tom kannte Camilla seit ihrer frühen Kindheit, schließlich war er mit ihr und ihrem Vater jahrelang um die Welt gereist. Diese alte Schwuchtel hatte nur zu gut gewusst, was er tat, als er uns bei seiner Geburtstagskreuzfahrt nebeneinander gesetzt hatte.

»Camilla ist die perfekte Geliebte, aber eine miserable Ehefrau!«, warnte er.

Die Zitronen waren alle, und der Martini schmeckte eigentümlich fad. Egal. Eine Geliebte war genau das Richtige für mich. Heiraten würde ich sowieso nie mehr, weder Frauen noch Männer noch irgendwelche anderen Säugetiere.

Von Järvenpää nach Helsinki dauerte es bei Glatteis mit Sommerreifen genau eine Stunde. Ich klingelte an Camillas Haustür. Ihr jüngerer Sohn ging dran:

»Who's there?«

»It's me, your mum's boyfriend!«

»Go away!«, sagte der Kleine und schaltete den Lautsprecher an der Wechselsprechanlage ab. Gegen einen Sechsjährigen hatte ich allerdings noch eine Chance: Ich rief mit dem Handy Camilla an, fand freudig Einlass und verbrachte die Nacht trotzdem neben seiner Mutter. Ätsch.

Aber heute wollte sie erst mal mit mir sprechen: Sie ließ mich wissen, dass sie sich neuerdings wieder langweile, sowohl existentiell als auch und besonders in unserer Beziehung. Sie wollte unbedingt ein Baby, denn ein solches entbinde sie von der unangenehmen Verpflichtung, bald das weltweit boomende Erbe ihrer Tante Selma anzutreten und managen zu müssen. Wenn sie jetzt schwanger würde, wäre alles ganz plötzlich viel einfacher und unkomplizierter.

»Ich habe keine Lust, in Luftschlösser zu investieren«, sagte sie. »Du hast exakt ein Jahr Zeit, mir ein Kind zu machen. Ansonsten suche ich mir einen neuen Kandidaten.«

»Den kannst du dir sofort suchen«, sagte ich, stand auf und machte halbherzige Anstalten zu gehen. Sie ihrerseits machte Anstalten, mich halbherzig daran zu hindern.

Gerade, als wir einen epischen Streit vom Zaun brechen wollten, erklang aus dem Kinderzimmer jenseits des Korridors eine schlaftrunkene, helle Kinderstimme, die auf Schwedisch fragte:

»Mama, was bedeutet eigentlich Hetero?«

Camilla und ich mussten so lachen, dass wir direkt ins Bett fielen.

14. FRUCHTBARE TAGE

Im Zentrum von Helsinki, auf der Halbinsel Katajanokka, fand ich eine Wohnung, 90 Quadratmeter in bester Lage, vergammelter Holzfußboden, hohe, alte Zimmer, sofort frei. Es gab 35 unterwürfige Antragsteller dafür, aber ich zog das große Los, weil ich Deutscher bin. Die Wohnung gehörte einem verhutzelten, raffgierigen alten Griechen, der eines hasste: Finnen. Man konnte ihnen, so meinte er, einfach nicht vertrauen, weil sie allesamt Rassisten waren. Deutsche dagegen waren bekanntlich zuverlässig, solide und fleißig und bezahlten regelmäßig ihre Miete.

Ich stopfte meine spärliche Habe in mein Auto und verließ Järvenpää. 17-mal fuhr ich zwischen Helsinki und der Schlafstadt hin und her, dann war der Umzug bewältigt. Nur das Aquarium war unterwegs kaputtgegangen, und auch das machte nichts, denn die Fische hatten schon längere Zeit gekränkelt.

Auch meine Nachbarn in Järvenpää hatten mich im Fernsehen gesehen. Als sie mich beim Umziehen erblickten, kamen sie, um mit mir Smalltalk zu führen:

»Soso, du ziehst also um! Wohin denn, wenn man fragen darf?«

»Ins Zentrum«, sagte ich mürrisch und faltete meine Matratze zu einer Ziehharmonika.

»Doch nicht etwa ganz ins Zentrum, in die Sibeliusstraße?« Augenbrauen hoben sich.

»Nein«, sagte ich. »Nicht ins Zentrum von Järvenpää. Ins Zentrum von Helsinki. In eine alte Jugendstilwohnung am Hafen.«

Es wurde still. Offensichtlich war ich nicht der einzige Bewohner von Järvenpää, der diese Satellitenstadt abgrundtief hasste.

Trotzdem möchte ich nicht zu streng mit Järvenpää ins Gericht gehen. Es gab dort auch Positives. Einmal, als meine Kinder im Matsch auf dem Spielplatz am Tuusula-See spielten, wurde ich Augenzeuge der Gummistiefel-Weitwurf-Weltmeisterschaft, an der allerdings nur Finnland, Russland und Estland teilnahmen. Es gab vorschriftsmäßige Wettkampfgummistiefel in der Frauen- und Männerklasse, und Finnland wurde selbstverständlich Weltmeister.

Und auch die Baumwipfelgrenze war von Nutzen: Endlich durfte ich in meinem eigenen Heim nach Herzenslust nackt herumlaufen, am hellichten Tag, von der Sonne beschienen, ohne Vorhänge, im siebten Stock und am Arsch der Welt.

Als mein neuer Vermieter seinen Kontrollbesuch bei mir absolvierte, wurde mir klar, warum er die Finnen so hasste: Die Hausverwaltung und die Maklerin hatten ihn belogen; niemand hatte ihm erzählt, dass der Deutsche, an den er eine seiner Wohnungen vermietet hatte, Vater von zwei Kindern war und diese Kinder etwa die Hälfte der Zeit bei sich beherbergte. Ich versicherte ihm, dass meine Kinder Subjekte strengster deutscher Disziplin seien, dass es ihnen niemals in den Sinn kommen würde, Menetekel an die Raufasertapete zu kritzeln, dass ich sie nie auf den Mund küsste und dass ihnen die Nahrungsaufnahme nur auf dem Balkon gestattet sei.

Das beruhigte ihn. Wir schieden als Freunde und er bat mich, im Haus herumzuhorchen, was so vor sich ging. Besonders die Bewegungen des finnischen Hausmeisters sollte ich überwachen, und ich sollte meinem Vermieter, der allen Ernstes mit Vornamen Achilles hieß, Meldung nach Athen machen, falls sich auf dem Anwesen irgendetwas Verdächtiges ereignen sollte. Wer hätte gedacht, dass der Krieg so endet: Ein Grieche heuert in Helsinki einen Deutschen als Spitzel an.

Jetzt wohnte ich nur noch einen Steinwurf von Camilla entfernt, ich lebte in ihrem Dunstkreis und unter ihren Augen. Unsere Liebe war, wie sie es ausdrückte, inzwischen allerdings *faktist perspektivlöst* geworden. Heiraten konnten wir nicht, weil wir zu viele Kinder hatten, die zu viele verschiedene Sprachen sprachen. Zusammenziehen konnten wir auch nicht, denn Camillas Wohnung hatte nur 295 Quadratmeter, und ihr Lebensstandard hätte unverhältnismäßig gelitten. Darüber hinaus verursachte der eklatante Einkommensunterschied bei mir hie und da Potenzprobleme.

Wenn ich Camilla nicht nur im Bett, sondern auch anderswo zu Willen sein und mich von ihr korrumpieren lassen würde, würde ich ihr unausweichlich eines nicht allzu fernen Tages gehorchen und Gasflaschen auf ihre Insel schleppen müssen, während sie in Tokio ein Selma-Lindgren-Cybercafé eröffnete. Dennoch beschlossen wir, anhand einer Urlaubsreise zu testen, ob wir eine Chance auf eine multikulturelle, vielsprachige Neofamilie hatten. Als Testgebiet für unseren Versuch wählten wir Australien.

Die Reise war, wie man sich vorstellen kann, ein komplettes Fiasko, aber immerhin gab es Kängurus und Krokodile.

Camilla war dabei, Tickets für ein Schnellboot zu kaufen, das uns alle zum *Great Barrier Reef* zu einer Tauchexpedition bringen sollte. Meine Aufgabe war es, solange auf dem Parkplatz auf unsere vier Kinder aufzupassen. Die kleinen Monster begannen, miteinander zu streiten, und ehe ich mich versah, geschah ein kleines Wunder von biblischem Ausmaß: Alle vier verstanden plötzlich alle vier Sprachen!

»Du är en idiot!«

»Nein, bin ich nicht!«

»Olet idiootti, joo!«

»Go fuck yourself!«

Ein Australier, der in der Nähe am Rand des Parkplatzes herumgelungert hatte, näherte sich und fragte:

»Entschuldigen Sie, Sir, dass ich so neugierig bin, aber – welche Sprache sprechen ihre Kinder da eigentlich?«

Ich war richtig stolz auf meine vier kleinen Arschlöcher, als ich verkündete:

»Sir, my children speak European!«

Auf derselben Reise lernte ich einen Professor der Kulturanthropologie von der James-Cook-Universität in Cairns kennen. Wir tranken einige gut gekühlte Fosters am Strand, und nach einer Weile kam das Gespräch auf den Euro, die neue Währung, die Finnland und Griechenland am ersten Januar bekommen würden, eine Stunde vor dem Rest der westeuropäischen Länder. Der Professor sprach seine Anteilnahme aus. Ich verstand nicht, was er meinte.

»Na, wenn ihr jetzt alle den Euro-Dollar kriegt, dann gehen euch eure kulturellen Identitäten doch flöten!«

Ich musste den Herrn Professor der Kulturanthropologie daran erinnern, dass wir in Europa mehrere Dutzend Sprachen sprechen und dass unsere kulturellen Identitäten stärker sind als je zuvor.

»I've never thought of that«, sagte der Professor. »You might have a point there.«

Wir flogen nach Finnland zurück. In Wien mussten wir den Flieger wechseln, und wir hörten wieder vertraute Geräusche: Ugrisch. In der Maschine lagen finnische Zeitungen aus. Auf der Titelseite der Abendzeitung prangte ein Porträt von Camillas Tante. Die Schlagzeile erzählte von der Stille, die sich über Finnland gesenkt hatte. Selma Lindgren war gestorben.

Böse Geschichte. Und meine Freundin würde die Mehrheit des Aktienpakets erben. Sie würde zur Wächterin eines nationalen Schatzes werden. Oj nej!

Ein sich erneuerndes Sexleben erfordert ein gewisses Maß an Alltagsdramatik, so viel wusste ich im zarten Alter von 40 inzwischen. Camilla beendete unsere hoffnungslose Beziehung insgesamt dreimal mit feierlicher Zeremonie. Ich tat dreimal dasselbe, und nach drei Jahren war uns auch dieses Spiel langweilig geworden. Etwas musste geschehen.

Wir beschlossen, zur Atemtherapie zu gehen und wurden Mitglieder im Helsinki Kinky Club. Wir besuchten ein paar Partys, aber diese Besuche schafften es nicht, uns merklich zu befruchten. An der Bar diskutierten wir mit langweiligen Leuten, über alltägliche Themen, der einzige Unterschied bestand darin, dass diese Leute ein Bügeleisen an die Hoden gebunden, den Rücken voller Peitschenspuren hatten oder mit Kerzenwachs bekleckert waren. Das einzig Interessante war eine Show, bei der eine ältere Dame ein Mädchen gnadenlos durch den Raum peitschte und dabei auch einige von uns Zuschauern traf.

Camilla und ich konstatierten, dass wir zu alt für solche Spielchen waren. Das große Etwas, auf das wir beide so sehnlich warteten, würde sich vermutlich nie einstellen. Wo sollten wir Wurzeln schlagen ohne gemeinsame Erde? Was sollte ich aufbauen, mit einer Frau, die schon mehr als alles hatte und die mir höchstens eine Nische in ihrem Imperium anbieten konnte? War dies eine ewige Sonntagsbeziehung? Und eines schönen, kurz vor ihrer Periode gelegenen Tages eröffnete Camilla mir aufgeräumt zum vierten Male, sie sei nach kurzer, aber reiflicher Überlegung einmal mehr zu dem Schluss gekommen, dass es wirklich keinen Sinn habe mit uns.

Das reichte. Diesmal würde ich mein Verteufeltstes tun, um einen Rückfall zu verhindern. Diesmal würde ich sie nicht wie sonst immer noch ein allerletztes Mal zum Abschied ficken, diesmal würde ich wirklich einfach alle Brücken abbrechen. Verdammt, ich würde mir eine Neue anlachen, ich würde ja wohl noch eine Frau finden, die ich lieben konnte, bevor ich endgültig den Spaß an diesem ganzen Unfug verlor, das wäre doch gelacht!

Zum ersten Mal während meiner ganzen Zeit in Finnland war ich ohne Frau. Diese Freiheit würde nicht lange dauern, ich würde garantiert schnell wieder irgendwo hängen bleiben. Aber erst wollte ich mich noch ein bisschen amüsieren.

Eine war von Beruf Zuchtberaterin in Ostfinnland. Als wir uns während einer meiner Tourneen in einer Kleinstadtdisko kennen lernten, fragte ich sie, was eine Zuchtberaterin denn so mache, und sie stopfte das klaffende Loch in meiner Allgemeinbildung, indem sie mir einen typischen Arbeitstag beschrieb:

»Also morgens hole ich den Bullen aus dem Stall, stecke ihn in den Anhänger und fahre zum Kunden. Dann stelle ich sicher, dass der Bulle die Kuh ordentlich besamt, und dann bringe ich ihn zum nächsten Kunden. Jeden Tag. Kannst du dir vorstellen, wie ich mich am Freitagabend fühle?«

Ich konnte es mir sehr gut vorstellen, und es war mir eine

Herzensangelegenheit, der Dame mit ihren angestauten Gefühlen zu helfen. Sie stellte sich wie zu erwarten als erfrischend unkompliziert heraus, und die Verrichtung schien ihr tatsächlich sehr vertraut zu sein. Irgendwie hatte ich mittendrin allerdings das Gefühl, als wüchsen mir Hörner.

Eine andere war von Beruf intellektuelle Journalistin, und ich verbrachte drei ganze Nächte mit ihr. Aus irgendeinem Grund warnte mich meine innere Stimme davor, mich ihr ganz hinzugeben, wenn ihr versteht, was ich meine. Die Journalistin war gar nicht zufrieden mit mir, aber ich hielt mich drei ganze Tage lang zurück. Am Morgen des vierten Tages flog sie für vier Wochen nach Afrika.

Sie kam wieder und lieferte in meiner Küche eine der besten Szenen, die ich je miterleben durfte: Als ihr klar wurde, dass ich nicht Wochen auf sie gewartet, sondern deutlich Besseres zu tun gehabt hatte, echauffierte sie sich über die Maßen, riss sich sämtliche Kleider vom Leib und kreischte mit schrillster Stimme:

»Und du Schwein fickst mich jetzt und spritzt in meiner Fotze ab, dass das klar ist! Ich habe heute meinen fruchtbaren Tag!« Sie breitete die Beine aus und saß voller Erwartung und zur Hälfte mit einem frischen Henna-Tattoo bedeckt auf meinem Küchenstuhl.

Moment – wenn sie heute ihren fruchtbaren Tag hatte, dann hatte sie den auch vor genau vier Wochen, vor 28 Tagen gehabt! Ich war beinahe in die älteste Falle der Welt gestolpert! An und für sich ein angenehm intensives Mädchen, aber im Alltag doch einen Hauch zu anstrengend. Ich musste unerfreulich deutlich werden, als ich ihr klarmachte, dass es mit uns vorbei war und dass sie sich gefälligst sofort zum Teufel scheren sollte.

Ein dreifaches Hoch auf die innere Stimme! Der sollte man unbedingt immer gehorchen, auch wenn man sie nicht versteht!

Und eine war einfach nur bezaubernd. Es kam ihr nur in der Dusche, wenn man den Brausekopf abschraubte und mit dem heißen Wasser direkt aus dem Schlauch auf ihre Klitoris zielte. Sie kehrte dann nach der Dusche mit Schuldgefühlen, aber quietschsauber zu ihrem Freund zurück.

Immer wieder beim Zahnarzt, beim Friseur, in der Poliklinik oder an einem anderen unangenehmen Ort fallen einem Frauenzeitschriften in die Hände, und weil man nichts Besseres zu tun hat, blättert man sie durch. Es ist gut zu wissen, was den Frauen so verkauft wird. Überraschend oft wird in diesen Zeitschriften über den weiblichen Orgasmus geschrieben, darüber, wie frau einen solchen ohne Zuhilfenahme ihrer Hände oder mit orientalischen Techniken erlangen kann, wie man einen solchen in Zeiten der Schwangerschaft oder Menstruation bekommt, was es für elektrische und mechanische Hilfsmittel gibt, darüber, wie wichtig der Orgasmus für das psychische und physische Wohlbefinden der Frau ist, wie frau einen solchen glaubhaft vortäuschen kann, wieviele ein gesundes Mädel pro Tag haben kann und darüber, wie wir Männer doch von dem ganzen Naturwunder keinen blassen Schimmer haben.

Das allein ist schon beunruhigend für uns, aber eine richtige Schweinerei ist, dass niemand auch nur ein Sterbenswörtchen über den männlichen Orgasmus schreibt! Offenbar ist dieser für die Frauen eine Selbstverständlichkeit, die langweiligste Sache der Welt. Wenn der Mann ihn nur irgendwie hochkriegt, dann kommt es ihm auch irgendwann, meistens sowieso zu früh.

Verehrte Damen, kennen Sie den 60-Sekunden-Orgasmus? Haben Sie eine Minute Zeit? Im Ernst, habt ihr Frauen irgendeine Ahnung, wie vielschichtig, facettenreich, tiefschürfend und zartfühlend der Orgasmus des Mannes ist? Habt ihr beispielsweise eine Idee davon, wie gut ein Mann sich konzentrieren können muss, damit es ihm kommt, wenn ihr ihm einen blast? Habt ihr euch je überlegt, wie sich der Orgasmus eines unbeschnittenen Mannes und der eines Beschnittenen voneinander unterscheiden? Ich übrigens auch nicht, merke ich gerade. Und findet ihr es etwa gerecht, dass wir Männer immer diejenigen sind, die sich mit der Staatsgewalt auseinandersetzen müssen, wenn mal wieder eine von euch darum gebeten hat, es »an einem spannenden Ort« zu treiben?

Von uns Männern wird neuerdings völlig Unmögliches erwartet. Wir haben im Bett zärtlich und brutal zu sein, unterwürfig und dominant, unschuldig und erfahren – und alles zugleich! Der Stress, euch Frauen anständig zu befriedigen, versaut uns den ganzen Spaß. Jeder – ich wiederhole, jeder Mann onaniert. Die Selbstbefriedigung des Mannes hat mit euch Frauen überhaupt nichts zu tun, ihr braucht euch gar nicht aufzuregen, es geht einzig um unsere Art, zu entspannen, mit unserem kleinen Selbst allein zu sein und Energie für die nächste wunderbare Begegnung mit euch zu tanken.

Bei aller Liebe und allem Respekt – noch niemand hat mich so schnell und so mühelos zum Kommen gebracht wie ich selbst. Ich brauche mich nicht schick anzuziehen, keinen Tisch zu bestellen, kein Abendessen zu bezahlen, keine zivilisierte Konversation zu machen, ich brauche diesen verdammten G-Punkt nicht zu suchen, und ich muss im entscheidenden Augenblick nicht einmal den Bauch einziehen!

Eifersüchtig braucht ihr deswegen nicht zu sein. Wir Männer beschränken uns in unseren Phantasien fast immer brav auf Close-ups, auf Organe und Details. Die Gesichter lassen wir weg, denn wir wissen: Wenn es um Sex geht, sollte man nicht persönlich werden. Und übrigens, Jungs: Einen vorzeitigen Samenerguss vermeidet man am besten, indem man an die Mutter denkt. An die eigene oder die deiner Frau, ganz egal.

Als deutscher Mann hat man es mit finnischen Frauen relativ leicht, es sei denn, man macht den Fehler, mit einer zusammenzuwohnen. Finnische Männer sind viel misstrauischer, aber obwohl ich als kommunizierender europäischer Mann natürlich eine akute Bedrohung für sie darstelle, gelang es mir doch ab und an, auch männliche Bekanntschaften zu machen.

Ein Kumpel lud mich einmal zu einem Eishockeymatch ein. Er war der Ansicht, dass es für die kulturelle Integration eines Einwanderers in Finnland unabdingbar sei, die Heiligkeit von Eishockey zu kapieren. Es war ein Länderspiel zwischen Finnland und der damals schon schwer in den Seilen hängenden Sowjetunion, ein Freundschaftsspiel.

Das Erste, was mir auf die Nerven ging, war die unangenehme Kälte in der alten Eishalle; im Fernsehen hatte das alles immer ganz gemütlich ausgesehen. Richtig furchtbar waren auch die Musikfetzen, die immer eingespielt wurden, wenn der Schiedsrichter das Spiel abgepfiffen hatte. Das Spielgerät selbst war kleiner als eine Zigarettenschachtel und bewegte sich mit rasender Geschwindigkeit übers Eis. Ich war die ganze Zeit damit beschäftigt, den schwarzen Punkt auf dem Spielfeld zu suchen.

Ich konnte kein Abseits sehen und keinen Pass über zwei Linien, die Regeln des Spiels und seine Schönheit blieben mir verborgen. Ich sah nur ein heilloses Chaos auf dem Eis. Und die Mannschaften wechselten alle paar Minuten ihre Spieler aus. Ich fragte meinen Kameraden:

»Was soll das denn? Die wechseln ja dauernd die Spieler? So werden die Jungs ja gar nicht richtig müde!«

Mein Kumpel sah mich mordlüstern an und versprach, dass er mich nie wieder zu einem Eishockeyspiel mitschleppen würde. Schade eigentlich. Ich hatte die Möglichkeit gehabt, einen finnischen Mann als Freund zu gewinnen, und ich hatte sie vertan. Und Finnland verlor fünf zu eins gegen die Sowjets.

Sich mit finnischen Männern anzufreunden, ist extrem schwierig, wenn man sich nicht für Sport interessiert, und ich hasse Sport in jeglicher Form seit meiner Schulzeit. Immer, wenn wir im Sport zwei Mannschaften bilden mussten, um irgendein dummes Spiel zu spielen, war ich der Idiot, den keiner haben wollte.

Sport ist für mich immer noch ein Buch mit sieben Siegeln. Ich verstehe seine Faszination nicht und erkenne seine Bedeutung nicht, höchstens vielleicht als Surrogat für blutige Kriege. Haben wir die Zivilisation nicht gerade deshalb erfunden, um nicht mehr um unser Leben zu rennen, keine Speere mehr zu werfen und nicht mehr über Gräben springen zu müssen?

In Finnland ist es nichts Besonderes, sämtliche gleichgeschlechtlichen Bewohner einer Mietskaserne nackt, verschwitzt und mit rotem Kopf gesehen zu haben. In Deutschland gibt es keine gemeinsamen Mietshaussaunas, und niemand weiß, dass der fette Typ aus dem B-Flur Psoriasis hat.

Als ich genau zehn Jahre in Finnland gelebt hatte, unterzogen mich zwei meiner Nachbarn einem selbst erfundenen Integrationsritual: Sie holten mich zu Hause ab, machten mich mit eiskaltem finnischem Wodka ausreichend betrunken und brachten mich in den Keller, wo unsere Gemeinschaftssauna war. Sie machten Aufgüsse, bis ich fast ohnmächtig wurde, und weckten mich dann aus dem Beinahe-Koma, indem sie mich mit frischen Birkenzweigen auspeitschten, bis meine Haut rot glühte. Zum Abschluss bekam ich noch mehr Schnaps und ein selbst gebasteltes Finnlandisierungsdiplom. Die schönste Freundschaftsbezeugung, die mir in Finnland je jemand gemacht hat.

Inzwischen bin ich schon seit über 20 Jahren hier, und ich habe es zu etwas gebracht. Ich wohne jetzt in einem feinen Haus, hier gibt es keine Gemeinschaftssauna. Wer eine Sauna will, soll sich eine kaufen. Und mit meinen Nachbarn spreche ich kein Wort mehr, ich bin jetzt integriert.

Zu Ehren meines 20-jährigen Finnlandjubiläums kamen Konrad und Vater mich besuchen. In Helsinki gibt es eine uralte, kleine öffentliche Sauna, wo pensionierte Bahnarbeiter sich die müden Knochen wärmen. Die Sauna verstößt gegen sämtliche EU-Regeln, und wer sie betritt, fühlt sich in die Fünfzigerjahre zurückversetzt.

Dorthin schleppte ich meinen Bruder und meinen Vater am 20. Jahrestag meiner Landung. Ich hatte eine 70-jährige Wäscherin engagiert, und als mein Vater splitternackt vor ihr lag und mit der Wurzelbürste abgeschrubbt wurde, sahen Konrad und ich neugierig nach, ob er die Behandlung ohne Erektion überstand. Er bemerkte es, grinste und sagte:

»Es gibt Dinge, die mit zunehmendem Alter besser werden.«

»So? Was denn zum Beispiel?«, fragte ich.

»Die Libido nimmt etwas ab.«

15. UNSICHTBARE NABELSCHWAGER

Einmal gelang es mir, entgegen aller Wahrscheinlichkeit sogar, mich mit einem finnischen Ingenieur anzufreunden, und eines Tages bat dieser mich darum, mit ihm und seiner neuen Freundin auszugehen. Die beiden waren zwar erst wenige Wochen zusammen, aber offensichtlich hatten sie einander nicht viel zu sagen. Der Ingenieur wollte mich ihr vorstellen in der Hoffnung, ich würde mich an seiner Stelle um den verbalen Teil des Abends kümmern. Außerdem war ich ja bekannt aus Funk und Fernsehen, vielleicht wollte der Ingenieur seine Freundin auch einfach nur beeindrucken.

Wir trafen uns im Restaurant. Die Freundin hieß Natalie, war zehn Jahre jünger als ich, strohblond, alleinerziehende Mutter und wunderhübsch anzusehen, besonders der untere Teil, da sie in ihrer Kindheit und Jugend lange Jahre beim Nationalballett getanzt hatte. Wie man weiß, treten bei Tänzerinnen nach einigen Jahren unwiderrufliche orthopädische Veränderungen ein, und sie können sich für den Rest ihres Lebens nur noch auf engelsgleiche Weise bewegen.

Der Ingenieur ging aufs Klo und ließ mich mit Natalie allein. Ich war vom Ballerinenfleisch vor meinen Augen hypnotisiert, also kam ich direkt zur Sache:

»Na, wie geht's euch beiden denn? Macht dein Freund dich glücklich?«

Das Mädchen lächelte zuckersüß. Sie hatte sofort verstanden:

»Ganz gut, denke ich. Ein bisschen mehr Sex wäre nicht schlecht ...« Sie schlug die Augen nieder.

A damsel in distress! Als katholischer Drachenschlächter musste ich selbstverständlich in die Bresche springen.

Zwei Wochen später war der Ingenieur wieder Single, und ich hatte eine neue Freundin.

Lange glaubte ich, alleinerziehende Mütter seien die idealen Frauen. Ich dachte, wer schon ein Kind und mindestens eine verunfallte Beziehung hinter sich hat, hat bestimmt auch etwas aus seinem Blechschaden gelernt. Eine Mutter würde Verständnis für meine Kinder haben. Eine Frau, die schon einmal von einem Mann ein Kind bekommen und diesen Mann dann verloren hat, behandelt, den nächsten bestimmt deutlich besser, so glaubte ich. Ich dachte, alleinerziehende Mütter seien pflegeleichte, dankbare, mit etwas Glück sogar leicht inkontinente Partnerinnen.

Wie Unrecht ich doch hatte. Alleinerziehende Mütter sind zwar inkontinent, ansonsten aber die verwöhntesten Prinzessinnen von allen! Sie sind ausnahmslos felsenfest von ihrer eigenen Unschuld am Scheitern ihrer letzten Beziehung überzeugt. Die Tatsache, dass sie alleine ein Kind großziehen, lässt sie glauben, sie hätten überirdische feminine Fähigkeiten und hätten das göttingegebene Recht auf totales Verständnis, totale Anbetung und vollen Service.

Der Programmdirektor des Rundfunks bat mich um Hilfe bei einem Lieblingsprojekt, das er schon lange mit sich herumtrug. Er wollte verschiedene Fernsehformate aus verschiedenen Kulturen sammeln und zu einem Magazin editieren, mit finnischen Untertiteln. Er suchte jemanden, der diese Show für ihn realisieren und im Studio moderieren sollte, und ein Ausländer würde passen wie die Faust aufs Auge. Ich nahm den Job euphorisch an. Die Sendezeit war Samstagnachmittags zwei Stunden lang, und ich durfte zum ersten Mal auf Finnisch Fernsehen moderieren. Jetzt würde mich nichts mehr aufhalten! Meine Aufgabe war es, dem finnischen TV-Publikum Programme zu zeigen, die dieses sonst nie zu Gesicht bekommen würde. Der Arbeitstitel der Serie war »Das Fernsehen der Welt«, und meine Kollegen gratulierten mir neidisch.

»Du wirst jetzt ein Mann von Welt!«, hieß es. Dann aber änderte der Programmdirektor in letzter Minute den Namen, und das Programm wurde unter dem Titel »Das Fernsehen der Anderen« ausgestrahlt. Auf den Korridoren hieß es: »Du bist kein Mann von Welt geworden, sondern der Mann der Anderen.«

Nach den Jahren mit Camilla genoss ich es, in meiner Beziehung die Partie mit mehr Geld zu sein. Endlich hatte ich ein Mädchen, dem ich Dinge kaufen konnte, die ich mir nicht leisten konnte! Ich würde Natalie lieben, koste es, was es wolle, ich würde ihr alles geben, zum Teufel. Ich kaufte ihr Schmuck und reiste mit ihr ringsherum durch Europa. Und ich stellte sicher, dass mein Engelchen genug Sex bekam:

»Soll das heißen, dass ich ins Bett gehen kann mit wem ich will?«, fragte sie mit runden Augen.

»Hauptsache, du bist mein Mädchen ...«

»So hat mich noch keiner geliebt. Kauf mir einen Ring!«

»Und was kriege ich, wenn ich dir einen Ring kaufe?«

»Sex«, sagte Natalie und strahlte.

Wir verlobten uns in Wien in einem romantisch vergammelten, kleinen Swinger-Club, direkt neben der grell erleuchteten, mit Stacheldraht geschmückten US-Botschaft.

Wie so viele finnische Frauen hatte auch Natalie ein Faible für ausländische Männer, aus dem einfachen Grund, weil diese zum Zeitpunkt des Lichtzeichens, wenn der Alkoholausschank beendet wird, anders als ihre finnischen Mitbalzer, noch in der Lage sind, ganze Sätze zu bilden und auf zwei Beinen zu stehen.

Ich saß im Auto, in einem Café oder in der Kneipe, einen Block von Natalies Wohnung entfernt. Natalie rief mich an, sobald ihr Besucher gegangen war. Sollte ich ihn mir anschauen? Sollte ich heimlich den Blick auf ihre Haustür heften, um zu sehen, wie der Mann aussah, der heute herauskam? Was, wenn er jünger war als ich, besser aussah, ausländischer, südländischer?

Ich schaute kein einziges Mal. Ich habe nie einen meiner Nabelschwager, wie man uns auf Finnisch nennt, gesehen, aber wahrscheinlich kannten die meisten von ihnen mein Gesicht aus dem Fernsehen.

»Mmmm, geiles Vorspiel«, sagte Natalie, als ich zu ihr unter die Decke kroch, und sie lächelte so unendlich süß, dass ich sie einfach ablecken musste.

Für das Fernsehen der Anderen galt es, möglichst viele verschiedene Fernsehformate aus möglichst vielen verschiedenen Ländern zu besorgen, möglichst billig, möglichst schnell und mit möglichst wenig Aufwand. Deshalb führte mich mein Weg nach Frankreich, genauer gesagt nach Cannes zur internationalen TV-Messe, zu der der finnische Rundfunk eine Delegation von sage und schreibe 45 Personen schickte. Plus mich. Ich trug ein laminiertes Schildchen um den Hals, auf dem »Buyer« stand, und ich durfte an jedweder Hierarchie vorbei hemmungslos Programme kaufen, Teil 13 hiervon, Teil zwei hiervon, Teil sechs hiervon.

40 der 45 Finnen lebten in einem normalen Hotel in der Stadt. Die Direktoren wohnten in einem kleinen, edlen Etablissement direkt an der Riviera. Und ich mit ihnen. Wahrscheinlich wollten mich die Bonzen genau unter die Lupe nehmen, mich testen. Am Morgen des ersten Messetages trafen wir uns beim Frühstück.

»Na, kommst du mit golfen?«, fragte man mich.

»Ich spiele kein Golf«, sagte ich und konnte mir den restlichen Satz nicht verkneifen: »Ich habe noch Sex. Ich gehe zur Messe.«

Natalie hatte einen schwarzen Kater, der mindestens 15 Jahre alt war und alle Gebrechen hatte, die eine Katze in diesem Alter so hat. Dazu gehörten auch Nierensteine, und der Kater pisste täglich mehrmals in verschiedene Ecken von Natalies Wohnung.

Natalie bekam jedes Mal einen Nervenzusammenbruch, wenn sie nach Hause kam und die kleinen Pfützen fand. Während sie hysterisch mit Lappen und Eimer zu Werke ging, bevor sie noch den Mantel und die Handschuhe ausgezogen hatte, sprang der Kater zu mir auf den Schoß und schnurrte freudig. Wir verstanden einander.

Ich selbst habe ja, seit das Aquarium zu Bruch ging, keine Haustiere mehr. Aber wenn ich eines halten müsste, dann wäre das garantiert kein Hund. Es mag ja sein, dass ein Hund im Notfall eventuell das Leben seines Besitzers rettet, aber die Erniedrigung, die so ein Tier mit sich bringt, ist für mich indiskutabel. Wenn ich die frierenden Gestalten sehe, die frühmorgens in der beißenden, arktischen Kälte im Hundepark an der orthodoxen Kirche Richtung Präsidentenpalais stehen und zitternd darauf warten, dass ihre vierbeinigen besten Freunde endlich eine dampfende Wurst in den knirschenden Schnee drücken, damit sie endlich nach Hause zu ihrer Zeitung und zu ihrem Morgenkaffee kommen, wenn ich so etwas sehe, dann tun mir sowohl die Hunde als auch die Menschen einfach nur leid.

Die Grundidee des Programms war denkbar einfach, so wie alle guten Ideen. Ein Kinderprogramm aus Grönland, eine politische Satire aus Angola, eine Talkshow aus Paraguay, eine chinesische Kochshow mit einem exquisiten Rezept für Schlangenhirnsuppe inklusive Einkaufen der Rohstoffe auf dem Markt. Das ganze zu einer Zeit, wo große Bevölkerungsteile mit einem gehörigen Kater auf einer Matratze liegen und schweren Schädels vor der Glotze vegetieren.

Wir sendeten die Programme ungeschnitten mit finnischen Untertiteln, und das Programm wurde Kult. Eine multikulturelle Wundertüte, deren Pausen ich damit füllte, den finnischen Sinn für Humor auszuloten. Es stellte sich heraus, dass die Zuschauer es mochten, wenn ich sie als verkaterte Bleichgesichter, Ureinwohner oder ugrische Horde anredete, wenn ich vorschlug, Heteroehen per Gesetz zu verbieten, oder wenn ich über die Russen herzog, die zu hassen in Finnland immer Punkte bringt.

Einer der Elektriker beim Rundfunk sagte, als er mir mit seiner Leiter im Flur beinahe ein Auge ausstach:

»Da ist ja der Verarscher der Nation.«

Diesen Titel verwende ich immer noch gerne, wenn ich im Hotel das Gästeformular ausfülle. Nach knapp hundert zweistündigen Sendungen wurde das Fernsehen der Anderen allerdings jäh abgesetzt. Die Einschaltquoten stimmten zwar, aber meine Show wurde von alt und jung, von Männern und

Frauen, von Proletariern und Intellektuellen gesehen, und das ging natürlich nicht. Die Zuschauer schafften es einfach nicht, sich passend zum neuen Medienforschungsprogramm zu segmentieren.

Eines Tages deklarierte Natalie, sie sei mit den Nerven endgültig am Ende, zumindest hinsichtlich des schwarzen, pissenden Katers. Eine derart alte und beschädigte Katze konnte man keiner Freundin oder keinem Bauernhof mehr andrehen, Natalie sah nur noch eine einzige Lösung: Das Tier musste eingeschläfert werden, aber weil Natalie im Laufe der gemeinsamen Jahre doch starke Gefühle für ihren alten Kater entwickelt hatte, brachte sie es nicht über sich, ihn in die Kleintierklinik zu verfrachten. Sie bat mich um Hilfe.

So bekam ich also eine Chance, Natalie meine Liebe zu beweisen, indem ich ihre Katze umbringen ließ. Ich kam mit dem Schlüssel in die Wohnung, als Natalie bei der Arbeit und ihr Sohn im Kindergarten waren. Als der Kater mich freudig begrüßen kam, stopfte ich ihn sofort ohne Federlesens in die Transportkiste, brachte ihn ins Auto und drehte das Radio auf Nordost, damit ich das empörte Miauen vom Rücksitz nicht hören musste.

In der Klinik gab man mir dicke Lederhandschuhe; ich sollte den Kater festhalten, während er die Beruhigungsinjektion bekam.

»Wahrscheinlich übergibt sich das Tier bald. Das ist normal«, sagte die Tierärztin und verließ den Raum.

Der Kater versuchte, auf dem blechernen Rolltisch aufzustehen, aber seine Pfoten versagten. Dann kotzte er auf das glänzende Blech, versuchte zu scharren, sich das Fell sauber zu lecken, aber auch dazu hatte er nicht mehr die Kraft. Er sah mich mit großen, honigfarbenen Augen an:

»Warum tust du mir das an? Ich dachte, wir wären Freunde!«

Als das Tier bewusstlos war, kam die Veterinärin zurück und verabreichte ihm den tödlichen Schuss. Wieder ließ sie mich mit der Katze alleine.

»Verzeih mir, schwarzer Freund«, sagte ich und hielt das tote Tier eine Weile im Arm.

Als Todesursache wurde ›Alter‹ in die Papiere eingetragen, als Rasse ›Europäer‹. Ich bekam Angst.

Natalies Sohn und meinen Kindern erzählten wir, ich hätte den Kater zu einem freundlichen alten Ehepaar nach Korso, einem Kaff im Dunstkreis von Helsinki, gebracht wo er seinen Lebensabend in einem schönen, großen Garten verbringen durfte und wo niemand schimpfte, wenn er in die Ecken pisste.

Ein paar Mal wollten die Kinder nach Korso fahren und den Kater besuchen, aber nach einer Weile hörten sie auf, davon zu sprechen.

Ich machte Natalie mit einem jungen, gutaussehenden Schauspieler aus Deutschland bekannt, der zu Besuch in Helsinki war. Mein Plan war, ihn Natalie als Geschenk zu gönnen. Die beiden kamen auch sehr gut miteinander klar und unterhielten sich die ganze Nacht angeregt. Das war wohl der Fehler. Wenn sie es gleich miteinander getrieben hätten, wäre es wohl dabei geblieben, so aber baute sich Spannung auf, die beiden mussten per E-Mail, SMS und Telefon weiterkommunizieren, und plötzlich war Natalie in Berlin und tat das, wozu sie damals in Helsinki in der ersten Nacht nicht gekommen war.

Der Verlobungsring liegt auf dem Grunde der Ostsee, im Yachthafen in Katajanokka, vor meiner Haustür. Zugegeben, ich bin etwas melodramatisch, wenn es um Ringe geht. Aber wahrscheinlich ist es doch gut, dass ich Natalie nicht geheiratet habe. Wer weiß, wenn ich angefangen hätte, an unfreiwilligem Harnlassen zu leiden, vielleicht hätte sie einen meiner Nabelschwager gebeten, mich auch zu diesem liebenswürdigen alten Ehepaar nach Korso zu bringen.

16. EIN DACKEL IM KÜHLSCHRANK

Schon seltsam, wie man mit zunehmendem Alter müde wird. Wenn man jung ist, kann man sich das wirklich gar nicht vorstellen. Diesmal hatte ich einfach nicht die Energie, mich zu amüsieren. Stattdessen rief ich Camilla an.

»You?«

»Yes. I need a friend with a pussy.«

»I'm afraid you'll have to wait until Sunday.« Sie war mit ihren Söhnen in Thailand.

Auch sie hatte keine Lust mehr, sich zu amüsieren, und außerdem war sie von ihrer Reise knusprig gebräunt. Nach unserer ersten Wiedersehensfreude stand auf der Ergebnistafel 11 zu 6.

»Hu, that's better! Thank you.«

»My pleasure.«

Der finnische Rundfunk bestellte bei mir eine Satireserie. Im Programmschema gab es viele kleine Löcher, und ich sollte einige davon mit lustigen, ironischen Finnland-Kommentaren füllen. Der Programmdirektor sagte:

»Mach etwas Witziges, ganz in deinem eigenen Stil, geh anständig mit uns ins Gericht!«

Na also! Endlich nahm man auch die letzten Zügel von mir, endlich konnte ich so richtig loslegen! Ich machte mich sofort daran, einen achtminütigen, bitterbösen Trailer zu drehen:

Ich spaziere die Treppen vor dem finnischen Reichstag herunter und erzähle der Kamera:

»Dieses stilvolle Gebäude gehört Nokia, und in seinem Innern täuschen sowohl die Regierung als auch die Opposition in friedlicher Eintracht Demokratie vor. Finnland ist ein großes Land, nur gibt es leider nicht genug Einwohner. Aus einer Masse von nur fünf Millionen Menschen ist es natürlich unmöglich, genügend talentierte und angemessen geschulte Politiker zu rekrutieren, und so müssen sich die armen finnischen Steuerzahler in ihrem Parlament von alternden Sportlergrößen und Ex-Schönheitsköniginnen vertreten lassen.

Finnlands Frauen sind die schönsten, intelligentesten und am besten ausgebildeten auf der ganzen Welt. Sie führen dieses Land mit mütterlich-autoritärer Hand, und sie werden von den Männern so geliebt, dass ihr intimes Organ das meistbenutzte Wort in der gesprochenen finnischen Alltagssprache ist: *vittu**.«

Dazu im Bild der prachtvolle Hintern von *Havis Amanda*, der Bronzestatue am Marktplatz, die von der nationalistischen Studentenbewegung jedes Jahr am 1. Mai rituell mit einer weißen Mütze geziert wird.

»Finnische Männer hingegen werden durch die natürliche Überlegenheit der finnischen Frau schon in früher Kindheit so traumatisiert, dass sie spätestens in der Adoleszenz aufhören, mit Frauen zu sprechen, und sich lieber in die dunkle Sauna verziehen, Selbstmord planen oder Eishockey spielen, was sie übrigens fast so gut können wie die Schweden.

In dieser vorbildlichen Gesellschaft kümmert man sich noch um seine Mitmenschen. Wer sich nicht richtig verhält, wird von seinen Mitbürgern auf seine Fehler aufmerksam gemacht. Mit einer Ausnahme: Betrunkene darf man guten Gewissens im Schnee erfrieren lassen.«

Dazu schnitt ich gestellte Bilder eines Penners, der vor dem

* Fotze (gebräuchlichstes Schimpfwort im Finnischen, vergleichbar mit »Scheiße« in Deutschland)

Denkmal des Nationaldichters *Runeberg* eingeschlummert war, in der Hand eine Flasche *Lasol*, ein Windschutzscheibenputzmittel von der Tankstelle. Und natürlich begann das Bild oben, mit der obligatorischen kackenden Möwe auf dem Haupt des Nationaldichters.

»Anderswo in Europa führen Eigentumsdelikte die Spitzen der Kriminalstatistiken an. Hier in Finnland wird nicht gestohlen, denn das ist unehrlich! Bei uns ist Körperverletzung auf Platz eins!«

Dazu eine Glasvitrine im Kaufhaus, mit einem reichhaltigen Angebot an handgemachten, traditionellen Finnmessern.

Ich sitze im Café und lese die Abendzeitung:

»Die Finnen sind ein neidisches Völkchen. Einmal jährlich veröffentlichen sie die Steuerdaten der Reichen und Berühmten, so dass sich sämtliche Armen am selben Tag über die unerträgliche Ungerechtigkeit des Seins aufregen können.«

Ich sitze breitbeinig auf einer schwerstkalibrigen Kanone im Hof des Kriegsmuseums in Helsinki:

»Im Winter 1939/40 mussten sich die Finnen mutterseelenallein gegen die übermächtige Sowjetunion wehren. Die Finnen sind furchtlose Krieger, nur wenn es um Cholesterin geht, machen sie sich in die Hosen.«

Der Trailer endet damit, dass ich auf dem Trottoir vor einer Tür stehe, die man anfangs nicht erkennt:

»Es ist also an der Zeit, dieses kraftvolle, vergessene, zähe kleine Volk am Rande Europas näher kennen zu lernen. Lassen Sie uns mutig dorthin gehen, wo noch niemand war, tiefer als die Sauna, tiefer als Sibelius, tiefer noch als *Sisu**, direkt ins Herz Finnlands. Auf Wiedersehen.«

Die Kamera fährt nach oben und ins Bild kommt das ALKO-Schild, die staatliche Alkoholmonopolhandelskette.

Im Hintergrund laufen ungekürzt die ganzen acht Minuten *Finlandia* von Jean Sibelius.

* das sprichwörtliche finnische Durchhaltevermögen

Ich selbst fand den Trailer zum Totlachen. Ich war sicher, dass meine Kunden beim Rundfunk bei der Vorführung in Tränen ausbrechen würden, und dass sie sofort eine hundertteilige Serie bestellen würden. Stattdessen saßen alle im Raum Anwesenden inklusive des Programmdirektors die gesamten acht Minuten schweigend vor dem großen Fernseher.

»Und?«, fragte ich dann in Erwartung stürmischen Applauses.

»Das ist ...«, sagte der Programmdirektor und räusperte sich, »das ist schlechter Journalismus. Das Reichstagsgebäude gehört nicht Nokia, sondern dem finnischen Volk.«

»Ihr habt doch keinen Journalismus bestellt, sondern Satire!«, rief ich aus.

»Außerdem können wir das mit der Lasol-Flasche nicht senden. Das ist nicht witzig.« Er schob mir die Abendzeitung über seinen Schreibtisch. Auf dem Titelblatt war eine Schlagzeile, in der es um den Tod von drei Bauarbeitern ging, die Lasol getrunken hatten.

Ich fand es witzig. War es meine Schuld, dass die Realität in Finnland härter war als Satire?

Ich musste einiges kürzen und kastrieren, aber auch die verharmloste Version war noch zu satirisch für den öffentlich-rechtlichen Rundfunk, bei dem ich mein Handwerk gelernt hatte. Eine Woche, nachdem ich die neue Version abgeliefert hatte, bekam ich die Standard-E-Mail: »... leider mitteilen, dass Ihr Programmvorschlag derzeit nichts ins Kanalprofil ...«

Schon komisch, dieses Land der tausend Seher. Wenn kein Diktator oder keine kommunistische Nachbarweltmacht die Leute hier am Lachen hindern, dann tun sie es eben selbst. Es muss wohl wirklich am Klima und an der Dunkelheit liegen.

Ob das finnische Volk, dem zwar nicht Nokia, aber immerhin das Reichstagsgebäude gehörte, mehr Humor hatte als die Programmdirektion beim Rundfunk? Ich schrieb die Satireserie zu einem Buch um, zu einer zweisprachigen Sammlung von Glossen über dieses verrückte Volk, das sich so gerne von einer herzlich applizierten, in Deutschland hergestellten Lederpeitsche den Arsch versohlen ließ. Irgendjemand würde dieses Buch schon lesen, so gut kannte ich meine Finnen.

Camilla hatte von ihrer besten Freundin Tickets für das Hauptevent beim jährlichen Jazzfestival in Pori bekommen. Wir kamen schon früh am Nachmittag in der westfinnischen Kleinstadt an und hatten vor dem Konzert mehr als genug Zeit, einige Margaritas zu trinken. Dann stolperten wir, schon leicht angeschlagen, auf die idyllische Landzunge hinaus, auf der ein eigens aus den Vereinigten Staaten angereister, blinder Schwarzer mit seinen Kollegen musizieren sollte: *You are the sunshine of my life ...*

Camillas Freundin hatte sich leider aufgrund einer langen Serie von frustrierenden Erfahrungen mit Männern zu einer militanten Feministin hartkochen müssen. Vielleicht lag es auch daran, dass sie ziemlich hässlich war, jedenfalls erklärte sie mir in aller Gründlichkeit, dass wir Männer alle ausnahmslos Scheiße seien, ich im Besonderen, weil ich Camillas Boyfriend war und weil Camilla etwas viel Besseres verdient hatte als einen großen, intelligenten, gutaussehenden, erfolgreichen Deutschen.

Eine Zeitlang hörte ich höflich zu, ich wollte schließlich die beste Freundin meiner Freundin nicht verunglimpfen, aber an einem gewissen Punkt wurde mir die Sache langweilig, denn Camillas Freundin war inzwischen so betrunken, dass sie sich permanent wiederholte. Ich kaufte ihr noch eine Margarita, überließ sie ihrer Konversation und ging Camilla suchen, die schon vor geraumer Zeit im Gewühl verschwunden war.

Ich fand sie im Schoß eines Mannes. Camilla und der Mann schienen alte Bekannte zu sein, jedenfalls wühlten sie sich gegenseitig vertraut mit den Zungen in den Mündern herum. Außerdem hatte der Mann seine Hand unter ihrem Rock. Als Camilla mich sah, lächelte sie und stellte mir den Mann als Jukka vor. Jukka sah etwas besorgt aus, denn er war einige Jahre älter als ich und mindestens einen Kopf kleiner, das konnte man sehen, obwohl er saß und ich stand. Ich versuchte, seine Ängste abzumildern, indem ich ihn fragte:

»Willst du mit mir streiten oder willst du mit mir teilen?«

Wir beschlossen, vorerst nicht zu streiten, sondern wankten zu dritt in die möblierte Wohnung, die Jukka für die Zeit des Festivals gemietet hatte. Camillas Freundin war zum Glück verschwunden. Jukka verkündete stolz, dass er in der Wohnung einen Dackel im Kühlschrank habe. Ich wusste nicht, was das arme Tier verbrochen hatte, auf jeden Fall fand ich die Strafe reichlich drakonisch. Ob ein Dackel überhaupt mehrere Stunden im luftdichten Kühlschrank überleben konnte? Als wir in der Wohnung ankamen, stellte sich der Dackel aber glücklicherweise als Doppelsixpack gut gekühlten Bieres heraus. Man lernt nie aus.

Seine Frau mit einem anderen Mann zu teilen, ist eine kleine frivole Spezialität, die ich allen Männern mit guten Nerven und stabilem Selbstvertrauen ans Herz legen möchte. Wenn alles gut geht, haben alle Beteiligten Vorteile davon:

Deine geliebte Partnerin darf genießen, wie eine Blüte auf vier Handflächen getragen zu werden, sie wird von vorne und hinten bedient, genommen und verehrt, sie darf guten Gewissens einen fremden Schwanz schmecken, ohne mit ihren Freundinnen ausgehen, ein Alibi erfinden oder auf dem Heimweg Spuren beseitigen und Lügen erfinden zu müssen. Sie darf erfahren, ein wie toleranter Mann du doch bist und wie glücklich sie sich schätzen kann, in dir einen Partner zu haben, dem es gelungen ist, seinen archaischen Besitztrieb, seine primitive Eifersucht und seine haarig-maskuline Einfalt zu überwinden.

Der andere Mann darf endlich einmal guten Gewissens eine fremde Frau vögeln, er braucht sich nicht vor seiner eigenen zu fürchten, denn er verbringt schließlich nur einen langweiligen Abend mit einem Kollegen und dessen Frau. Er braucht auch vor eifersüchtigen Ehemännern keine Angst zu haben, denn du bist ja dabei und überwachst das Ganze gutwillig. Der andere Mann braucht keine Frau abzufüttern, bis zum Umfallen betrunken zu machen, um ihr an die Wäsche zu dürfen, und er braucht sich am nächsten Morgen auch keine Gedanken darüber zu machen, wie er seine neueste Eroberung wieder loswird und wie er sie am Telefonieren und Versenden von SMS-Mitteilungen hindert.

Du selbst kommst in den seltenen Genuss, deine Frau dabei zu beobachten, wie sie endlich einmal wieder richtig geil ist und sich einer echten Schlampe gleich vor deinen Augen windet, von zwei Gliedern gepfählt. Du kannst deine homoerotischen Tendenzen genießen, ohne den anderen Mann berühren zu müssen, deine Frau zwischen ihm und dir schafft einen beruhigenden Sicherheitsabstand. Darüber hinaus beflügelt die Anwesenheit des anderen Mannes deine Frau zu längst vergessenen Leistungen: In einer Dreieckssituation kann sie es sich nicht leisten, so langweilig zu sein, wie sie es schon lange mit dir alleine ist, du bekommst sozusagen als Bonus am Rande zu hören, wie deine eigene Frau endlich wieder einmal aus voller Überzeugung stöhnt.

Der andere Mann wird sich ewig in deiner Schuld fühlen. Seine Frau mit einem anderen Mann zu teilen, ist ein noch weitaus potenteres Bonding-Ritual als das Leihen von Bargeld oder eines Automobils. Höchstwahrscheinlich bringt dir dieser andere Mann eines Tages seine eigene Flamme und bittet dich, sie gemeinsam mit ihm zu vögeln. Du kannst dich auf seine männliche Solidarität verlassen.

Das Beste aber an einer solchen *menage-à-trois*-Konstellation ist, dass du sie als Prüfstein für die Echtheit der Gefühle deiner Frau verwenden kannst, besonders, wenn du die Wahl der Drittpersonen ihr überlässt. Kann sie es mit einem anderen treiben, ohne sich in ihn zu verlieben? Kannst du ihr wirklich vertrauen, ist sie wirklich loyal, ist sie wirklich deiner Liebe wert?

Andererseits – es kann, wie gesagt, auch richtig schief gehen.

Um halb sechs Uhr morgens saß ich mit Jukka auf dem verglasten Balkon der Wohnung, saunasauber und immernoch splitternackt, und betrachtete im sogenannten *Abwärtsrausch* die Sonne, die im arktischen Sommer um diese Zeit schon lange am Himmel stand. Camilla schnarchte nebenan zufrieden im Schlafzimmer. Jukka und ich zerrissen die Reste des Dackels und teilten auch noch die allerletzte Flasche. Es stellte sich heraus, dass er noch nie von mir gehört hatte.

»Übrigens, Jukka, was machst du eigentlich beruflich?«, fragte ich nach deutscher Sitte.

»Ich bin Verleger. Und du, was machst du?«

»Ich schreibe. Ich habe ein fertiges Manuskript.«

Jukka stand auf und streckte feierlich die rechte Hand aus. Auch ich rappelte mich mit einiger Mühe auf. Einen Moment lang starrten wir uns neblig in die Augen und schwankten dabei wie zwei Palmen im Schneesturm.

»Ich bringe dein Buch heraus!«, versprach Jukka, immernoch mit ausgestreckter Hand. »Schlag ein!«

17. DER VIERTSEXYSTE MANN VON FINNLAND

Schon im ersten Jahr wurden zehn Auflagen gedruckt, und das Buch war wochenlang auf Platz eins der Bestsellerliste. Schade nur, dass Finnland so wenige Einwohner hat, in Deutschland hätte ich für die nächsten zehn Jahre keinen Finger mehr krumm machen zu brauchen, hier reichte es gerade, um einen aus Deutschland importierten Mittelklassewagen abzustottern.

Merkwürdig, was die Finnen für einen Respekt vor Büchern haben. Du kannst jahrelang Fernsehprogramme machen, die von Hunderttausenden gesehen werden – das ist nur Fast-Food-Kultur. Aber wenn du ein Buch schreibst, das 20 oder 30.000 Leute lesen, bist du plötzlich in aller Munde. Dann bist du Schriftsteller, ein offizielles Mitglied des Kulturbetriebs. Vermutlich liegt es daran, dass Völker, die Angst vor dem Verschwinden haben, besonders hungrig nach Theater, Literatur und Musik sind.

Die Kulturredaktion von *Helsingin Sanomat* schrieb eine ganze Seite über mich. Frauenzeitschriften begannen plötzlich, sich für mich zu interessieren, obwohl oder vielleicht gerade weil meine Schläfen schon langsam grau wurden. Der finnische Rundfunk, der schon seit Jahren kein Programm mehr bei mir bestellt hatte, lud mich plötzlich einmal wöchentlich als Studiogast in irgendeine Talkshow ein.

Ich durfte beim großen ›Schnapsabend‹ dabei sein und kontinentaleuropäische Trinkkultur personifizieren. Es ging darum, ob die Alkoholsteuer auf EU-Niveau gesenkt werden solle, obwohl dies zu erheblichen Einbußen und zu einem neuen Rekord in der Statistik der Alkoholtode in Finnland führen würde. Ich sagte, was ich von der bigotten Schöntuerei der Finnen in punkto Alkohol hielt: Trinken durfte man, aber man durfte dabei nicht betrunken werden wollen! Es ging nur um die moralische, lutherische Dimension, nur um die wunderbare, ewige, gnadenlose arktische Schuld. So sind sie, die Finnen. Sex ist erlaubt, nur geil werden darf man dabei nicht.

Ich musste mit dem Fallschirm und einer sexy Lehrerin auf dem Rücken aus einem Flugzeug springen und mich dabei filmen lassen. Die Zeitschrift für Hundehalter druckte ein vierseitiges Interview, obwohl ich keinen Hund hatte. Als unser Heavybarde mit der Latexmaske den europäischen Trällerwettbewerb gewann, wollten die Sportzeitungen von mir einen Kommentar: Ob Lordi für Finnland wichtiger sei als Paavo Nurmi und Lasse Virén. Als ein bekannter Schlagersänger überraschend an seinem unlauteren Lebenswandel starb, musste ich für ihn einspringen und in der Sendung ›Tanzt mit den Sternen‹ live mit Schwimmweltmeistern und Formel-1-Rennfahrern um die Wette tanzen. Als ich meiner Tochter davon erzählte, sagte sie: »Das ist ja toll, Papa! Wer ist denn dein Stern?«

Die finnischen Frauenzeitschriften wählten mich zum viertsexysten Mann des Jahres. Wenn ich nur wüsste, ob ich darauf stolz sein oder mich dafür schämen soll.

Durch meinen Briefschlitz begann Fanpost zu fallen, rosarote, duftende Briefe, in denen Frauen von 14 bis 70 schüchtern anfragten, ob ich mit ihnen einen Kaffee trinken würde.

Auch Morddrohungen bekam ich, per SMS. Jemand drohte, mir mit dem Akkubohrer viele kleine Löcher in die Schädeldecke zu bohren. Ich war hundertprozentig sicher, dass mein heimlicher Bedroher ein Mann war. Frauen töten doch nicht mit Akkubohrern! Zur Sicherheit erstattete ich bei der Polizei Anzeige gegen Unbekannt, und zu meiner großen Überraschung teilte mir die Polizei einige Tage später mit, es handle sich bei meinem mordlüsternen Heimwerker um eine junge Frau. Was war ich doch für ein Relikt.

Bekannt zu sein hat viele Vorteile, das will ich gar nicht abstreiten, aber ich bin doch froh, dass mich die Berühmtheit nicht in jungen Jahren ereilt hatte wie einen hilflosen Rockstar oder eine hysterische Schönheitskönigin, sondern erst im gesetzten Alter. Mit 20 wäre ich garantiert völlig durchgedreht. Andererseits – woher weiß ich bei genauer Betrachtung, dass ich nicht gerade jetzt völlig durchgedreht bin?

Einseitige Bekanntschaften gibt es viele. Dauernd grüßen mich Leute auf der Straße, und ich muss mir krampfhaft überlegen, woher ich sie kenne: Wer zum Teufel ist das? Wo habe ich ihn/sie schon gesehen? War ich mit ihr/ihm im Bett? Habe ich Alzheimer? Oder kennt sie/er mich aus den Medien?

Das A-Studio, ein politisches Magazin und das Flaggschiff des einheimischen TV-Journalismus bat mich, Mitglied des Moderatorenteams zu werden. Man habe schon vorher eine Ausländerin als Moderatorin gehabt, und die Reaktionen seien interessant gewesen. Es sei an der Zeit, positive Akzente zu setzen und ausländische Gesichter im politischen Journalismus als Geste echter Multikulturalität zu verankern.

Ich fuhr nach Tampere zu den Probeaufnahmen. Eine Woche später rief der Programmdirektor an: Wie solle er das sagen ... ich sei ganz gewiss ein professioneller Moderator, meine Sprachkenntnisse seien phänomenal, auch an meinem kantig-ethnischen Gesicht sei nichts auszusetzen, aber ich sei eben doch Deutscher, und ein Deutscher im A-Studio könne vielleicht dann doch gewisse Zuschauer auf gewisse falsche Ideen bringen.

Politik ist eine unerschöpfliche Quelle für unfreiwilligen Humor: Die Ausländerin vor mir war eine Palästinenserin gewesen.

Nach einem meiner Hamburgbesuche brachte mich Konrad zum Flughafen in Fuhlsbüttel. Wir waren früh dran, und mein kleiner Bruder parkte seinen rostigen alten Benz und kam noch auf einen Sprung mit hinein in die Abflughalle. Am Finnair-Schalter war eine Schlange, an die wir uns mit anstellten.

»Soso, du behauptest also, in Finnland ein Promi zu sein!«, sagte Konrad und ließ sein berüchtigtes Lachen ertönen. »Mir kannst du ja viel erzählen. Ich habe dich gegoogelt, und dein Name ist überall im Internet, aber nur auf Finnisch. Woher soll ich wissen, dass du nicht der bekannteste Sexualverbrecher Finnlands bist?«

In diesem Moment trat ein junger Mann vor uns und fragte auf Finnisch:

»Entschuldigen Sie, sind Sie Roman Schatz?«

»Ja, bin ich. Bitte sprechen Sie Englisch, mein Bruder hier versteht kein Finnisch.«

»Entschuldigung«, fuhr der junge Mann auf Englisch fort. »Ich bin ein großer Fan von Ihnen. Könnte ich vielleicht ein Foto von uns beiden zusammen haben?«

Konrads Unterkiefer fiel pittoresk auf seine Brust herab, aber er riss sich zusammen und knipste mit der Digitalkamera des jungen Mannes brav ein paar Bilder.

Ein Radiojournalist fragte:

»Sie leben jetzt also seit etwa 20 Jahren als Einwanderer in Finnland. Wie oft sind Sie in dieser Zeit Opfer von Rassismus oder Diskriminierung geworden?«

Schön, wenn ein ausländischer Journalist einen Deutschen so etwas fragt. Wir Deutschen lassen uns ja immer wieder gerne zu diesem Thema aus, aber nur ganz selten ist uns dabei die Opferrolle vergönnt.

Ich erzählte, dass ich in Finnland bis jetzt nur Opfer von sexueller Belästigung und blankem Neid geworden sei.

In manchen Dingen funktioniert Finnland noch genau wie sein Rundfunk. Es gibt nur zwei Arten von Menschen, solche, die dazugehören, und solche, die das nicht tun. Ausländer ist gleich Ausländer, ganz egal, woher man kommt.

Camilla bekam einen Anruf von der Schwedischen Volkspartei. Man war auf der Suche nach Kandidaten für die bevorstehende Reichstagswahl, und als kleine, von einer linguistischen Minderheit lebende Organisation war die Schwedische Volkspartei auf der Suche nach prominenten Stimmenfängern.

»I wouldn't go into politics if I were you«, sagte ich, als Camilla mir davon erzählte.

»They weren't asking for me. They were asking for you.«

Dem Himmel sei Dank, dass ich keinen finnischen Pass habe! Womöglich hätte ich mich ja doch kaufen lassen.

Einmal vor vielen Jahren geriet mir ein okkultistisches Buch in die Hand, in dem westliche und chinesische Tierkreiszeichen miteinander verglichen wurden. Für meine Kombination, Löwe-Ratte, wurden drei Berufe empfohlen: Schriftsteller, Zuhälter oder Politiker. In den beiden ersten Alternativen finde ich mich natürlich wieder, aber Politiker könnte ich nie werden, denn ich würde jegliches Selbstwertgefühl verlieren. Wenn ich jemals Funktionär bei einer Partei, einer Gewerkschaft oder etwas Ähnlichem werde, dürft ihr mich erschießen, am liebsten auf offener Straße.

Wenn man als Deutscher überhaupt etwas aus der Geschichte hat lernen können, dann, dass man Politikern unter gar keinen Umständen vertrauen darf. Das Einzige, worauf man sich bei ihnen verlassen kann, ist ihre Machtgier. Ein Mensch, der es geschafft hat, eine hohe Position in der Politik zu ergattern, ist unterwegs über so viele Leichen gegangen, hat so viele Freunde verraten und so viele Ärsche geleckt, dass er einfach keine Integrität mehr haben kann. Als Politiker sollte man nur Leute zulassen, die nachweisen können, dass sie wirklich kein Interesse an dem Job haben.

Moment mal – mir fällt gerade ein, was vor vielen Jahren mal ein Präsident des westdeutschen Bundestages gesagt hat: »Wenn man jung ist, interessiert man sich hauptsächlich für Sex, je älter man wird, desto mehr interessiert man sich für Macht.« Wer weiß, vielleicht brauche ich ja auch bald Macht. Ich könnte ja meine eigene Partei gründen. Wie wäre zum Beispiel eine Europäische Nationalpartei. Oder gibt's so was schon? Würde mich jemand wählen?

Das A-Studio konnte mich zwar als Moderator nicht verkraften, als Studiogast aber passte ich hervorragend zum 60. Jahrestag der bedingungslosen Kapitulation. Ich durfte mir auf Kosten des Rundfunks im Kino den brandneuen Streifen »Der Untergang« ansehen, um am Tag danach mit einigen anderen Studiogästen live vor den A-Studiokameras über die Nazizeit zu diskutieren und darüber, ob man einen Diktator mit menschlichen Zügen portraitieren darf oder ihn vorsichtshalber wie bisher als hirn- und gefühllosen Idioten darstellen sollte.

Einer der anderen Gäste war der Vorsitzende der jüdischen Gemeinde in Finnland, und er hielt die ersten zehn Minuten der Sendezeit alleine einen Vortrag über die niemals endende, historische, megalomane Kollektivschuld der Deutschen und darüber, wie wir doch sechs Millionen unschuldige Juden umgebracht hatten.

Offensichtlich war er trotz seiner Hakennase schlecht in Mathematik und konnte sich nicht an den krummen Fingern abzählen, dass ich ganze 15 Jahre nach dem Ende des Krieges geboren worden war. Offenbar wusste er auch nicht, dass man als Schüler im Westdeutschland der Siebzigerjahre einmal pro Monat in der Aula zusammengepfercht wurde und sich zwei Stunden lang schwarzweiße Dokumentarstreifen mit endlosen Reihen ausgehungerter Toter ansehen musste, und dass wir damals jedes Mal einige Nächte lang nicht richtig schlafen konnten. Nicht mal mein Vater hatte es in die Hitlerjugend geschafft! Ich war drauf und dran, in der Live-Sendung aufzustehen und diesem salbadernden Rabbi gehörig die Meinung zu sagen:

»Herr Rosenbusch, ich verbitte mir solche Anspielungen! Mein Großvater ist im Konzentrationslager umgekommen, jawoll! War so betrunken, dass er vom Wachturm gefallen ist!«

Soviel Zivilcourage hatte ich dann aber doch nicht. Man denkt ja auch an seine Karriere, und bestimmt hing das sprachkundige Personal der deutschen Botschaft vor den Fernsehgeräten und übersetzte für die höheren, deutschen Chargen.

Ich hätte Herrn Silberzweig auch gern gefragt, was es denn nun eigentlich heißt, Jude zu sein. Ist das eine Religion? Eine Staatsangehörigkeit? Das Fehlen der Vorhaut? Ist man schon Jude, wenn man eine riesige Nase und einen bösartigen Humor hat, oder muss man auch noch mit einem Panzer durch palästinensische Einfamilienhäuser fahren, zur Mittagszeit, wenn die Leute gerade Hummus und Taboulé essen?

Einer meiner Großväter war Hauptmann bei der Wehrmacht und diente an der Ostfront als Kartograph bei einer Pioniereinheit. Wenn seine Freunde alle Frauen und Kinder eines russischen Dorfes in der Scheune zusammengetrieben und die Scheune verbrannt hatten, zeichnete mein Opa in Ruhe die Karte des leeren Dorfes.

Mein anderer Großvater war katholischer Jude. Die Nazis gingen ihm aber während des gesamten Regimes nicht an den Kragen, da er ein begnadeter Mechanikermeister war und für seine Unterdrücker bis zum Schluss qualitativ hochwertige Kanonenrohre zog.

Meine Vorväter waren also ein Nazi und ein Jude. Was macht das aus mir, einen Jazi oder einen Nuden? Einen Juzi oder einen Naden? Einen Nuzi oder einen Jaden?

Die späten Abende verbrachte ich bei Camilla. Erst aß ich in der Küche die Reste, die ihre Söhne übrig gelassen hatten, danach im Bett das, was ein anstrengender Tag als Business Executive von Mama übrig gelassen hatte.

»Heute hat mich eine amerikanische Firma angerufen. Disney«, begann Camilla vorsichtig.

»Und? Was wollten sie?«

»Sie wollen Selma kaufen. Das komplette Copyright. Sie haben mir 50 Millionen Dollar angeboten.«

»Dieses Essen ist wunderbar. Was hast du gesagt?«

»Ich habe gesagt, sie haben mir 50 Millionen Dollar ...«

»Das habe ich verstanden. Was hast du gesagt?«

»Ich habe nein gesagt.«

»Warum?«

»Ich kann Selma nicht verkaufen. Die Finnen würden mich lynchen!«

Meine Liebste war zur Sklavin ihrer Millionen geworden. Zum Glück wusste ich, wie ich sie zu trösten hatte.

Ich bereiste auf Rechnung meines Verlages das ganze Land, um mein Buch zu vermarkten: Oulu, Turku, Tampere, Jyväskylä, Lappeenranta, Pori, Rauma, Hämeenlinna. In Finnland sehen eigentlich alle Städte genau gleich aus, und alles, was ich zu Gesicht bekam, war das GPS-Gerät der örtlichen Taxifirma, ein Hotelzimmer, eine Buchhandlung, zwei Kneipen und wieder das Taxi zurück zum Bahnhof oder Flughafen. Mein Verlag hatte einen Vertrag mit einer der beiden finnischen Hotelketten, und in jeder Stadt erwartete mich dasselbe Bett, dieselbe Bar und dasselbe Restaurant. Nach drei Stationen konnte ich meine Mahlzeit bestellen, ohne die Speisekarte zu sehen.

Die letzte Etappe der Tournee führte mich zum Polarkreis nach Rovaniemi. Ich wusste, dass die deutschen Truppen die Stadt im Herbst 1944 fast vollständig verbrannt hatten, als Rache für den unerwarteten Separatfrieden, den die Finnen hinter dem Rücken ihrer deutschen Waffenbrüder mit den Sowjets geschlossen hatten. Mir war ein bisschen mulmig zumute. Würde man hier über meine Witze lachen? Waren die alten Wunden schon verheilt? Wie würde man mich als Deutschen hier aufnehmen?

Der Vorsitzende des lappländisch-deutschen Freundschaftsvereins holte mich am Flughafen ab. Auf dem Parkplatz tummelten sich ein paar Rentiere, wir mussten einige Minuten warten, bis wir losfahren konnten. Der Vorsitzende des Freundschaftsvereins war von Beruf Soldat mit dem Dienstgrad Major, und er war, wie er mir stolz erzählte, verantwortlich für die Bodenverteidigung von Rovaniemi, in enger Zusammenarbeit mit der Luftwaffe natürlich. Und er war nicht nur der Vorsitzende des lappländisch-deutschen, sondern auch des lappländisch-österreichischen und des lappländisch-schweizerischen Freundschaftsvereins. Und dann hatte er noch ein Hobby. Er bat mich, mir auf dem Weg in die Stadt etwas zeigen zu dürfen. Natürlich dachte ich sofort, dass er mich ins Weihnachtsdorf bringen würde, einen nahegelegenen Touristenpark direkt am Polarkreis, in dem man versuchte, zahlungskräftigen Japanern den echten, einzigen Weihnachtsmann zu verkaufen. Stattdessen aber brachte mich der Major mit seinem Jeep mitten in den Wald und stellte den Motor ab.

»Wir sind da«, sagte er.

Ich sah mich um, aber es gab nichts zu sehen, keinen Weihnachtsmann, keine Wichtel, keine Überraschung, nichts.

Der Major ging mit mir noch ein paar hundert Meter zu Fuß, bis wir auf eine Lichtung kamen, die wunderhübsch direkt an einem See lag. Hier war der deutsche Soldatenfriedhof. Unter meinen Füßen, umgeben von frischer, grüner, sommerlicher arktischer Natur, lagen 2.500 tote Deutsche.

Der Major ließ mich einen Augenblick mit meinen Gefallenen alleine, damit ich die Schicksalshaftigkeit des Ortes ungestört in mich aufsaugen konnte. Das versuchte ich auch, aber es wollten sich einfach keine patriotischen Gefühle einstellen. Nur ein vages Gefühl grenzenloser Absurdität beschlich mich, und ich stellte mir Fragen wie: Was um alles in der Welt hatten diese 2.500 jungen deutschen Männer hier am Arsch der Welt verloren? Wer hatte sie hierher geschickt, und worum hatten sie hier gekämpft, in der Mitte dieses riesigen Nichts? Hatten ihre Schuhe vorschriftsmäßig geglänzt, als sie fürs Vaterland fielen? Waren die obersten Knöpfe an den Hemden dieser Kameraden geschlossen gewesen in dem Moment, als sie vom gegnerischen Schuss getroffen wurden?

Ich versuchte, Mitleid mit den gefallenen Kameraden zu verspüren, aber es gelang einfach nicht. Aufgabe eines Soldaten ist bekanntlich, zu töten und getötet zu werden, und diese Jungs hatten zumindest den zweiten Teil ihres Jobs zur vollen Zufriedenheit erledigt, das musste man ihnen lassen. Den ersten vermutlich auch, immerhin waren es ja Deutsche.

Der Major kam zurück.

»Und, wie fühlen Sie sich?«, fragte er anteilsvoll.

»Seltsam«, antwortete ich ehrlich. Ich brachte es nicht übers Herz, meine surrealistischen Vorstellungen mit ihm zu teilen, er hätte vermutlich kein Verständnis dafür gehabt, denn sein Hobby war die ehrenamtliche Pflege dieses Friedhofs, und er war sehr stolz auf seine Arbeit. Tatsächlich war der Friedhof wirklich gut gepflegt.

In der Buchhandlung zwei Stunden später beschloss ich, mein Glück als Nachkriegshumorist zu versuchen und begann meinen Vortrag, indem ich die vielen schmucken Steingebäude lobte, die ich unterwegs gesehen hatte.

Nach einer Schrecksekunde beschloss das Publikum, zu lachen, und mein Buch verkaufte sich gut, ich musste zum Schluss der Veranstaltung viele Exemplare signieren. Der letzte in der Schlange vor mir war ein über 80-jähriger, von der parkinsonschen Krankheit gebeutelter Greis. Als er an der Reihe war, sagte er mit brechender Stimme:

»Junger Mann, es tut mir leid, aber ich werde ihr neues Buch nicht kaufen. Meine Augen sind heutzutage so schwach, dass ich nicht mehr lesen kann. Ich wollte Ihnen nur persönlich die Hand schütteln und mich bei Ihnen dafür entschuldigen, dass wir euch Deutsche damals im Herbst 44 im Stich gelassen haben.«

Über seine runzligen Veteranenwangen kullerten zwei Tränen. Ich versuchte, ihn zu trösten:

»Aber Sie brauchen sich doch nicht zu entschuldigen, mein

Herr, Sie haben damals nur getan, was Sie tun mussten. Und wahrscheinlich hätte nicht einmal Finnland uns damals mehr retten können.«

Auf der Buchmesse in Helsinki wurde ich von einem 17-jährigen Oberstufenschüler interviewt. Ich muss zugeben, dass er der Erste war, der einigermaßen interessante Fragen auf Lager hatte:

»Du hast unter anderem ein Buch mit dem Titel *From Finland, with Love* geschrieben. Worüber würdest du schreiben, wenn du über etwas schreiben müsstest, das du hasst?«

Ich dachte ziemlich lange nach, gar nicht typisch für mich.

»Über Sex«, antwortete ich dann, und das Publikum lachte herzlich.

»Aber Sex ist doch toll! Ich weiß das!«, sagte der Oberstufenschüler und wunderte sich, als das Publikum umso lauter lachte. Er ging zur nächsten Frage über:

»Sind alle Deutschen so wie du?«

Ein aufsässiger Pennäler.

»Klar«, sagte ich. »Außer den Ausländern natürlich.«

Was ich wohl mache, wenn meine Popularität in Finnland irgendwann verblasst und sich niemand mehr für mich interessiert? Am besten, ich mache es wie meine finnischen Promikollegen: Ich steche jemanden ab, im Wochenendaffekt. Oder vielleicht doch lieber Sex mit Minderjährigen? Besoffen Auto fahren? Religiös werden? Oder nach Russland ziehen?

18. ÖDIPUS WAS A MOTHERFUCKER!

Liebe Mama! Wenn ich mich nicht täusche, hast du heute Geburtstag, und noch dazu einen runden! Herzlichen Glückwunsch, gibt's noch was zu trinken? Wenn du noch leben würdest, wärst du bestimmt schon tot. Oder eine alte Oma. Du bist doch nicht böse mit mir, weil ich die Bulldozer über dein Grab habe fahren lassen? Das war ja wohl das Mindeste, was ich für meine mentale Genesung tun konnte, das verstehst du doch bestimmt.

Schaust du mir manchmal vom Rand deiner Wolke aus zu? Ich bin ein großer Mann geworden, fast zwei Meter lang, obwohl du immer geraucht hast wie ein Schlot. Inzwischen bin ich Vater von mindestens zwei Kindern, Schriftsteller, Journalist, bekannt aus Funk, Fernsehen, Presse, Kino, Internet ... ich bin berühmt am Arsch der Welt. Bist du stolz auf mich? Andererseits, besonders weit habe ich es hier in Finnland nicht gebracht. Ich wohne direkt am Hafen, keine hundert Meter von der Stelle entfernt, an der ich damals vor mehr als 20 Jahren mit der *M/S Mariella* anlegte.

Ich stecke hier in der Falle. Die Bundesrepublik Westdeutschland, der Staat, in dem du mich einst zur Welt brachtest und aus dem ich emigrierte, existiert nicht mehr. Ich spreche immernoch genauso gut Deutsch wie die anderen Deutschen, aber Land und Leute sind mir heutzutage ziemlich fremd. Wenn ich in Kreuzberg meinen alten Kiez besuche, bekomme ich Agoraphobieanfälle. Der Kebabstand ist noch an derselben Stelle, aber die Mauer dahinter fehlt, und die Straße geht bis in alle Unendlichkeit weiter. In Deutschland bin ich heute Tourist. Zum Glück brauche ich keine Reiseführer und keine Sightseeing-Busse.

Finnisch spreche ich genauso gut wie die Finnen, und das erzeugt eine gefährliche Illusion: Die Menschen um mich herum glauben, dass ich auch genauso denke wie sie, nur weil ich genauso sprechen kann. Wenn ich merke, dass die trostlose finnische Lebensphilosophie in meinem Kopf Fuß zu fassen versucht, fliege ich sofort nach Hamburg zu Konrad. Ach stimmt ja, Mama, du hast meinen kleinen Bruder ja nie kennen gelernt. Prost!

Hier in Finnland überlegt man sich ständig, woher man kommt, wohin die Reise gehen soll, wer man ist. Die Deutschen sind ein Haufen von verzagten Konsumenten, die keine Ahnung haben, wo's langgeht. Eine Diskussion über Identität ist in Deutschland immernoch verboten.

Wie soll ich das Beste aus den beiden Kulturen machen? Vielleicht so wie die Gründerväter Finnlands, die sagten: »Schweden sind wir nicht, Russen wollen wir nicht werden, lasst uns also Finnen sein!« Meine Version wäre dann: »Deutscher bin ich nicht mehr, Finne will ich nicht werden, also bin ich Europäer!«

Ich bin jetzt ein Mann mittleren Alters, 20 Jahre älter, als du überhaupt geworden bist. So langsam fange auch ich an, mich ein bisschen zu beruhigen. Ich gehe mehrmals pro Woche im Kraftraum trainieren. Ich trinke viel zu viel, rauche anderthalb Schachteln am Tag. Ich bekomme an geraden Tagen Herzinfarkte, an ungeraden habe ich Lungenkrebs, einmal die Woche bekomme ich einen Hirnschlag, einmal monatlich Prostatakrebs. Zum Glück bin ich wenigstens gegen HIV immun. Mein Motto ist *live fast, die old*!

Die Deutschen haben fürchterliche Angst vor dem Tod. Die Finnen haben fürchterliche Angst vor dem Leben. Ich habe inzwischen nur noch vor der Liebe Angst, denn die macht den Menschen wirklich unzurechnungsfähig.

Soweit ich mich erinnern kann, war ich nie wirklich treu. Soweit ich mich erinnern kann, war das auch keine meiner Frauen. Ich war nie wirklich ehrlich zu meinen Frauen, denn Hand aufs Herz: Wer von uns will schon wissen, was sein Partner oder seine Partnerin *wirklich* über ihn denkt?

Camilla drückt das Ganze mit den Worten ihrer verstorbenen Tante Selma aus:

*»Jaa, jaa, mutta älä kaikkea jaa!«**

Kluges Mädchen. Schade, dass es keinen Sinn hat. Wir haben eine rationale, urbane, internationale, erwachsene, langweilige Beziehung. Wir sprechen schon lange nicht mehr über Kinder oder das mögliche Gründen eines gemeinsamen Haushalts, denn wir wissen, dass auch nur die geringste Veränderung unseres heiklen Gleichgewichts die Substanz unserer fragilen Liebe zerstören würde. Wir sorgen dafür, dass unsere Beziehung jederzeit per Telefon beendbar bleibt. Außer, dass ich das dummerweise nicht wirklich tun kann, weil ich Camilla einen Haufen Geld schulde.

Aber dafür spreche ich schon einigermaßen fließend Schwedisch.

Man muss die kleinen Dinge im Leben genießen, darum geht es. Und ich habe ja schon seit langem Breitband-Internet.

Hörst du noch zu, Mama? Deine Enkelkinder würden dir Spaß machen. Sie werden echte Europäer. Mein Sohn verbringt jeden Tag mindestens vier Stunden vor dem Computer und verspritzt digitales Blut. Er entwickelt sich prächtig. Meine Tochter hingegen macht mir Sorgen: Neulich habe ich

* »Teile, teile, aber teile nicht alles!«

sie dabei erwischt, wie sie heimlich eine Kurzgeschichte schrieb.

»Papa, stimmt das, dass alles, was lebt, sterben muss?«

»Ja, das stimmt.«

»Also haben Mama und du mich in dem Moment, in dem ihr mich gemacht habt, zum Tode verurteilt.«

»Kann man so sehen, wenn man will. Und zum Leben. Wir konnten dich ja nicht vorher fragen, ob es dir recht ist, geboren zu werden. Die einzige Art, dich vor dem Tod zu schützen, wäre gewesen, dich gar nicht erst zu machen. Haben wir deiner Meinung nach das Falsche getan?«

»Nein, habt ihr nicht. Ihr habt genau das Richtige getan. Danke.«

»Gern geschehen. Gute Nacht.«

»Gute Nacht.«

Sag mal, rauchst du noch, Mama? Du solltest wirklich endlich damit aufhören, es lässt angeblich die Haut vorschnell altern. Schon komisch, dass du nie älter wirst. Wusstest du, dass es die leichteste Sache der Welt ist, das Rauchen aufzugeben? Ich selbst mache das dreimal wöchentlich. Heutzutage gibt es Hilfsmittel, wenn man den Klauen des Nikotins entkommen will.

Einmal war ich sogar bei der Hypnosetherapie. Ich weiß nicht, wie hypnotisiert ich war, aber nach der Séance war ich felsenfest davon überzeugt, in meinem ganzen Leben überhaupt noch nie geraucht zu haben, schon immer die Identität eines Nichtrauchers besessen zu haben, und dass die paar hunderttausend Kippen, die ich geraucht hatte, ein kleiner, marginaler Ausrutscher gewesen waren. Die Hypnose war ihr Geld wirklich wert, aber als ich als neuer Mensch das Gebäude verließ, musste ich tatenlos zusehen, wie zwei *lappuliisat** mir

* Politessen

einen Strafzettel unter den Scheibenwischer klemmten. Im Handschuhfach war noch eine angebrochene Schachtel, und das war's dann.

Früher stand auf finnischen Zigarettenschachteln »Jedes Jahr sterben 2000 Finnen am Rauchen«, und ich musste immer grinsen, denn mir konnte das ja egal sein. Inzwischen aber haben wir hier dieselben Warnungen wie auch anderswo in der EU: *Zwingen Sie Ihre Kinder nicht, Rauch einzuatmen.*

Würde mir nicht im Traum einfallen. Die gehen immer auf den Balkon, wenn Papa sich eine anzündet. Meine Aufgabe als Vater ist es schließlich nicht, meine Kinder vor der Welt zu schützen, sondern sie darauf vorzubereiten.

Stimmt es eigentlich, dass sich Sigmund Freud mit seinem letzten Atemzug danach erkundigt hat, was ihr Frauen eigentlich wollt? Bist du dort oben im Himmel in derselben Abteilung wie er? Oder bist du trotz deines jungen Alters in die Hölle gekommen?

Ich bin dir immernoch ein bisschen böse, dass du nicht einmal bis zu meiner Pubertät durchgehalten hast. Ich hätte wirklich ab und zu einen guten Rat gebrauchen können, wenn es um Frauen ging. Ohne dich musste ich über 40 Jahre lang improvisieren, und du siehst, wohin mich das gebracht hat.

Ich verstehe die Frauen einfach nicht. Wenn du dich für sie interessierst, ist das sexuelle Belästigung und du bist ein Schwein. Wenn du dich nicht für sie interessierst, ist das unhöflich, und du bist schwul. Wenn du dich ihnen nicht auslieferst, hast du keinen Nutzen von ihnen, aber sobald du dich ihnen auslieferst, beginnen sie, zu nörgeln und dich herumzukommandieren.

Erst in späteren Jahren, wenn Brüste und Arschbacken der Erdanziehungskraft zum Opfer fallen und die Frauen nicht mehr hysterisch über ihr Äußeres nachdenken müssen, entwickeln sich manche davon zu echten Kumpels.

Hör mal, wenn dieser Freud da oben wirklich in deiner Nähe ist, dann tu mir doch einen Gefallen und tritt ihm ordentlich in die Eier, ja? Der ist ja an allem schuld, der hat das alles schließlich erfunden, dass Sex der Ursprung allen Übels ist.

Deutschland ist kollektiv in der analen Phase steckengeblieben: Scheiße, Arschloch, Furz. Finnland ist wenigstens schon in die genitale Phase vorgedrungen, hier benutzt man zum Fluchen Fotze, Pisse und Schwanz. Nach einem halben Leben dort und einem halben Leben hier bewege ich mich wohl zurzeit irgendwo in der Mitte zwischen Anus und Vagina.

Prost Mama, du alte Schlampe! Das muss ich sagen, Schriftsteller ist ein geiler Beruf. Man kann in stinkenden Unterhosen arbeiten, unrasiert, mit einer Zigarette und einer Bierflasche im Mund und dem Pimmel in der Hand. Das Beste aber ist, dass man lügen darf, dass sich die Balken biegen.

Ich war noch nie krankhaft eifersüchtig, und ich habe kein Verständnis für Waldschrate, die wegen eines Seitensprungs andere oder sich selbst umbringen. Es ist doch genug für alle da! Eine Sache allerdings setze ich heutzutage bei einer Frau voraus, bevor ich mich mit ihr einlasse. Sie muss das gewisse Etwas haben, nämlich eine Spirale.

Kennst du das alte Negro-Spiritual »*Sometimes I feel like a motherless child, a long way from home*«? Warte mal, ich schenke uns noch einen ein, und dann singe ich es für dich, ganz laut, damit die Nachbarn mithören können. Lieber ein bekannter Säufer als ein anonymer Alkoholiker.

Und dann gehe ich schlafen. Morgen ist ein harter Tag. Gleich um neun ist eine Sitzung des Antidrogenausschusses der Deutschen Schule, am Nachmittag ein Fernsehinterview und die Podiumsdiskussion über Integration von kulturellen Minoritäten, und am Abend trete ich bei der Weihnachtsfeier des Finanzministeriums auf. Dienst ist Dienst, und Schnaps ist Schnaps.

Über den Autor:

ROMAN SCHATZ ist 1960 in Überlingen am Bodensee geboren, studierte in Berlin Germanistik und Romanistik. 1985 verliebte er sich in eine Finnin und folgte ihr in ihre Heimat. Er schrieb Deutschlehrbücher und Drehbücher fürs Schulfernsehen, arbeitete in Helsinki als Produzent und Regisseur. Seit einiger Zeit ist er auch als TV-Moderator und Schauspieler tätig, wirkte bei der finnischen Ausgabe von „Let's Dance" mit. Seine Bücher, darunter sein autobiografischer Roman, standen monatelang auf der finnischen Bestsellerliste.

Mehr zu Roman Schatz auch unter www.roman.schatz.de/.